海德格尔的最后之神
基于现象学的未来神学思想

张静宜 著

未来哲学丛书

孙周兴 主编

商务印书馆
The Commercial Press

未来哲学丛书

主编：孙周兴

学术支持
浙江大学未来哲学研究中心
同济大学技术与未来研究院

未 来 哲 学 丛 书

作者简介

张静宜，1973年生，湖北武穴人。长安大学环境工程学士，上海交通大学建筑与土木工程硕士，同济大学哲学博士。曾任中南建筑设计院工程师，现任上海交通大学设计研究总院城乡创新设计院常务副院长、高级工程师，兼任同济大学人文学院研究员。主要研究海德格尔哲学、基督教神学、日本京都学派思想。中国致公党成员，上海市徐汇区政协委员、区政协人资环境委副主任。

总　序

尼采晚年不断构想一种"未来哲学",写了不少多半语焉不详的笔记,并且把他1886年出版的《善恶的彼岸》的副标题立为"一种未来哲学的序曲"。我认为尼采是当真的——哲学必须是未来的。曾经做过古典语文学教授的尼采,此时早已不再古典,而成了一个面向未来、以权力意志和永恒轮回为"思眼"的实存哲人。

未来哲学之思有一个批判性的前提,即对传统哲学和传统宗教的解构,尼采以及后来的海德格尔都愿意把这种解构标识为"柏拉图主义批判",在哲学上是对"理性世界"和"理论人"的质疑,在宗教上是对"神性世界"和"宗教人"的否定。一个后哲学和后宗教的人是谁呢?尼采说是忠实于大地的"超人"——不是"天人",实为"地人"。海德格尔曾经提出过一种解释,谓"超人"是理解了权力意志和永恒轮回的人,他的意思无非是说,尼采的"超人"是一个否弃超越性理想、直面当下感性世界、通过创造性的瞬间来追求和完成生命力量之增长的个体,因而是一个实存哲学意义上的人之规定。未来哲学应具有一个实存哲学的出发点,这个出发点是以尼采和海德格尔为代表的欧洲现代人文哲学为今天的和未来的思想准备好了的。

未来哲学还具有一个非种族中心主义的前提,这就是说,未来哲学是世界性的。由尼采们发起的主流哲学传统批判已经宣告了欧洲中心主义的破产,扩大而言,则是种族中心主义的破产。在黑格尔式欧洲中心主义的眼光里,是没有异类的非欧民族文化的地位的,也不可能真正构成多元文化的切实沟通和交往。然而在尼采之后,形势大变。尤其是20世纪初兴起的现象学哲学运动，开启了一道基于境域—世界论的意义构成的思想视野，这就为未来哲学赢得了一个可能性基础和指引性方向。我们认为，未来哲学的世界性并不是空泛无度的全球意识，而是指向人类未来的既具身又超越的境域论。

未来哲学当然具有历史性维度，甚至需要像海德格尔主张的那样实行"返回步伐"，但它绝不是古风主义的，更不是顽强守旧的怀乡病和复辟狂，而是由未来筹划与可能性期望牵引和发动起来的当下当代之思。直而言之，"古今之争"绝不能成为未来哲学的纠缠和羁绊。在19世纪后半叶以来渐成主流的现代实存哲学路线中，我们看到传统的线性时间意识以及与此相关的科学进步意识已经被消解掉了，尼采的"瞬间"轮回观和海德格尔的"将来"时间性分析都向我们昭示一种循环复现的实存时间。这也就为未来哲学给出了一个基本的时间性定位：未来才是哲思的准星。

未来哲学既以将来—可能性为指向，也就必然同时是未来艺术，或者说，哲学必然要与艺术联姻，结成一种遥相呼应、意气相投的关系。在此意义上，未来哲学必定是创造性的或艺术性的，就如同未来艺术必定具有哲学性一样。

我们在几年前已经开始编辑"未来艺术丛书"，意犹未尽，现在决定启动"未来哲学丛书"，以为可以与前者构成一种相互支持。本丛书被命名为"未来哲学"，自然要以开放性为原则，绝不自限于某派、某门、某主义，也并非简单的"未来主义"，甚至也不是要把"未来"设为丛书唯一课题，而只是要倡导和发扬一种基本的未来关怀——因为，容我再说一遍：未来才是哲思的准星。

孙周兴

2017年3月12日记于沪上同济

一个哲学家是否立刻从根本上在存在者之存在中经验到虚无之切近，这乃是一块最坚硬也最可靠的试金石，可以用来检验这位哲学家的思想是否纯真、是否有力。谁若经验不到虚无之切近，他就只能永远无望地站在哲学门外，不得其门而入。

——马丁·海德格尔

终结，开端，在路上……（序一）

柯小刚*

"终结""最后"等一类论述，泛滥于20世纪哲学，至今方兴未艾。但在海德格尔那里，这些词的含义却完全不同于常见的历史主义论述。所谓存在历史（Seinsgeschichte）并不是对从什么时候开始到什么时候终结的历史学记录，而是过去、现在、未来的活生生的互漾着的发生（Geschehen、Ereignis）。这不是一种线性运动，而是一种整全性的波动。这是极为先锋超前的现代思想，也是来自最深最远处的古典思路。这是西方之为西方的"另一开端"的前奏，也是东方重新认识自身的另类契机。中国的"海德格尔热"终结了，中国的海德格尔之路刚刚开始。

> 最后者乃是那个东西，它不仅需要最长久的先-行，而且本身就是（ist）这种先-行：不是终止，而是最深的开端，此开端伸展最广，最难被超越。[①]

在"最后之神"与"另一开端"之间，是永远在途的道路（Weg、Unterwegs）。"最后"与"开端"的历史学时间和"存在—神—逻

---

* 柯小刚：同济大学人文学院教授，博士生导师，哲学系主任。
① 海德格尔：《哲学论稿（从本有而来）》，孙周兴译，北京：商务印书馆，2012年，第429页。

辑学机制"（Onto-theo-logische Verfassung）必须被消融于道路的自行开辟和运化之中。时自时（Die Zeit zeitigt），空自空（Der Raum räumt），物自化（Das Ding dingt），道自道（Das Ereignis eignet），若有神焉，自在其中。正如海德格尔在托特瑙山上所见：

> 林木静植
> 溪流淙淙
> 山何岩岩
> 零雨其濛
>
> 田畴既耘
> 井泉潋潋
> 风日晴好
> 景福其休[①]

静宜工作繁忙，常年为生计奔波，不可能隐居山林。我也不可能。我们就这样读着，写着，在最后的人类城市，往来于中西文明之间，"不安地游荡，当着落叶纷飞"（里尔克《秋日》）。静宜的论文终于写完了，计划出版，要我写一个序。我是他的博士导师，责无旁贷。只是我除了这些纷乱的思绪，讲不出更多的话奉献于读者。私心希望这点感想可以激发一种基本情绪（Grundstimmung），有助于读者在进入一本科学论著之前有所调校（Stimmen），以便与作者的思想发生共鸣。是为序。

2021年秋记于沪上古典书院

---

① 海德格尔诗句，笔者意译，德文见于笔者几年前探访托特瑙海德格尔木屋时的路标上。

最后之神与四重整体(序二)

赖贤宗*

海德格尔早期著作《存在与时间》中所说的"存在论差异"是存在自身与存在者存在之间的差异,批判了西方传统形上学的存在论构成乃是忽略了即开显即遮蔽以及遮蔽本身,从而在1929年后转而重视"无"(空)的论题。晚期海德格尔进而讨论思想者与存在在一如之中的互相隶属,思想者是一种澄明,有如林中空地,思想者与存在互相隶属彰显了差异是一种本成发生(Ereignis)的差异化。所谓的物物化,世界世界化,现在则是差异差异化,那么"存在论差异"的问题也将消泯在本成发生的差异化的动力之中。

海德格尔的神学差异涉及"存在论差异",最后之神是海德格尔的"神学差异"思想的重点。如上所说,"存在论差异"的问题将消泯在本成发生的差异化之中,如此消泯的化境是存在之思道路上的林中空地,此一化境乃是天、地、有死者与神明的"四大"(四重整体)的境域。神圣者诗性栖居在"四大"化境,诗之思在神圣者的向度中静默守候最后之神。如果说对比于"存在论差异","神学差异"在海德格尔的早期存在思想之中说的是真正的神与作为第一因的上帝之间的差异,那么在海德格尔的晚期存在(存有)思想之中,

---

* 赖贤宗:台北大学中文系教授,东西哲学与诠释学研究中心主任。

神明、神圣者、最后之神三者逐步深入而融为一体。神圣者在"四大"化境遭遇最后之神,扬弃了传统的存在论神学构成,存在论神学中的神被抽象化为第一因以及作为存在被普遍化为存在者的普遍性的神。作为第一因的上帝与存在的异化都被扬弃了,海德格尔的晚期存在思想之中所说的"神学差异",通往的乃是神圣者与最后之神在"四大"化境之中的互相隶属与诗性栖居。

张静宜研究"海德格尔的最后之神"的论题卓然有成。静宜于2017年撰有《海德格尔"四重整体"与华严宗"相即相入"的思想比较》一文,并在上海从我问学,他本想以佛学、海德格尔、京都学派哲学为题从事研究。我们后来在台北与上海之间频繁互相论学,我提供海德格尔以及海德格尔围绕谢林、尼采、否定神学的相关资料给他,他在最后之神的论述之中表现了杰出的分析与综合能力,终于能够完成卓越的专书,可以说是华人世界海德格尔研究的一大突破。我更鼓励静宜在完成此一关于海德格尔存在思想的宗教现象学大作之后,能够结合他自己的建筑行业背景,继续研究建筑现象学,为今日的生态建设做出贡献。建筑是真正的神圣者,人生活在道法自然的思如诗的安居之中,在"四大"化境之中,见证最后之神。

2022年1月21日写于新北深坑澄观堂

最后的人与最后的神(序三)

孙周兴*

张静宜的博士学位论文《海德格尔的最后之神——基于现象学的未来神学思想》就要付诸出版了,收入由我主编的"未来哲学丛书"里。他要我为之作序,我一直未下定决心,拖了半年还多。

静宜是一名经验丰富的工程师,我听说他还曾到非洲阿尔及利亚参与工程建设,平常工作忙得不可开交。但他偏偏挚爱哲思,这是一种纯粹的热爱。多年前听了我的几次哲学课,他竟与好友李青相约,要一起来同济大学哲学系读博。我特别赞赏这种纯粹,便坚定地支持了他们。我以为,虽然现在经常也有人在中学生中推广哲学,但总的来说,哲学是为成年人的。

按照我的一贯想法,成年人读书最好要有切实且清楚的目的,比如至少要有利于自己的职业和事业。所以我曾经劝导静宜,最好与专业结合起来,做一个建筑美学或建筑哲学方面的课题,但他竟不予采纳,坚持要研究海德格尔。我也只好沉默,毕竟学术是自己的事。不过,即便是海德格尔研究,静宜的选题也是变化多端,换了好多个题目;当我和其他老师表示肯定时,他又变了。如此反复了几回,他的博士学位论文最后竟以《海德格尔全集》第65卷《哲

---

* 孙周兴:教育部长江学者,浙江大学哲学学院教授。

学论稿》里的"最后之神"一节为主题——说实话，这曾让我捏把汗。

海德格尔的《哲学论稿》是一本怪书，我甚至说过，它是20世纪最神秘的书。书名《哲学论稿（从本有而来）》德语原文为 *Beiträge zur Philosophie (Vom Ereignis)*，其实也完全可以译为《哲学研究》或《论哲学》；汉语学界也有人把它译为《哲学贡献》或《哲学献文》，大约属于望文生义。《哲学论稿》与维特根斯坦的《哲学研究》一样，也是片段式写作，共281节文字。这281节文字被划分为八个部分，除第一部分"前瞻"（Vorblick）和总结性的最后一部分"存有"（Seyn）外，主体部分的六个部分依次为"回响"（Anklang）、"传送"（Zuspiel）、"跳跃"（Sprung）、"建基"（Gründung）、"将来者"（die Zukünftigen）和"最后之神"（der letzte Gott），听着就令人发怵。海德格尔说，这六个部分是"存在历史"（Seinsgeschichte）的六个"关节"（Fuge）。而在这六个部分中，又以最后一部分"最后之神"篇幅最小，内含四节文字，译成中文大约一万字。以此区区万字文本为目标，来做一篇博士学位论文，可能么？

更有甚者，在《哲学论稿》的八个部分中，"最后之神"不但最短，而且最难理解，可能属于海德格尔全部著述中最晦涩的部分。作为译者，我对此是深有体会的，而且深感不爽。辛苦译完了，却对文意不甚了了，甚至于一头雾水，叫人如何不痛苦呀？

静宜却围绕着海德格尔的"最后之神"，做成了一篇博士学位论文！我看了论文，感觉是不错的。海德格尔研究者经常难免被海氏的迷人文字和鬼怪笔法牵着走（我自己读博时就是如此），但静宜并没有完全拘泥于文本，而是从内、从外探讨海德格尔"最后之神"思想的否定神学渊源，最后把"最后之神"思想概括为：否定神学之来源、现象学之方法、未来性之思想，因此是一种基于现象学的未来神学思想。要完成这样的论证，委实是不易的。当然论证效果如何，最终还得由有心的读者来研判。

细节可以不谈，我最后想指出的只是一种可能的联系。我以为，海德格尔所谓的"最后之神"恐怕是与尼采的"最后之人"相联系的。海德格尔写作《哲学论稿》时（1936—1938年），正是他深入阅读和阐释尼采的时候，他的"最后之神"（der letzte Gott）完全可能模仿或套用了尼采的"最后之人"（der letzte Mensch）。尼采的"最后之人"，我也把它译为"末人"；海德格尔的"最后之神"，自然也是可以译为"末神"的。

但这二者——"末人"与"末神"——有关系吗？我认为有。尼采的"末人"与"超人"相对而言，是"失神"（上帝死了）之后的"庸众"，是不断被技术化——尼采所谓的被计算和被规划——而又不晓得如何抵抗的俗人大众，类似于海德格尔在前期代表作《存在与时间》里讲的"常人"（das Man）；而海德格尔的"末神"之思，也是在接受了尼采的"失神"断言之后发起的，我曾命之为"后神学的神思"。

二者的差别或许在于，尼采会说，基督教的上帝就是"末神"了，再无"新神"可期；而海德格尔却分明说，"末神"不是远逝的古希腊的"诸神"，更对立于基督教的上帝。所以，静宜博士这本论文的结论也是："末神"是有未来性的。

若然，则海德格尔留给我们的一大难题就是："最后之神"是"未来之神"吗？未来有神吗？

2022年1月1日记于余杭良渚

目录

终结，开端，在路上……（序一）　5
最后之神与四重整体（序二）　7
最后的人与最后的神（序三）　9

前　言　1

绪　论　19
  第一节　《哲学论稿》中的最后之神　20
  第二节　最后之神的国内外研究现状　22
  第三节　本书的研究方法和研究目的　31

第一章　海德格尔神学思想的路径考察　35
  第一节　海德格尔论现象学与基督教神学　37
  第二节　从形而上学的上帝到神性的上帝　50
  第三节　天、地、人、神与最后之神：显隐与差异　58

第二章　最后之神的思想来源：否定神学传统　67
  第一节　西方否定神学思想及其历史传承　68
  第二节　海德格尔否定思想的文本考察　72

第三节　否定神学与哲学：从谢林到海德格尔　　82

第四节　海德格尔与京都学派：

　　　　东西方否定思想的亲缘与印证　　96

第三章　通向最后之神的路标：从现象学出发　　107

第一节　从时间到时间性　　109

第二节　从历史到历史性　　118

第三节　时间—空间与最后之神　　135

第四节　海德格尔与历史主义：误解与批评　　144

第四章　从上帝之死到最后之神　　159

第一节　从向死而生到上帝之死：来自虚无主义的神学否定　　160

第二节　哲学的时代变迁：从希腊诸神到最后之神　　186

第三节　本有、存有与最后之神　　212

结　语　　251

第一节　20世纪基督教神学思想运动　　252

第二节　海德格尔与20世纪基督教神学　　257

第三节　最后之神：一种朝向未来的神学思想　　270

参考文献　　285

附录　最后之神　　291

前　言

一

德国哲学家马丁·海德格尔是20世纪存在主义哲学的创始人和主要代表之一，也是对中国近现代社会思想、政治、文化等领域影响最大的三位德国哲学家之一，另外两位是马克思和尼采。

不但在中国影响巨大，海德格尔对日本近现代学术思想的影响也深远浑厚。从1868年明治维新开始，日本每年选派大量的青年学者赴欧洲留学，至20世纪30年代初，海德格尔所在的弗莱堡大学几乎成了日本青年学子的朝圣之地。以京都帝国大学为根据地的京都学派与海德格尔交往尤其密切，从第一代京都学派哲学家田边元（Hajime Tanabe）和九鬼周造（Kuki Shūzō）开始，京都学派哲学家与海德格尔保持了长达半个世纪的学术交往，并发展为深厚的师生情谊。

1927年《存在与时间》出版后，海德格尔在欧洲大陆声誉鹊起。1931年，海德格尔《论根据的本质》《形而上学是什么？》以及《存在与时间》的部分章节在法国出版，随即在法国掀起一股存在主义思潮。一时间，海德格尔成了巴黎思想界的秘密武器。萨特第一次接触到海德格尔的现象学就激动万分。两年后，萨特专程赴德国柏林学习，以便集中时间和精力研究海德格尔以及胡塞尔的现象学。

1943年，萨特发表了自己的《存在与虚无》，并把它看作对海德格尔基本存在论的继承和发展。

海德格尔为什么能对法国思想界有如此大的影响？主要是由于他在《存在与时间》中提出，个体存在的意义建基于此在的时间性分析。现象学关注个体当下的、现实的生活：个体把握自己的命运，自己决定自己的命运，个体生存意义的决定性维度不在于意识形态、伦理道德、文化传承、法律制度等等。至少，和"存在"相比，这些都是次要和片面的。对于刚刚结束第一次世界大战、在动荡和不安中茫然失措的欧洲人来说，海德格尔的现象学无疑是黑夜中的一处明亮"路标"，令人欣喜和鼓舞。从萨特开始，布朗肖、列维纳斯、梅洛-庞蒂、拉康，直至米歇尔·福柯、雅克·德里达，海德格尔思想受到法国乃至欧洲思想界主流学者不断的讨论和解读，有争论批评，有热情歌颂。事实上，现象学或存在主义哲学成为"二战"后德法之间思想交流的特殊通道和平台，海德格尔在其中充当了德国对法国另一类"思想上的占领"的角色。以至于德里达说，在超过半个世纪的时间内，任何严肃的哲学家都无法回避与海德格尔的争论。列维纳斯说得更直接："在整个20世纪，一个人想从事哲学，如果他不到海德格尔的哲学中走一趟，那将一事无成。"①

在德国，法兰克福学派至今还在欧洲思想界有着巨大的影响。海德格尔的学生马尔库塞就是法兰克福学派第二代的主要代表人物。法兰克福学派当代哲学家哈贝马斯被誉为过去六十年德国乃至欧洲思想界的"牛虻"。哈贝马斯从批评海德格尔开始走上学术舞台，海德格尔一度也是哈贝马斯学术研究的中心，但他后来放弃了海德格

---

① 转引自张一兵：《回到海德格尔——本有与构境》，北京：商务印书馆，2014年，序言第2页。

尔哲学。在哈贝马斯看来，海德格尔的思想及其影响力虽然非凡，但是他偏离了18世纪以来哲学家（譬如康德、马克思[1]）通过批评现实来克服和拯救社会危机的道路，即哲学家要有作为知识分子的担当。知识分子最重要的品质是良知，良知最重要的责任是批判，总之绝不能做犬儒[2]。哈贝马斯认为，神话虚无主义式的海德格尔哲学同社会实践几乎隔绝，对现实生活构不成批评，花哨无用。

汉娜·阿伦特、伽达默尔、汉斯·约纳斯、卡尔·洛维特等德国哲学家也都曾受教于海德格尔。阿伦特为海德格尔战后重返学术舞台不遗余力地发声，伽达默尔与海德格尔亦师亦友。1923年，伽达默尔前往弗莱堡，师从海德格尔这位心目中的大师。在弗莱堡的几个月对他一生造成了深远影响，以至于他后来一直承认自己是海德格尔的学生。1960年，伽达默尔因出版著作《真理与方法》而闻名于世。汉斯·约纳斯在海德格尔和神学家布尔特曼（Rudolf Karl Bultmann）的共同指导下，以论文《诺斯替的概念》获得博士学位。卡尔·洛维特与日本哲学家九鬼周造是海德格尔同时期的学生。九鬼周造后来推荐洛维特到日本仙台的东北帝国大学任教，以逃避欧洲法西斯对犹太人的迫害。在日本任教期间，洛维特致力于东西方文明的比较和沟通。1952年，伽达默尔邀请他回到德国海德堡大学哲学系任教，与他们昔日的老师海德格尔一起成为同事。1953年，洛维特出版了《海德格尔：贫困时代的思想家》。

除了《存在与时间》，海德格尔对既往哲学家的解读以及对哲学史的梳理，也对他同时代的哲学家有着深刻的影响。没有海德格尔

---

[1] 对当代马克思主义哲学研究而言，人们往往只注意理论外在的丰富性，而忽视其思想内在的批判性。
[2] 犬儒，犬儒主义（Cynicism），这里指对他人的痛苦（普通人的苦难）无动于衷的态度和行为。

精细的解读和梳理，20世纪欧洲哲学界对古典哲学、中世纪经院哲学的研究也许会更困难、更黯淡。这一影响往往容易被人忽视，有待后人进一步研究。第二次世界大战后，由于海德格尔"纳粹校长"事件的影响，德国主流思想界刻意与海德格尔保持距离。正是在他的学生阿伦特、马尔库塞、约纳斯等人不懈的坚持和努力下，海德格尔才得以重返学术舞台，其哲学也被给予一种新的、去意识形态化的解释，重新焕发活力。

正如前面提到的，海德格尔被誉为20世纪影响中国最大的三位德国哲学家之一。海德格尔的第一位中国学生是沈有鼎先生。1931年，沈有鼎结束在哈佛大学的两年学习后赴弗莱堡大学，投师海德格尔门下做访问学者。熊伟先生1934—1936年在弗莱堡大学听过海德格尔的课程，其博士学位论文《论不可说者》（1939）是对海德格尔思想与中国思想的第一次比较尝试。改革开放之后，1987年三联书店的"现代西方学术文库"推出海德格尔的《存在与时间》中译本（陈嘉映、王庆节译），一时间洛阳纸贵。《存在与时间》在中国产生了巨大的影响，海德格尔研究由此也进入中国主流思想界。20世纪90年代后，张祥龙、靳希平、孙周兴、张汝伦、陈春文、彭富春、柯小刚等学者先后赴德国留学或访学，海德格尔研究在中国日趋繁荣，并从哲学逐渐影响到文学、艺术、诗歌、建筑等领域。

中国为什么有"海德格尔热"？《存在与时间》的译者王庆节认为，一个重要的原因是中国处于一个非常关键的转折点，需要我们对自己悠远长久的文化做一次反思，而这种反思过程恰恰能够同海德格尔的核心关注点联系到一起。海德格尔为我们提供了一个西方人反思历史的视角。很多人把《存在与时间》读作"属于个体的自由",但又不完全是这个问题。海德格尔关注的是现代性问题。他在对现代科学、民主、自由这些西方现代性的根基进行追问。海德格尔对西方现代性及其文化根基的思考也促使我们对中国思想的文化根基进行反思。海德格尔给出的答案我们也许不一定接受,但他提出的问题在我们可预见的未来不会消失。当然,就像哈贝马斯对海德格尔的批评一样,也有中国学者指出,海德格尔的"存在本源之思"导致中国思想诸多领域的虚无主义思潮盛行。面对中国严重的阶层分化、生态破坏、思潮低俗等我们生活世界的危机,海德格尔虽然思想深邃、语言丰富、视野广阔,但这是一种"伦理学无力",是一种我们应该告别的"致命的正确",总之它无益于我们当下的生活改善。

二

1989年海德格尔诞辰百年之际,其《哲学论稿(从本有而来)》(*Beiträge zur Philosophie [Vom Ereignis]*)得以出版,这是一本风格和语言完全不同于其之前公开发表著作的著作。海德格尔生前立下遗嘱,《哲学论稿》《沉思》及其后续一系列写于20世纪三四十年代的文本,要等他离世后才能出版。《哲学论稿》是海德格尔守护了几十年的一部手稿,欧洲哲学界一直知晓并期待它的出版。1975年与阿伦特最后一次见面时,海德格尔向阿伦特暗示,自己正在做最后修改的"65页"是他哲学真正的精髓(Quintessenz)。[①]等到出版面世,《哲学论稿》又令许多海德格尔的追随者万分沮丧,其语言琐碎无

---

① 张一兵:《回到海德格尔——本有与构境》,序言第8页。

章，思想艰深晦涩，体系结构不明。出版之时距其离世已有十三个年头，海德格尔为什么要坚持离世后再出版这本《哲学论稿》？这个问题确实值得我们思考，恐怕这也是理解《哲学论稿》的关键所在。

海德格尔生前为其《全集》的编辑、出版做过明确且对他来说特别重要的指示，即要在第二部分的讲座稿出版之后，方可出版按计划放在第三部分和第四部分的著作，《哲学论稿》被他生前规划为《全集》的第三部分。2012年，孙周兴教授在耗时七年翻译完《哲学论稿》后不禁感言，这本书大概可以被列为哲学史上翻译困难之最的书，光是书名中"Ereignis"的中文翻译就难以入手。孙周兴也认为，《哲学论稿》是继《存在与时间》之后海德格尔的第二部重要著作，但就思想的丰富性、重要性和未来性而言，《哲学论稿》可能不在《存在与时间》之下，可被视为20世纪人类历史上最神秘、最晦涩的一部思想著作。《哲学论稿》没有传统意义上的理论体系，海德格尔明言"体系的时代"已经结束。全书由281个小节组成，281个小节又分成八个部分，除了第一部分"前瞻"和总结性的最后一部分"存有"，海德格尔把余下的"回响""传送""跳跃""建基""将来者""最后之神"称为六个"关节"。这六个关节构成海德格尔的存在历史观，表示它们也不是完全没有内在的关联。

六个关节中，"最后之神"篇幅最短，最晦涩难解，但又是理解《哲学论稿》的关键。《哲学论稿》之后，海德格尔还写了一系列神秘文本，《哲学论稿》是这些神秘文本的纲领性著作。海德格尔后期的全部思考都可以在《哲学论稿》中找到端倪，《哲学论稿》是其后期思想的路标。通过对"最后之神"的阐释来理解海德格尔的后期思想，并对阅读《哲学论稿》《沉思》及后续一系列神秘文本给出方向性指引，这是本书的主要目的。

三

以《哲学论稿》为起点，海德格尔在从20世纪三四十年代开始的神秘文本写作中，重新提出了人类精神世界中的一个古老的话题：神秘主义。这一思想在不同时空中，在哲学和神学的不同领域被冠以不同的名字：否定神学、灵知主义、苏菲主义、长青哲学、秘传哲学、神智学、诺斯替思想、摩尼教，等等。神秘主义据说起源于古代波斯。苏菲派诗人鲁米（Jalaluddin Rumi）曾说："神之奥秘的星盘是爱。"① 神秘主义经犹太人的传播，向西到了希腊，向东传到了印度，并与印度的瑜伽相融合。神秘主义者坚信，否定性思想才是犹太教、基督教、佛教、伊斯兰教等宗教的源头。张承志的小说《心灵史》中有诗云："知识的终点，是主的认知；伊斯兰的终点，那是无计无力。"②

从神秘主义的视角来看，现实乃至历史上的诸多宗教无非是神秘主义派生、次生的结果，必然呈现出其自身的地域性、片面性，不可避免地在现实世界（时间与空间）中把自身变成一个矛盾的综合体。现实生活中的宗教总暴露出自身的有限性（异化③），这一点在西方宗教那里尤其明显。"西方的公共道德水平一直低于东方，因为前者将神性加以名相化导致的宗教暴力明显地大大多于东方。"④ 而相反，东方的"印度教和佛教从来没有迫害过信仰，几乎从未宣扬过圣战，成功规避了宗教帝国主义，而后者往往伴随着在政治和经

---

① 转引自阿尔道斯·赫胥黎：《长青哲学》，王子宁、张卜天译，北京：商务印书馆，2019年，第2页。
② 张承志：《心灵史》，广州：花城出版社，1991年，第24页。
③ "异化"是一个很重要的哲学基础概念，厘清它可以在哲学讨论中避免很多无谓的争执。
④ 阿尔道斯·赫胥黎：《长青哲学》，第viii页。

济上对有色人种的压迫"①。而且,"和所有其他形式的帝国主义一样,神学帝国主义也是对世界永久和平的一种威胁。除非大多数人都接受无二无别的人生真谛,除非这种长青哲学被视为世上所有宗教的最大公因子,除非每一种宗教的信徒在各自的信仰中以永恒的长青哲学取代偶像崇拜的时间哲学,除非全世界都拒斥一切将人类最高的善置于将来,并因此将目前所做的一切恶都当成实现那种目的的手段的政治性伪宗教,否则暴力统治永远不会结束。如果这些条件没有得到满足,那么无论多么天才的政治设计和经济蓝图,都不可能防止战争和革命的再度爆发"②。

中国的佛教(特别是密宗)和道教也可以被归类于泛神秘主义。历史上的中国越是在动荡时期,神秘主义越是盛行,魏晋时期的玄学即是如此。余敦康认为,"为了建立一个更高层次的哲学体系,汉魏之际的思想家们进行了各种各样的探索,终于找到了一个否定性的'无'作为这个世界观的理论基石。'无'虽然是否定性的概念,从辩证法的观点来看,却具有最大的肯定性,实际上是包容一切的大全"③。而在现实生活中,我们看到,大部分宗教因沉溺于时间和名相而失去神性。神秘主义者主张,否定性思想不仅是我们认识灵魂及其能力和缺陷的终极来源,而且也是人类社会的防腐剂。苏菲派思想家加扎利(Al-Ghazali)也曾写道:"在哲人时代和任何其他时代,都存在某些热诚的神秘主义者。神不会将他们抽离这个世界,因为他们维系着世界。"④

---

① 阿尔道斯·赫胥黎:《长青哲学》,第248页。
② 同上书,第255页。
③ 余敦康:《魏晋玄学史(第二版)》,北京:北京大学出版社,2015年,第56页。
④ 转引自阿尔道斯·赫胥黎:《长青哲学》,第385页。

罗伯特·麦克戴莫（Robert A. McDermott）认为，"秘传的学问之于哲学，正如神秘主义（一种神圣的一体显示的直接经验）之于宗教。对于神秘主义者以及各神秘教派的大部分学员和信徒来说，神秘学说是宗教的核心。然而对于宗教内的大部分来说，神秘主义者和他们的学说则完全是'另类'，是不可达到和不能理解的。同样，对于秘传哲学家以及他们的学生来说，神秘的东西才是被'真正向往'的东西，它是知识和真理惟一可信的源泉，其他的知识不过是它的苍白的反映。而大多数哲学书的作者也同教授们和学生们（这里教授远多于学生）一样，认为秘传哲学是不可靠的和非科学的，因而并不能代表真正的知识"①。

从既往哲学史来看，每一种形而上学哲学最终都逃脱不了被"终结"的命运，只要它们像神学一样在时间历史、空间场域中在场并被固化，不同之处在于其被终结时的形态和结构有所差异。所以，一种学说或思潮总有自己的前提和边界，总有自己的极限。但是，一旦揭露哲学和神学的神秘主义本源问题，神秘主义就成了现实世界中哲学和神学共同的敌人，成了人类历史上孤僻的另类和他者。总之，它是不入流的。从神秘主义的维度来看，哲学的向度无非是从人指向神秘主义，神学的向度无非是从神秘主义指向人。"道从永恒进入时间只有一个目的，那就是以人形帮助人类走出时间进入永恒。"②相比于东方哲学，西方哲学展现的是其历史上潮流派系的多样性和知识结构的丰富性，但这恰恰是因为，和西方神学传统一样，"西方哲学传统比任何别的哲学传统都更加把哲学看成是公开的、论

---

① 转引自罗伯特·所罗门：《从非洲到禅：不同样式的哲学》，俞宣孟、马迅等译，上海：上海人民出版社，2003年，第345页。
② 阿尔道斯·赫胥黎：《长青哲学》，第ix页。

辩的、民主地探讨的，并且是排斥秘传的"①。

海德格尔说："哲学将不能引起世界现状的任何直接变化。不仅哲学不能，而且所有一切只要是人的思索和图谋都不能做到。只还有一个上帝能救渡我们。"②这句话的潜台词是说，哲学归根结底也是一种神秘主义，无非是一种理性神秘主义。所以我们就理解了，海德格尔根本上反对哲学对现实的介入，海德格尔对哈贝马斯的批评保持沉默也就可以让人理解了。

2020年农历春节，中国经历着一场史无前例的新冠肺炎疫情。如果说上海的疫情令人紧张，那么武汉的疫情就令人恐惧和窒息了。我们没有身临其境，永远也无法感受疫情之初武汉人民"压抑、恐惧、悲怆"的心情，就像现代人永远也进入不了"寒夜、陋室、孤灯"中曹雪芹的红楼世界。病毒和细菌在我们的地球上生存了三十几亿年，人类在地球上的生命则只延续了几百万年。无论如何都难以想象，我们人类竟是这个世界的"主宰"，"人是万物的尺度"一说是何等无知无畏。愈是复杂的生物愈是脆弱，而我们人类好像正走在日趋复杂化的道路上。人类发明出许多实用的科技：核能发电、人工智能、合成生物、有机化学。谁也不能保证所有这些东西都永远运行在我们人类设想的轨道上。海德格尔在《哲学论稿》中提醒我们，"还有几百年之久，人类会以自己的谋制洗劫这个星球，使之荒芜"③。这次新冠肺炎疫情对人类重新认识自然恐怕有着不可估量的影响。只有冷静分析，沉着应对，敢于面对自身的缺陷，我们也许

---

① 罗伯特·所罗门：《从非洲到禅：不同样式的哲学》，第347页。
② 海德格尔：《只还有一个上帝能救渡我们》，载海德格尔：《海德格尔选集》（下），孙周兴选编，上海：上海三联书店，1996年，第1306页。
③ 海德格尔：《哲学论稿（从本有而来）》，第433页。以下简称《哲学论稿》。

才能转危为机，把这次疫情转化为对人类社会发展的促进和提升。如果我们继续肆意去加工、破坏自然，人类也许就会有被自然淘汰的那一天。但从过去的历史来看，病毒和细菌都不会消失，而是等待另一种"人类"的出现。未来的地球还将是那个舞台，但上演的剧目将面目全非。德国哲学家加布里尔说过："作为人类，我们无法不置身于这样的问题面前，即我们是谁、是什么，以及我们应当是谁或者应当是什么。这些问题没有终极答案，因为人类的自我关系当中存在着一种无可消除的不透明性。恰恰由于这种不透明性，我们才是自由的。"① 伽达默尔曾说，真正的经验就是这样一种使人类认识到自身有限性的经验，我想这也是海德格尔在"最后之神"思想中努力想告诉我们的。

四

这本书是我博士学位论文的修改版。2014年9月，我有机会重返校园，到同济大学人文学院学习。来同济之前，因缘巧合去台湾法鼓山参观，圣严法师的"虚空有尽，我愿无穷"这句话震撼了我，关于虚空的问题就在我心里种下了因缘。来同济大学人文学院后，我有幸成为柯小刚教授的学生，经和柯老师商量，决定做自己喜欢的海德格尔研究。一是海德格尔是自己喜欢的哲学家，在论文写作的过程中，我切身体会到了什么叫"兴趣是最好的老师"；二是柯老师擅长海德格尔，亦擅长老庄，关于海德格尔与东方思想内在、深层的亲缘关系，柯老师有独到的见解；三是孙周兴老师是中文版

---

① 马库斯·加布里尔（Markus Gabriel）：《数码化革命》，上海：未来哲学论坛，2018年11月24日。

《海德格尔文集》的主编之一，也是国内海德格尔研究和翻译的主要推动者，选择研究海德格尔让我有机会同时向两位老师请教学问，确实是受益多多。我在同济大学人文学院度过了充实的五年时光，感谢刘日明院长、陈家琪教授、梁家荣教授、徐卫翔教授，感谢沈卫青、张振华等老师。

在博士学习前三年集中阅读海德格尔之后，我决定做《哲学论稿》研究。孙周兴教授说，《哲学论稿》恐怕是20世纪最难的一本西学著作，其中"最后之神"又是最难的一节。恰恰是这种难度吸引了我，我决定为此纵身一试。现在回想起来，选一个难的题目确实对自己大有益处，可以逼迫自己去补充多方面的知识。我最早想把论文题目确定为"海德格尔与佛教思想比较"，海德格尔关于"存在来自虚无"的思想使我们东方人很容易联想到禅宗和老庄，柯老师对古典又深有造诣，我自己信心满满。"海德格尔与佛教思想比较"最早由日本京都学派提出，为此我专门拜访了台湾"中研院"吴汝钧教授和台北大学赖贤宗教授，两位先生是汉语学界研究京都学派的重要代表，我也准备选定西谷启治、久松真一和阿部正雄作为研究对象。感谢吴汝钧教授耐心地接受了我的几次专访，并慷慨赠送我有关京都学派的资料。佛学方面，台中菩萨寺慧光师父和苗栗三德寺果化法师给予我诸多开示。慧光师父曾担任佛光山丛林学院男众学部主任，专长龙树中观哲学思想；果化法师是圣严师父的大弟子，佛学造诣深厚。

经过半年的准备和写作尝试，我才发现这个题目难度之大超乎想象。随着自己对佛学的不断了解，我意识到关于佛学的课题本身就是一种"危险"的尝试。有关海德格尔与东亚思想的比较，已经有不少著作问世，如马琳的《海德格尔论东西方对话》、那薇的《天

籁之音 源自何方——庄子的无心之言与海德格尔的不可说之说》、赖贤宗的《海德格尔与禅道的跨文化沟通》、林镇国的《空性与现代性》。要写出一份超出上述著作的论文,对我来说其实是不可能的。上海交通大学哲学系高宣扬教授和杜保瑞教授给予我宝贵的意见,两位教授建议我选定一个方向,重点把论文的问题意识突出。我也征求柯小刚教授和孙周兴教授的意见,决定把论文的范围缩小,把海德格尔的"最后之神"思想凸显出来。"最后之神"思想意义重大,它是《哲学论稿》的核心所在,且《哲学论稿》是海德格尔后期一系列神秘文本的开山之作。"最后之神"还是海德格尔关于人类未来的思想,解读"最后之神"的重要性不言而喻。最终,我把博士学位论文的题目确定为"海德格尔的最后之神"。

写作博士学位论文的艰难只有自己才能体会,何况关于"最后之神"的国内外研究极为有限。最难的是构建论文的框架,感谢台北大学赖贤宗教授,海德格尔的"最后之神"思想源自否定神学和谢林哲学这一观点正是受他的启发。博士学位论文从盲审、预审、评审,前后经过14位老师的评阅,边送审边修改,边修改边送审,终于在2019年6月通过答辩,我才体会到了真正的如释重负。读博士不仅是对身体和心理的双重考验,也是对身体和心理的极限测试。哲学学习让我拓宽了视野,也认识到自己的不足,深深体会到做学问的艰难,也理解了牟宗三先生所说的"博士只是个入门,只表示你可以吃这行饭,并非表示你有学问"[①]。

感谢复旦大学郑召利教授帮我写博士报名推荐信,感谢南京大学、华东师范大学、复旦大学诸多评阅老师,感谢答辩委员会浙江

---

① 牟宗三:《中国哲学十九讲》,上海:上海古籍出版社,1997年,第386页。

大学庞学铨教授、复旦大学莫伟民教授、香港中文大学林子淳教授等老师。本次出版，我把书名改为《海德格尔的最后之神——基于现象学的未来神学思想》，这是一个两难的、有形而上学倾向的决定，也许不符合海德格尔的本意，但有助于读者去接近他的"最后之神"思想。当然，在《哲学论稿》中，海德格尔并没有直接提出过哲学和神学的统一性问题，但是从海德格尔个人思想史的路径及《哲学论稿》的内涵来看，海德格尔确实在回应谢林的"哲学与宗教的永恒同盟"①问题，谈到了现象学对神学的引领和调校，并把哲学和神学的统一性含蓄地表达在"最后之神"思想中。

五

《海德格尔全集》第66卷《沉思》②被誉为《哲学论稿》的姊妹篇。在《沉思》的第70和第71节中，海德格尔专门谈论了"诸神与存有"的关系。海德格尔说，思考和谈论神已经要求人持守一种内立的本质性知晓，这种思考和谈论并不需要确定性，这种确定性还在本质性知晓的基本阐释之外，如今本质性知晓仍然独自、错误地遍布在神可以命名的领域。诸神是那些不可估量地迫使人内立于此-在中的神。神不创造人，人也不创造神。存有真理的决断在二者"之上"，不是通过战胜它们，而是在它们之间让它们居有自身，从而二者通过这种居有进入一种对峙。认识和命名"神"取决于存有发现真理的方式，取决于真理建基的方式。神从来不是人有时通

---

① 参见先刚：《永恒与时间：谢林哲学研究》，北京：商务印书馆，2008年，第348—381页。
② 《沉思》目前还未有中文版和日文版，第70和第71两节翻译自英文版：*Mindfulness*, trans. Parvis Emad and Thomos Kalary, London: Continuum, 2008, pp. 201-225；德文版参见 *Besinnung* (GA 66), Frankfurt am Main: Vittorio Klostermann, 1997, S. 229-256。

过这种知识有时又通过另一种知识知道的某个存在,神也从来不是人在不同距离中可以接近的存在者。现在流行的任何关于神的说法都显得专横,似乎只是智力上的狂热,或者仅仅是模仿和陈旧的习惯,或者只是空洞的伪装。因为所谓关于神的基本陈述只是把它们假定为某个"客体",人类与之要么仅仅是表象上的关系,要么就根本没有关系。两千年以来神都不再现身,因为它们神性的每一个"时间—空间"都被覆盖和掩埋了,剩下的只是迄今为止的计算:要么在对基督教造物主上帝无力和毫无根据的改造中消耗自身,要么在纯粹的反-基督教中耗尽力量,即异教徒对"神话"的模仿。两千年以来神都不再现身,也许是因为"神圣的"柏拉图的罪责,存在和它的真理被埋葬在"命题"(逻各斯)之下,并通过对象化屈服于"相"(理念),因为存在者(包括上帝)阻碍了存在成为离基深渊。神逃离了它们神性的笼罩,人类迷恋于自身的偏见和成就以及他们的荒芜,痴情于拼凑自己迷茫、闪烁的"生活—体验"图像。无神性的神已经成为人类"非人性化"(人类自以为是的偶像化)的"装饰品",成为遮蔽空虚和无聊的"生活—体验"的"填充物",成为动机和感情的原因和对象。在这种偶像化的摆布下,神仅仅是意见和追逐的对象,总有一天它必然走向去-神化。只有当人知晓无神不是由他来裁定而是神自己最大的损失时,唯有此时,人才会进入沉思之路。只要人们还按照哲学和形而上学的概念及其西方式的展开方式来理解,那么这一过程(对神性的领悟)的意义就不会被理解。在第一开端的历史中,形而上学向今天的人们提供一种宗教和世界观的混合产品,给他们一种看似深刻的人生观。在另一开端的历史中,应该有这样的人,他们摆脱了"宗教"的所有虚假基础而巩固一种本质性知晓,这种本质性知晓拒绝所有短暂的、其路径仍然指向"宗教"和"宗教性"的生活欲望,在存有真理的本现中居有自身,与神对峙。在形而上学时代,所有事物的本质仍然被迄今为止西方最后一个时代的统治所完全覆盖(即现代性的统治)。从西方的观点来看,民主的普通性和理性规划的"绝对权威"总有一天会发现并承认彼此是一样的。"历史"演变为生产那种人类领域所必需的技术性,反过来,"技术"演变为自然的历史。也就是说,作为对地球的持续开发,历史回归到它自身,不仅是为了满足自身需求,而且是为了引导与历史表现技术相适应的需要。历史与技术二者交融在一起。最后之神的神性根基需要作为此-在的人,他不再通过计算"历史性"来产生"新"的东西,而是被忍耐和沉着调谐,去亲近和体验已作为最重要暗示的基本决断。"只有神才是伟大的,伟大是因为它们的神性来自存有的原初性。"[①]

如果说《哲学论稿》中神学维度的重点在"最后之神",《沉思》则把这一重点转向了"诸神与存有"的关系,并多次提及"最后之神",与《哲学论稿》中的"最后之神"交相辉映。不言而喻,《沉思》对正确领悟海德格尔的后期思想具有同样重要的意义。若要探究海德格尔"最后之神"的否定神学来源(过去)、现象学方法(现在)和未来性思想(未来)是否真正契合了海德格尔的后期思想,应该对《哲学论稿》和《沉思》进行系统性比较,从中找到更多的思想性佐证。遗憾的是,这几年为生计所迫,我已无暇去对《沉思》做一番沉思,这不得不说是本书的一个结构性缺陷。如今书已仓促付梓,只好留给有心的读者去比较、验证。对海德格尔的思想我们当然可以怀疑和批评,但是对海德格尔生前刻意隐瞒的著作,我们

---

① Heidegger, *Mindfulness*, p. 223. (Solely gods are great, great insofar as their godhood is out of the inceptuality of be-ing.)

更应该高度重视。

这本书从开始构思到修改完成，历时八年，其中的辛酸无言以表，也远远不是我一个人的努力可以成就的。再次感谢我的两位导师同济大学人文学院柯小刚教授、浙江大学哲学学院孙周兴教授；感谢台北大学赖贤宗教授、台湾"中研院"吴汝钧教授；感谢上海交通大学高宣扬教授、杜保瑞教授。感谢商务印书馆朱健老师的精心编辑。

天理昭彰，书以载道！

谢谢太太这八年来对我的理解和支持，本书献给她和我们的女儿！

2021年夏记于上海东明

绪　论

　　海德格尔与神学复杂又纠结的关系贯穿了他的一生，简单地把海德格尔标识为神学家或无神论者，恐怕都过于简单或不够贴切。海德格尔的神学思想经过了其不同时期哲学思想的调校。当然，这种调校是相互的，其神学思想对其不同时期的哲学思想也有影响。海德格尔已出版的关于神学的著述，其一是《宗教生活现象学》，即《海德格尔全集》第60卷，包含了海德格尔1918—1921年的三篇讲座稿。但要特别注意的是，《宗教生活现象学》并非来源于海德格尔自己的手稿，而是根据其学生的听课笔记编辑、整理而成，"有的地方缺乏充分完整和清晰的表达"[①]。其二是作于1927年、收录在《路标》中的《现象学与神学》，海德格尔第一次尝试把神学纳入现象学之中，也就是纳入其"哲学"之中。如果说在中世纪经院哲学中，"哲学是神学的婢女"，海德格尔恰恰是想颠倒这一说法。当然，哲学和神学在海德格尔思想中的内涵也已经不同于经院哲学时期。其三是作于1957年的《形而上学的存在—神—逻辑学机制》，收录在其著作《同一与差异》中。海德格尔的意思是，传统形而上学意义上的"存在""神""逻辑学"并无差异，也即传统哲学与神学没有差异——如果有差异，也只是量上的而不是质上的。在海德格尔看来，人类的精神世界中发生了双重遗忘：传统哲学遗忘了存在，传统神学遗

[①] 海德格尔：《宗教生活现象学》，欧东明、张振华译，北京：商务印书馆，2018年，第415页。

忘了上帝。哲学和神学都是"形而上学"的派生物，本质上和"物理学"没有差异。其四是作于1936—1938年的《最后之神》，收录在其著作《哲学论稿》中。海德格尔把"最后之神"看作传统哲学和神学的终点，是存在历史的最后一个关节。同时，"最后之神"也预示着一个新的开端，开启人类历史全新时代的一个开端。

第一节 《哲学论稿》中的最后之神

《海德格尔全集》德文版主编冯·海尔曼认为，《哲学论稿》是海德格尔《存在与时间》之后的第二部主要著作。按照中文版《海德格尔文集》主编孙周兴的说法，就思想的丰富性、重要性和未来性而言，《哲学论稿》不在《存在与时间》之下，几乎是20世纪人类历史上最神秘的一部思想著作。

萨弗兰斯基在《海德格尔传》中这样写道："在他的《哲学论稿》中，我们会看到海德格尔如何用概念的妄语和喋喋不休的句子，使自己进入'另外一种状态'。《哲学论稿》是寻找谈论神的新谈法的实验室。海德格尔用自己做实验，以便弄清，没有肯定性的理论能否建立一种宗教。"①

《哲学论稿》由281条晦涩的笔记和片段性的纲要排列而成，是一种类似于尼采的残篇式写作。全书语言琐碎，令人茫然。海德格尔坦言"体系的时代"已经过去了②，言下之意是，《哲学论稿》不再追求某种宏大叙事。波尔特在他的著作《存在的急迫》中这样评价《哲学论稿》："作为对'存在的本质性发生'的一种解释，这份文本

---

① 吕迪格尔·萨弗兰斯基：《海德格尔传》，靳希平译，北京：商务印书馆，1999年，第413—414页。
② 海德格尔：《哲学论稿》，第4页。

像是一篇论文;作为对种种概念的根源的一种考察,它像是哲学史;作为对某种危机的一种分析,它像是文化批评;作为对决断瞬间的一种召祷,它像是预言;作为对语言的一种有意识的配置,它像是诗。"①

海德格尔强调,《哲学论稿》不是一本传统意义上具有"理论体系"的著作,但又把全书281个小节分成八个部分。除了第一部分"前瞻"和总结性的最后一部分"存有",海德格尔把余下的六个部分称为六个"关节",表明它们之间也并不是没有任何关系,只是说这种关系不是一种体系意义上的"前赴后继",这六个关节("回响""传送""跳跃""建基""将来者""最后之神")构成了海德格尔意义上的存在历史观。

理解海德格尔的存在历史观需要知晓其存在论差异。按照海德格尔有关存在论差异的说法,所谓存在论差异并不是简单地指存在与存在者的差异,而是指存在本身与存在者存在之间的差异。"存在者存在"是当今形而上学时代各门科学、哲学乃至基督教神学所揭示的真理,它总是僵化和有限的,而存在本身总是充盈和无限的,存在本身只能是"神秘"(Geheimnis)。形而上学盲目于"存在者存在"而遗忘了"存在本身"。海德格尔把形而上学称为存在历史的第一开端。现今时代,为了克服形而上学时代存在历史的种种弊端②,存在历史需要开启另一开端,以恢复其自身应有的丰富性和可能性。

---

① 波尔特(R. Polt):《存在的急迫:论海德格尔的〈对哲学的献文〉》,张志和译,上海:上海书店出版社,2009年,第3页。
② 形而上学时代的种种弊端指的是人类主流精神的两大基石,即起源于希腊的哲学和起源于希伯来的神学都发生了危机。这种危机起源于一种形而上学式的思维,即只关注存在者之存在。自然和上帝都是人思维和算计的对象,人成为主体而世界成为图像。现今社会"技术—工业—商业"的发展模式正是这种形而上学式思维的结果,这种结果导致人的一种无家可归状态。并且,再过几百年,人类将以这种方式洗劫这个星球,使之荒芜。人类需要克制自己的欲望和冲动,以拯救我们这个地球,这正是海德格尔倡导重新开启存在历史的另一开端的原因。而且,人类尤其要注意和谨慎,人对最高存在者(上帝)的任何形式的判决和裁定都是一种危险,表明我们人把自己悬置于上帝之上。

当今人类历史就处在第一开端向另一开端的过渡之中,也就是那种"从形而上学到存有历史性思想的过渡",海德格尔称之为最后之神的第一次"掠过"。根据海德格尔的思想,存有历史性的追问开始于"在存在离弃状态之急难(Not)中的存有之回响",实行于"第一个开端与另一个开端的相互传送",作为"进入存有之中"的思想跳跃,作为"存有之真理"的思想建基,以及作为对将来者和最后之神的思想准备。① 这六个关节中,"最后之神"篇幅最短,最晦涩难解,但又是理解《哲学论稿》最关键的部分。继《哲学论稿》之后,海德格尔还写了一系列的神秘文本:第66卷《沉思》(1938—1939)、第67卷《形而上学与虚无主义》(1938—1939、1946—1948)、第68卷《黑格尔》(1938—1941)、第69卷《存有的历史》(1938—1940)、第70卷《论开端》(1941)、第71卷《本有》(1941—1942)、第72卷《开端的小路》(1944)。②

第二节 最后之神的国内外研究现状

孙周兴在《后神学的神思——海德格尔〈哲学论稿〉中的上帝问题》③一文中指出,海德格尔关于"最后之神"的思考是在一个预设的前提下进行的,这个前提主要是由尼采传达出来的虚无主义的神学否定,即基督教神性世界的衰微和崩塌。④ 海德格尔明确表示

---

① 海德格尔:《哲学论稿》,第541—542页。
② 上述文本除第65卷《哲学论稿》之外,还均未有中文版。
③ 孙周兴:《后神学的神思——海德格尔〈哲学论稿〉中的上帝问题》,载《世界哲学》2010年第3期。
④ 关于20世纪欧洲的基督教,海德格尔直言:"基督教的神正好可以就此继续做它的生意,结果就是,它不再存在,也只是个偶像,继续做生意。"参见海德格尔:《〈思索〉二至六(黑皮本1931—1938)》,靳希平译,北京:商务印书馆,2021年,第511页。

"最后之神"尤其对立于基督教的上帝,表明了海德格尔的"最后之神"思想坚定和彻底的后基督教神学立场。孙周兴认为,海德格尔之所以构思出一种后神学的神性思想,根本上源于现代人通过海德格尔所谓的谋制(Machenschaft)和体验(Erlebnis)不断扩张自己的势力,一种唯我独大的人类中心主义思想使得人彻底放肆无度。现代人丧失了最基本的"抑制"和"持守"能力。物质畸变,诸神逃遁。海德格尔在此提出"最后之神",无非是想让人知道还有比人更高大、更具神性的存在。人要知道自己的有限性,为神性保留某种维度。我们人类要重新思考和确认生活的前奏,从而唤起一种敬畏和期待。

林子淳在《为什么海德格尔要谈最后的上帝》①中指出,讨论"最后之神"的关键不是要追问为何谈论"最后之神"要涉及存有,而是要追问为何谈论存有需要谈论"最后之神"。林子淳认为传统的"上帝""诸神"与西方形而上学思想中的"超越"有着千丝万缕的联系,而《哲学论稿》的一项决定性工作就是要在传统的世界观之外谈论一种新的"超越"概念。

张灯在《海德格尔"转向"时期关于神的思考——基于〈哲学文集〉文本的考察》②中指出,对谋制的算计和对体验的垂青令我们期待着神在个体或者群体经验中显现,但这种对显现的期望已经把"神"视为可被客观化的对象,因而谋制和体验时代的神绝不是"最后之神"。海德格尔的"最后之神"根本就不是一个永恒的、无限的存在(像基督教的上帝那样),"最后之神"根本不是一个存在物。

---

① 林子淳:《为什么海德格尔要谈最后的上帝》,载《政治大学哲学学报》2010年第24期。
② 张灯:《海德格尔"转向"时期关于神的思考——基于〈哲学文集〉文本的考察》,北京大学哲学系宗教学专业硕士研究生学位论文,2007年6月。

"作为存在之自我隐匿的完满,终极之神所代表的恰恰是存在物的对立面。倘若说,神学家将上帝定义为最具有存在性的存在者(至高实存),一切其他存在者都从它而获得自身的存在(第一因),那么,海德格尔的终极之神正与此相反,它是非存在到达极致和完满的状态。正是因此,终极之神才与死亡有了某种隐秘的亲缘:死亡是存在的消逝,是个体的虚无,而终极之神则是虚无的全部。而且,只有在这虚无的背景之下,只有在'尚未存在'(出生)和'即将不在'(死亡)的广阔无垠的虚无背景之中,作为'终有一死者'的被抛者的人的存在才能在筹划中赢获无尽的可能性。"[1]

张灯认为,理解海德格尔的"最后之神"仍然要从其现象学的方法出发。海德格尔晚年在其自我反思文章《我进入现象学之路》中写道:"仅从现象学的最本己的方面来说,现象学并不是一个学派,它是不时地自我改变并因此持存着的思的可能性,即能够符合有待于思的东西的召唤。如果现象学是这样地为人们所理解和坚持的话,那么它作为一个哲学标题就可以不复存在了,但是它会有益于思的事情,而这种思的事情的敞开状态依然是一种秘密。"[2]

持守的人发现了自己的有限性以及大地与天空相对的隐匿性,最后之神就是将这种有限性与隐匿性中的否定性推向极致的结果。海德格尔对现象学原则的坚持和对实事本身的寻根究底,导致他在对《存在与时间》的反思中获得了转向的契机。而在转向中所达到的"隐匿和遮蔽不是达到真理的障碍,而恰恰是存在本身"这一结论,使得海德格尔从"存之自我隐匿着的自我开启",即存在历史本身的自我展开这一角度重新把握世界境域。而这一体现在"物"

---

[1] 张灯:《海德格尔"转向"时期关于神的思考——基于〈哲学文集〉文本的考察》。
[2] 海德格尔:《面向思的事情》,陈小文、孙周兴译,北京:商务印书馆,1999年,第113页。

中、体现在艺术作品中的世界境域，正是"天、地、人、神"之四方的聚集。最后之神，抑或神性，自然就在海德格尔转向后的思想中占据着核心的地位。而形而上学追求根据的倾向和聚集于存在者的思维，是导致基督教神学走向本体论神学的原因。信仰绝不可能是海德格尔后期思想的出发点，即使海德格尔在回答《明镜》周刊记者时所说的"只还有一个上帝能救渡我们"，也不能被视为海德格尔思想向着基督教信仰的回归。毋宁说，海德格尔的"最后之神"和基督教的"上帝"不在一个维度上，这也是海德格尔在《形而上学的存在—神—逻辑学机制》中对本体论神学进行批判和解构的原因。

赖贤宗在《海德格存有思想之道》中指出，在《哲学论稿》中，海德格尔的整体趣向是将神的问题放在存有问题之中加以阐释。①最后之神位列存在历史六个关节中的最后一项，其重要性不言而喻。海德格尔不但区分了存有（Seyn）与最后之神（der letzte Gott），他还做了对诸神（Götter）、神性（Gottheit）、神圣者（Heilige）、最后之神的区分。海德格尔在《关于人道主义的书信》中说："唯从存在之真理而来才能思神圣者之本质。唯从神圣者之本质而来才能思神性（Gottheit）之本质。唯在神性之本质的光亮中才能思、才能说'上帝'（Gott）一词所要命名的东西。……而如果存在之敞开域（das Offene des Seins）没有被澄明而且在存在之澄明中切近于人的话，那么这个神圣者的维度作为维度甚至就依然被锁闭着。也许这个世界时代的特征就在于美妙者之维度的被锁闭状态中。也许这就是唯一的不妙。"②

---

① 赖贤宗：《海德格存有思想之道》，台北：台北大学人文学院东西哲学与诠释学研究中心，2017年，第327—328页。
② 海德格尔：《路标》，孙周兴译，北京：商务印书馆，2011年，第414页。

海德格尔批判西方传统形而上学用理性来论证上帝,将上帝当作最高者,其与存在学探寻最普遍者一样都是出于对存在的遗忘,忽视了存在论差异。赖贤宗认为,海德格尔延续埃克哈特等人的否定神学传统,探讨上帝的"掏空"(Kenosis),并开启了他与道家、禅宗对话的可能性。在海德格尔那里,"最后之神"不等同于"神圣者""诸神"。一方面,神圣者的本质只能从"即开显即遮蔽"的存有之真理出发方可到达。神圣者是神性的本质境域。另一方面,"天、地、人、神"四重整体(Geviert)守候着海德格尔所说的"神圣者"乃至"最后之神"。神性彰显于四方之上,是对最后之神的终极守候,而神性并不能落入肯定性的表达,从而落入某种范畴和限制之中,神性只能是作为掏空的上帝,即否定的、遮诠的上帝存在。

如果要讨论海德格尔的"神圣者"乃至"最后之神",首先要由"天、地、人、神"四重整体来作为守候的境域(Gegend)。其次是这样的守候要通过"林中空地"(Lichtung)、通过"无自无"来实现,以开启存在历史的另一开端。通过这样的"开端",才能有从存有而来的建基,乃至通达存有之真理,以创建未来。如此才能以类似于埃克哈特否定神学的方式守候最后之神。存在论差异是存在者存在与存在自身之间的差异,而相对于此的神学差异则是最后之神、神性、神圣者、诸神与现世基督教上帝之间的差异,以及种种将神当作一个存在者或是存在者性的差异。

在国外的相关研究中,大卫·劳(David R. Law)在《海德格尔〈哲学论稿〉中的否定神学》[①]中指出,即使按照海德格尔自己的标准,《哲学论稿》也是一本晦涩难懂的书。《哲学论稿》的难度系数

[①] David R. Law, "Negative Theology in Heidegger's *Beiträge zur Philosophie*", *International Journal for Philosophy of Religion* 48, 2000.

像是海德格尔自己预设好的。他曾强调，哲学"使自己变得可理解，此乃哲学的自杀"[①]。哲学的可理解性意味着将"存在"带入不适宜的思想分类中，对"存在"进行概括和归类会变成读者不自觉的冲动。海德格尔希望打破读者对传统思维方式的依恋，并使他们能够进入存在历史之思，即进入一种非形而上学的思考。这种思考拒绝概念化和体系化，从而看起来是琐碎的、反理论的。大卫·劳认为，海德格尔《哲学论稿》中的这种方法论，或者说适合于存在历史的方法论，确实与否定神学有结构上的相似。这种相似至少体现在两点上：一、《哲学论稿》中关于存在的某些描述符合否定神学对存在的解释，特别是海德格尔关于存在问题的讨论与否定神学家认为人类语言无法谈及上帝有相通之处。在否定神学中，神完全是超然的存在。在《哲学论稿》中，海德格尔强调语言言说存有的无力。"在关于存在者的日常意见方向上，此种词语和命名是可理解的，而且是唯一地在这个方向上被思考的；但作为存有之表达，它们是容易被误解的。"[②]只要哲学从基础问题的另一开端而来进行追问，"那么，静默就是哲学的'逻辑'"[③]。二、《哲学论稿》中关于最后之神的描述与否定神学中的神也有相似之处。如果人类思想和语言难以理解和表达真正的神，是不是代表我们人类就应该为此保持沉默？否定神学家希望给我们指明一条超越人类理性并且可以理解神之存在的道路，并尝试建立自己的、区别于传统基督教神学的神秘神学。而海德格尔否认这种宗教神学，认为这种宗教神学无非还是传统神学的一种变种和异化。大卫·劳的这一分析为我们解读《哲学论稿》提

[①] 海德格尔:《哲学论稿》，第459页。
[②] 同上书，第91页。
[③] 同上书，第86页。

供了一种差异化思路。

《哲学论稿》全书充满了神学气息，也充满了神的气息。但是，海德格尔认为，只要是还在形而上学的考察路径中，上帝或者神就会被表象为最具存在性者，被表象为所有存在者的第一根据和原因，被表象为无条件者、无限者、最高者和绝对者。大卫·劳认为，在海德格尔的所有作品中，《哲学论稿》对"最后之神"这一概念的陈述是独一无二的。"最后之神"既不是对上帝的赞誉也不是对上帝的亵渎，"最后"也并不意味着神的终结。在谈及最后之神时，我们要解决的是神的本质或神之存在的形态问题，这意味着要把神从形而上学中解放出来。我们要做的是恢复神本来的充盈性、不稳定性和不确定性，最后之神就肩负着这样的使命。

海德格尔关于最后之神"掠过"的描述可能来源于《圣经》，即神在其荣光中掠过摩西，但摩西不能直接看神的面容，因为那意味着死亡（《出埃及记》33:18-20）。对海德格尔影响至深的还有诗人荷尔德林，海德格尔20世纪30年代开始阅读荷尔德林的作品。在诗歌《和平庆典》中，荷尔德林提到，神只是短暂停留在人类的居所。① 尽管只是与神短暂接触，但是神对人的影响持久地回荡。海德格尔用"掠过"（passing-by）代替荷尔德林的短暂停留，是为了说明最后之神的掠过不代表神就永远地消失在过去。"掠过"的重点在于表达，最后之神还会多次再临。并且，这种再临既不受时间也不受空间的限制，最后之神的再临不会在人的预期之中，如同保罗的恩典时刻。

最后之神在掠过人的那一瞬间触摸到了永恒。普吕多姆（Prudhomme）

---

① 荷尔德林:《荷尔德林诗集》，王佐良译，北京：人民文学出版社，2016年，第456页。

将海德格尔有关"最后之神"的观点总结为:"那些已经掠过的众神还围绕在我们身边,也就是说,他们会体现在曾经一晃而过的人身上。尽管他们已经缺席很久,却还是能决定我们是谁。"①为什么掠过之神是最后之神?海德格尔想要通过这个高深的词汇表达什么?普吕多姆倾向于把它翻译为"终极之神"而不是"最后之神","最后之神"容易使人误解为它是诸神中的最后一个,之后不会有更多的神。普吕多姆为这一术语赋予"终极"的含义,即强调最后之神并不是位处诸神序列的终端,而是说最后之神真正的形态是诸神之神。所以对于普吕多姆来说,"最后之神"这一术语不是代表神的终结,而是为了恢复神的本来面目。只有这样,神才可以不再被理解为形而上学的概念,这种对神之存在的表达只有当神正在行动(掠过)时才更生动。②

在谈到海德格尔后期的神学思想时,卡普托(John D. Caputo)在《埃克哈特大师与后期海德格尔:海德格尔思想中的神秘主义元素》③中指出,在海德格尔看来,传统神学仍然身处形而上学语言建构的体系之中,即使埃克哈特的思想也不例外。尽管埃克哈特用了否定的方法,但他的否定神学思想仍然是一种形而上学式的神学思想,所以我们不能简单地把海德格尔思想归结为神秘主义或否定神学。海德格尔认为,传统神学仍然在坚持"内在的概念"和"外在的词语"的区分,认为后者不过是前者的外在化。对海德格尔而言,传统神学的路径是值得怀疑的,因为语言不能被理解为概念的符号,

---

① Prudhomme, "The Passing-By of the Ultimate God", *Journal of the American Academy of Religion* 61(3), 1993.
② Ibid.
③ John D. Caputo, "Meister Eckhart and the Later Heidegger: The Mystical Element in Heidegger's Thought: Part Two", *Journal of the History of Philosophy* 13(1), 1975.

概念也不能被理解为事物的符号。相反,事物只有通过语言才能出现,语言是事物的先决条件。海德格尔所说的是一种经"沉默"调和的语言,不涉及任何的概念性或表象性思维,它克服了形而上学的异化。因此,当埃克哈特赞扬神秘的沉默时,海德格尔呼吁语言的新生,而这种新生就被荷尔德林这样的诗人所创建。卡普托的分析有助于我们理解,虽然都是从否定的角度解释自己的神学思想,埃克哈特坚持认为我们人对真正的上帝只能保持沉默,而海德格尔并不认为我们人无法理解真正的上帝,从而为他的"最后之神"埋下了伏笔。用卡普托的话来说,埃克哈特的思想是经典的否定神学,海德格尔则以世俗的方式保留着某种否定神学的味道。

杜安·阿米蒂奇(Duane Armitage)在其博士学位论文《保罗与海德格尔〈哲学论稿〉中的最后之神》[1]的结论中指出,在《哲学论稿》中,海德格尔把基督教的上帝、形而上学的第一开端和关于存在的定义视作同一思想背景中的事件,其关于神性和神圣乃至关于整个西方形而上学传统的讨论采取了现象学解构的方法。"最后之神"思想和他所有的其他思想(关于存在、语言、艺术等等)一样,是一种试图通过传统中根深蒂固的概念来重新思考的尝试。在这种情况下,海德格尔的"最后之神"思想本质上仍然是神学的。阿米蒂奇的观点有助于我们在西方神学传统中找到海德格尔"最后之神"思想的源头。阿米蒂奇反对把海德格尔的"最后之神"思想理解为反-基督教的(anti-Christian)或是一种新的异教思想(neo-Pagan),认为这种理解仍然没有领悟海德格尔所倡导的现象学解构方法。思

---

[1] Duane Armitage, *St. Paul and the Last God in Martin Heidegger's* Contributions to Philosophy, submitted to the New School for Social Research of the New School in partial fulfillment of the requirements for the degree of Doctor of Philosophy, 2012.

想跨越到另一开端,并不是要把传统排除在外;相反,思想必须仍然深植于形而上学或神学的传统之中。在这种情况下,西方的形而上学和基督教传统乃是我们向另一开端跳跃的前提和起点。

正如汉娜·阿伦特所说,海德格尔是要解冻传统中遭冻结和隐匿的思想①,让它重新到场(Par-ousia)。对传统的解构不是推倒重来,也不是对传统进行割裂,而是让传统重获新生。海德格尔的神学思想仍可被纳入其现象学思想中,它不是反基督教的,它只是反形而上学的,是形而上学使有关上帝的神学概念僵化。我们要在基督教传承下来的概念中重新寻找神圣或上帝的本质。

第三节 本书的研究方法和研究目的

本书尝试从不同的维度和向度对海德格尔的"最后之神"思想进行论述。

一、站在海德格尔思想的神学维度,通过对其不同时期神学文本的解读和分析,梳理其神学思想的变化,探讨"最后之神"在其神学思想中的由来。海德格尔直接探讨神学思想的著述主要有《宗教生活现象学》《现象学与神学》《哲学论稿》和《形而上学的存在—神—逻辑学机制》。上述著述反映了海德格尔不同时期对神学的不同思考。《宗教生活现象学》首次提出"形式化与形式显示"的现象学方法,并指出"基督再临"作为一种历史性事件源自一种原初的、个体化的时间性,从而为基督教神学的现象学诠释开辟了道路;《现象学与神学》提出,现象学是存在论哲学对神学的指引和调校;

---

① Duane Armitage, *St. Paul and the Last God in Martin Heidegger's* Contributions to Philosophy, pp. 217−220.

《哲学论稿》则弱化传统形而上学意义上哲学与神学的差异,并把它们含蓄地表达在"最后之神"思想中。《形而上学的存在—神—逻辑学机制》继续其对传统形而上学、基督教神学的解构,海德格尔从形而上学第一开端的角度阐释存在学、神学、逻辑学的同质性问题,为存在历史的另一开端做理论上的支撑。

二、站在海德格尔思想的哲学维度,通过对其不同时期哲学文本的解读和分析,梳理其哲学中否定思想的变化,并探讨这种否定思想作为其思想的内核,是否也同时契合于其神学思想。海德格尔早期关于形而上学基本问题的讨论,即"究竟为什么在者在而无反倒不在",首次把存在问题引向了关于"虚无"的讨论,并指出哲学对存在的遗忘也就是对"虚无"的遗忘。在对荷尔德林诗的阐释以及同时期给布洛赫曼(Elisabeth Blochmann)的信中,海德格尔意味深长地将"存在者之虚无与存在者之存在"比作"黑夜之于白昼"。《哲学论稿》中,海德格尔把存有的本现描述为"静默",并且在存在历史的另一开端中,语言也将建基于沉默。海德格尔不同时期关于虚无、黑夜和静默的讨论,清楚地显示出其哲学思想中的否定思想痕迹。

三、将海德格尔思想纳入东西方思想的传承、交涉、融合的大背景下进行讨论。通过论述海德格尔对谢林哲学(西方传统)的传承,揭示海德格尔否定哲学思想的谢林渊源。1927年《存在与时间》出版后,海德格尔花费十年的时间,潜心考察谢林和尼采的思想:1936年,开展关于谢林《论人类自由的本质》的系列演讲;1936—1942年间,在弗莱堡大学连续做了六次尼采专题讲座,而1936—1938年正是他秘密写作《哲学论稿》的时期。海德格尔的谢林和尼采讲稿代表了其在超意志哲学与意志哲学之间的抉择:他最终选择并继承了谢林的超意志哲学（泰然处之的哲学）。在与谢林的哲学对话中，海德格尔获得了根本的推动与启示。谢林的超意志哲学正是继承和发扬了德国的神秘主义传统，即否定神学的历史传统。在20世纪初东西方思想交融的背景下，通过论述海德格尔与京都学派（东方传统）的交往，本书意在揭示海德格尔与东亚否定思想"空""无"的相互印证。海德格尔在接受谢林的超意志哲学过程中，可能通过谢林对老子哲学的诠释，间接吸纳和接受了道家思想；同时在与日本京都学派的接触中了解到了禅宗的思想。可以认为，海德格尔对西方的否定神学和超意志哲学、东方的道家及禅宗思想创造性地做出了融合，从而提出了他的"最后之神"思想。

四、从现象学的核心概念出发，即从时间到时间性、从历史到历史性，将《哲学论稿》与其早期重要文本《存在与时间》进行比较研究，分析海德格尔前后期对于"时间性"和"历史性"等现象学方法的运用和思考。从存在历史观出发，将《哲学论稿》与其同时期的重要文本《尼采》进行比较研究。《哲学论稿》和《尼采》写作于同一时期，二者都面临同样的思想背景：形而上学、柏拉图主义、虚无主义、上帝之死、存在历史，等等。在思想的表达上，《尼采》与《哲学论稿》是显与隐的关系，这一结构与海德格尔对存在"即开显即遮蔽"的理解高度一致。海德格尔把超越形而上学、克服虚无主义视为其身处时代的"急难"。通过上述比较研究，为对《哲学论稿》中的"最后之神"章节进行解读做理论准备，目的是揭示"最后之神"思想的真正内涵。

海德格尔为什么要写《哲学论稿》以及后续一系列神秘文本？他是出于对现代西方文明的担忧而倡导人类共同拯救地球吗？为什么解读"最后之神"对阅读海德格尔20世纪三四十年代的一系列神

秘文本如此重要？什么是海德格尔的"最后之神"？"最后之神"的来源在哪里？海德格尔如何阐释"最后之神"？海德格尔为什么要谈"最后之神"？弄清楚这些问题，我们才能理解海德格尔"最后之神"思想的精髓所在。

第一章　海德格尔神学思想的路径考察

如前所述，海德格尔一生直接探讨神学思想的著作，其一是《宗教生活现象学》，它包含海德格尔1918—1921年的三篇讲稿；其二是作于1927年的《现象学与神学》，海德格尔试图用现象学来阐释神学，或者说试图证明现象学比基督教神学更为根本；其三是1936年开始写作的《哲学论稿》，海德格尔在其中首次提出"天、地、人、神"四重整体思想，但这里的神还需要与天、地、人的交相辉映，因而还不是最后之神；其四是写于1957年的《形而上学的存在—神—逻辑学机制》，海德格尔从形而上学第一开端的角度阐释存在学、神学和逻辑学的同质性问题。

海德格尔在《宗教生活现象学》中提出了"形式化与形式显示"的现象学方法，解读了自由神学大师特洛尔奇（Ernst Troeltsch）和哈纳克（Adolf von Harnack）的神学观点，并对保罗书信中的具体宗教现象进行现象学阐释，重点是提出了"时间性"问题。海德格尔指出，"实际生活经验是某种全然独特的东西；在实际生活经验中，走向哲学之路成为了可能，在其中也进行着那种引向哲学的倒转"[①]。如果实际生活经验是走向哲学之路的出发点，那么实际生活经验会不会也是走向神学之路的出发点？海德格尔意识到，在原初的基督教信仰经验中，"基督再临"作为历史性事件（Geschehnis）源自一

---

① 海德格尔:《宗教生活现象学》，第11页。

种原初的、个体化的时间性,即上帝的恩典时刻基于个体的实际生活经验。恩典时刻毫无预兆,不能被预期,就像小偷光临一样。从而,海德格尔把实际生活经验的时间性和历史性从哲学维度推向了神学维度。只有在这种不能预期、时刻准备的时间性体验中,个体才拥有他自己本真的信仰(信、望、爱)。只有基于这种时间性的信仰生活,基督徒乃至基督教才有自己本真的历史。由于过分强调这种基于个体的时间性和历史性,海德格尔又被列奥·施特劳斯等人批评为"极端历史主义"。施特劳斯对海德格尔的批判是否契合海德格尔的思想,这个问题当然值得讨论。1923年,海德格尔赴马堡大学任职,布尔特曼当时正在马堡大学教授神学。两人遂成为至交,并经常相互旁听讲课,布尔特曼的神学人类学转向也与海德格尔的哲学思想有关联。海德格尔在马堡大学任教期间(1923—1928)创作了《存在与时间》,延续了其在《宗教生活现象学》中所提出的"实际生活经验是走向哲学之路的出发点"的观点,而其对个体实际生活的时间性的分析是领悟此在和理解《存在与时间》整体思想的决定性维度。

在《现象学与神学》中,海德格尔又把这一思想明确为"信仰乃是人类此在的一种生存方式"。这种生存方式并非在此在中或是通过此在自发地生发出来,而必须是从个体所信仰的上帝而来。对于基督教信仰来说,作为信仰被启示出来,同时作为启示又被信仰出来的存在者,就是被钉在十字架上的耶稣。启示和信仰必须是相互、相向且同时在场的,即上帝与人必须同时在场,这一点直接影响了卡尔·拉纳(Karl Rahner)的基础神学。耶稣在十字架上的受难及其全部内涵乃是针对每一个信徒的历史性事件,没有个体的信仰,上帝的启示就不存在。

第一节　海德格尔论现象学与基督教神学

海德格尔在1927年3月9日和1928年2月14日做了两次关于"现象学与神学"的演讲,题目为《神学的实证性及其与现象学的关系》。1970年,《现象学与神学》单行本出版,海德格尔在其中附上了自己1964年3月11日为在美国德鲁大学举办的"与神学的对话"而写的一封书信。单行本的献词献给了布尔特曼,纪念他们1923—1928年马堡岁月的友情。《现象学与神学》后被收录在《海德格尔全集》第9卷《路标》中。

在《存在与时间》中,海德格尔明确地提出了存在论差异:哲学(现象学)是探讨存在论的,而科学(实证科学)是探讨存在者的;存在对应实存主义,存在者对应本质主义。正因为科学只是探讨存在者,有具体的目标和路径,所以科学是以实证的方式探讨存在者,称为"实证科学"。而不管是作为一个概念还是一个信仰目标,神都是一个存在者,因而神学也是一门实证科学,是科学的一个分支。在《存在与时间》第一部中,海德格尔立志要构建一种"现象学的存在学"。海德格尔说:"存在论只有作为现象学才是可能的。"① 哲学是探讨存在论的,哲学就是存在学,而存在论的核心是现象学,因而哲学也只有作为现象学才是可能的。海德格尔最终是要表明,"哲学与神学"的关系实际上是"现象学与神学"的关系。在《存在与时间》中,海德格尔完成了一种"基于时间性的此在之实存论分析"。海德格尔此时的演讲,也就自然地想把神学统筹到其哲学之中。

---

① 海德格尔:《存在与时间》,陈嘉映、王庆节译,北京:生活·读书·新知三联书店,2008年,第42页。

关于哲学与神学的关系[①]，传统的划分是哲学关乎知识和理性，神学关乎信仰和启示。哲学是非启示的、无信仰的世界解释和生活解释，而神学是对合乎启示和信仰的世界观和生活观的表达。哲学和神学相辅相成，但又彼此对立。哲学和神学的关系就是两种世界观之间的张力和斗争，这种张力和斗争此消彼长，贯穿了人类的历史。但是海德格尔说，我们要真正理解神学与哲学的关系，就需要把它们理解为两门科学。[②]哲学和神学在何种意义上是两门科学？海德格尔给出了关于科学的形式定义："科学是为被揭示状态本身（Enthülltheit）之故对某个向来自足的存在者领域或者存在领域的有所论证的揭示（begründende Enthüllung）。按其对象的实事特征和存在方式，每个对象领域都具有某种独特的可能的揭示、证明、论证的方式，以及如此这般形成的知识的概念改造方式。"[③]

很清楚，在海德格尔看来，哲学和神学分属两个不同的对象领域，二者只有实事特征和存在方式上的不同，并且在揭示、证明、论证过程中具有各自的特征。根据上面关于科学的形式定义，科学必然具有两种基本的可能性，即关于存在者领域的各门科学和关于存在领域的存在学，存在学也就是哲学。关于存在者的科学向来把某个现成的存在者作为课题，这个现成存在者总是以某种方式在被科学揭示之前就已经被揭示出来了。简言之，存在者在科学介入之

[①] 有关论述亦参见李章印：《解构—指引：海德格尔现象学及其神学意蕴》，济南：山东大学出版社，2009年，第292—300页。
[②] 关于对德语"科学"（Wissenschaft）一词的理解，北京大学的先刚指出，对于所有学习德国哲学的人来说，从一开始就牢牢地记住"科学"这个概念的本来意义是最基本的要求。把德国哲学中的"科学"理解为人们通常在这个词下面设想的东西（自然科学尤其是实证科学），相当于完全没有进入德国哲学的精神世界（参见先刚：《永恒与时间：谢林哲学研究》，第11页）。贺麟先生把"Wissenschaft"一词解释为"知识的创造、理智的活动、精神的努力、文化的陶养"。参见贺麟：《文化与人生》，北京：商务印书馆，1996年，第22页。
[③] 海德格尔：《路标》，第54页。

前就已经是一个在场的对象，是一个实在。海德格尔把此类关于存在者的科学称为"实证科学"。实证科学的特征在于："它把被它当作课题的东西对象化，这种对象化的方向是直指存在者的，从而是一种已经实存着的对这一存在者的前科学态度的继续推进。"①

而在关于存在的科学即存在学（或者说哲学）中，原则上需要把目光从存在者转向存在。而在存在那里，存在者依然还被保持在目光中。各门实证科学之间的差异只是相对的，或者说只有量的差异而没有质的差异。相反，每一门存在者意义上的实证科学与存在意义上的存在学的区别就是绝对的。二者不在同一个维度，差异巨大以至于二者之间无法构成差异。神学以上帝为自己的揭示对象，神学是地地道道的实证科学。于是，神学作为实证科学就与哲学绝对地区分开来。这种区分不再是传统意义上两种世界观之间的张力和斗争，而是在科学的形式定义的意义上的，即二者有着维度上的不同。所以，海德格尔在此指明："神学是一门实证科学，作为这样一门实证科学，神学便与哲学绝对地区分开来。"②

既然神学与哲学存在着这种绝对的区分，作为实证科学的神学和作为存在学的哲学又具有何种关系呢？海德格尔说，要回答这个问题，我们要厘清以下三个内容：一、神学的实证性；二、神学的科学性；三、作为实证科学的神学与哲学的可能关系。实证科学是对现成摆着的、已有的存在者的论证和揭示。对神学来说，什么是"现成摆着的"？人们自然会说是基督教。在我们看来，基督教对神学而言就是"现成摆着的"。然而，海德格尔否定了这种看法，因为神学本身就是基督教的一部分，基督教除了神学还有许许多多其他

---

① 海德格尔：《路标》，第55页。
② 同上。

世俗的内容。说神学是研究基督教的，还不如说神学研究的是某种东西，这种东西使基督教的诞生成为可能。神学研究它只会产生基督教，而不会产生佛教或伊斯兰教。海德格尔说："对神学来说，现成摆着的东西（即实在）乃是基督性（Christlichkeit）。而且，基督性决定着作为关于基督性的实证科学的神学的可能形式。"①

此处所谓的"基督性"是什么？孙周兴认为，"海德格尔是要以此引出信仰问题。对于神学来说，重要的不是'教'，而是信仰。对于'教'来说，重要的是信仰，正是信仰才使基督教成为可能。信仰为何？当然是人类此在的实存（生存）方式，但这种实存方式有其特殊性，它不是此在自发产生的，而是从这种实存方式启示出来的东西（即信仰所信的东西）而来产生的"②。而对于基督教信仰来说，"原初地为信仰并且仅仅为信仰启示出来的东西，并且作为启示才使信仰产生的存在者，就是基督，即被钉十字架的上帝"③。耶稣在十字架上的受难（Kreuzigung）及其全部的内涵乃是一个历史性事件，且并不是一个简单的历史事件。唯有基于信仰，这一事件本身在其特殊的历史性中才可以用文字来描述和表达。如果没有信仰，耶稣受难就只是普通的历史事件，而不足以构成为历史性事件。启示也不是传达给信仰者某种知识。海德格尔说："信仰者决不知道他的特殊的生存；毋宁说，他只能'相信'这种生存可能性是那样一种可能性：有关的此在自己不能掌握这种可能性，在这种可能性中，此在成了奴仆，被带到上帝面前，从而获得了再生。据此看来，信仰的真正的生存状态上的意义便是：信仰＝再生（Glaube =

---

① 海德格尔：《路标》，第58页。
② 孙周兴：《后哲学的哲学问题》，北京：商务印书馆，2009年，第70页。
③ 海德格尔：《路标》，第59页。

Wiedergeburt）。"①

神学的实证性正是通过信仰方式体现出来的。对此在来说，信仰乃是由在十字架上受难的耶稣启示出来的，亦即发生着的历史中以信仰方式领悟着的生存（existieren），神学地地道道乃是信仰的科学。基督教说"因信称义"，说"复活在我，生命也在我。信我的人，虽然死了，也必复活"（《约翰福音》11:25-26），佛教讲"轮回解脱"（《大智度论》卷一说，"佛法大海，信为能入，智为能度"②），都在讲信仰是宗教的前提，信仰是个体此在以信仰方式领悟着的新生。

所谓"神学的科学性"又该如何理解？神学作为信仰科学主要有四层含义：一、神学是关于在信仰中被揭示的东西的科学，亦即关于所信仰之物的科学，是关于基督和上帝的科学；二、神学乃是关于信仰行为本身和信仰状态（Gläubigkeit）的科学，譬如基督教的礼仪；三、神学是信仰依据自身来进行说明和辩护的科学，譬如中世纪的基督教护教学（Christian Apologetics）；四、作为一门关于信仰（一种自身历史性的存在方式）的科学，神学乃是一门历史学的科学，并且是一门针对"启示事件"（Offenbarungsgeschehen）的特殊历史学的科学。

神学作为一门特殊历史学的科学，它的目标绝不是一个自在有效、自圆其说的神学命题系统。信仰性生存作为一种领悟（Verständnis），始终只能与生存活动本身发生关系。"每个神学命题和概念，按其内容而并非仅仅事后根据所谓的实践'应用'（Anwendung），本身都

---

① 海德格尔：《路标》，第60页。
② 参见龙树菩萨：《大智度论》，姚秦三藏法师鸠摩罗什译，台北：财团法人佛陀教育基金会，2006年。

是深入到信徒中的个体的信仰性生存而说话的。"① 神学是作为个体的信徒基于自己的信仰对耶稣受难这一历史性事件所做的阐释。基本上我们可以说，每一个信徒都有一门属于自己的神学。个体的神学认识绝不是一种可以复制的知识，也不是人人可以共享、复制的教条，而是内在于信仰个体的生命之中的。神学并不能让信仰变得通透和轻松；相反，神学是为了让信仰更加沉重。神学是信仰沉重的肉身。作为一种信仰状态，有信仰的人都是低沉和内敛的，因为他知道他必须时刻担负起他要敬畏的神。

在海德格尔看来，神学作为一门历史学科学，并不否认一种系统神学，譬如巴特的系统神学；也不否认一种实践神学，譬如布尔特曼的生存神学。神学可以包括（注意不是划分为）系统神学、狭义的历史学神学和实践神学。系统神学并不与作为历史学科学的神学对立。神学之为系统神学，并不在于神学把信仰内涵之整体切割为一系列段落，进而在段落之间找到内在的关联和脉络，然后来证明系统的整体性和有效性——神学并非通过建构一个系统而成为系统神学。恰恰相反，神学是为了避免制造一个系统而成为系统的神学。从这一点来看，布尔特曼的生存神学也是一种系统神学。生存神学需要上帝与人同时到场，上帝与人作为一个整体不可分割。从时间上看，上帝与人没有先后之分；从空间上看，上帝与人没有高低之分。

系统神学的任务，如其在信仰中表达的，就是整体性地对基督教事件的实际内容及特殊方式进行把握。神学越是历史学的，越是直接地把信仰的历史性（启示时刻）带向语言并表达出来，它就越

---

① 海德格尔:《路标》，第63页。

是"系统的"。"神学越是直接地使它所对象化的存在者的存在方式和特殊的实际特性的概念联系预先确定下来,这种系统神学的任务就会更可靠更纯粹地得到完成。神学愈是明确地放弃对某种哲学及其系统的应用,具有其特殊的科学性的神学就愈加具有哲学性。"①神学具有哲学性,是说神学只有不依附于某种哲学体系的约束和干预,才有其本己性,才能符合信仰的需求。

神学愈是系统的,狭义的历史学神学就愈是获得了根据。狭义的历史学神学必须由获得真正理解的系统神学来先行规定其对象。用海德格尔的话说,对狭义的历史学神学而言,其研究对象自身就是"某个现成的存在者"。这个现成存在者在以文字方式被狭义的历史学神学揭示之前就总是已经被系统神学揭示出来。系统神学是狭义的历史学神学的出发点,狭义的历史学神学是由其派生和演绎的。作为对基督受难这一历史性事件的自我阐释,神学总是居有着它自己的历史性以及在这种历史性中形成的信仰性,也即此在之可能性的领悟,是此在的生存方式、生存活动之一。海德格尔说:"神学按其本质来看就具有一门实践科学的特性。作为关于上帝对进行着信仰活动的人的行为的科学,神学'本性上'就是布道术的(homiletisch)。……只有当神学是历史学的—实践的,它才是系统的。只有当神学是系统的—实践的,它才是历史学的。只有当神学是系统的—历史学的,它才是实践的。"②神学的系统性、历史性和实践性本质上是关联、统一和互为补充的。

按字面的理解,神学是关于神的科学。但神学并不是把神作为自己探讨的对象。毋宁说,神是用来敬畏的,不是用来探讨的。神

---

① 海德格尔:《路标》,第65页。
② 同上书,第65—66页。

学不是关于神的抽象知识，神学也不只是探讨人与神的关系。那样的话，神学就会被混同于宗教哲学或宗教历史学。神学也不是宗教心理学意义上的关于人及其信仰状况和体验的科学。心理和体验不是神学的重点。神学的重点不在人，而在人之外。"按照本质上只有在信仰中才被揭示出来的神学的实在，不仅神学之对象的获得是一种特有的获得，而且对神学命题的证明的自明性也是一种特殊的自明性。神学所特有的概念方式只能从神学本身那里生长出来。而神学尤其不需要借助于其他科学，去丰富和保证其证明材料；它甚至也不能试图求助于其他科学的知识，去提高或者捍卫信仰的自明性。毋宁说，神学本身原初地由信仰来论证，尽管从形式上看，它的陈述和证明过程源自自由的理性行为。……一切神学的知识都建立在信仰本身之上，都源出于信仰并且回归于信仰中。"①

海德格尔指出，信仰并不需要科学，但作为实证科学的信仰科学却需要哲学，即需要现象学来帮助神学以其特有的概念来证明和测度它要解释的存在者。虽然神学要揭示的存在者，即基督性，仅仅通过信仰、为了信仰并且在信仰中才能被揭示出来，但它很可能是某种不可把握的东西，理性永远不能原初地揭示信仰。对于这种基督性，海德格尔说："如果这种不可把握性本身恰恰要以得当的方式被揭示出来，那么，这只有通过适当的、亦即同时触动其边界的概念性解释才能进行。"②对信仰性生存的解释是神学的事，对信仰性概念的解释只能是哲学的事。对哲学而言，或者说对现象学而言，对每个存在者的概念性把握都是根据存在者之存在和存在方式的某种先行理解而进行的。换言之，对存在者（"信仰"概念也是存在

---

① 海德格尔:《路标》，第67—68页。
② 同上书，第69页。

者）的任何解释都是在存在论的基础上进行的，而存在论在海德格尔看来只有作为现象学才是可能的。

人们自然会问，诸如十字架上的苦难、罪责等明显属于基督教的存在关系的东西，其独有的存在内容（Wassein）和存在方式（Wiesein），除了在信仰中，还能够做一番现象学的解释吗？难道信仰可以成为一种存在学的—哲学的阐明的认知标准吗？神学的基本概念难道不正是已经完全从一种哲学的—存在学的沉思那里逃之夭夭了吗？信仰是基督性的根本构成因素，信仰就是新生。但是在作为新生的基督教事件中，个体的那种信仰之前的、无信仰的此在之生存作为此在的曾在被扬弃了，扬弃和新生在信仰中是同时发生的。但这种包含于作为新生的信仰中的对前基督教生存状态的克服或者扬弃意味着：从生存论—存在论上看，在信仰生存中也一并包含着被克服的前基督教的此在。前基督教的此在被包含在基督教的此在之中，无信仰的生活内化于信仰的生活之中。扬弃不是排斥，而是重新利用。海德格尔说："这种内容虽然在生存状态上是无力的，亦即在存在者状态上被扬弃了的，但是恰恰因此在存在学上规定着一切神学的基本概念。一切神学的概念必然于自身中蕴含着这种存在领悟，而人类此在本身，只要它终究生存着，就从自身而来具有这种存在领悟。"①

在《存在与时间》第73节中，海德格尔指出，在存在论的严格意义上，不再生存的此在不是过去了，而是曾在此（da-gewesen）。曾在此虽然不在了，但它作为"无"仍然影响着此在，它回荡在此在的实际生存中，甚至是决定性地影响着此在的生存状态。②海德格

---

① 海德格尔:《路标》，第70页。
② 就像普吕多姆所说，"尽管他们已经缺席很久，却还是能决定我们是谁"。参见本书绪论。

尔在这里无非就是要挑明一件事：存在论比神学更为原初和根本。只有建基于存在论，神学才有其科学性。

所以，基于存在论的根本性，神学只是存在论实存哲学的一个领域和分支。对作为实证科学的神学与哲学的关系，海德格尔总结道："哲学乃是对神学基本概念的存在者状态上的、而且前基督教的内涵所作的可能的、形式上显明着的存在学调校。但哲学只能是它所是的东西，而不能实际地充当这种调校。"①哲学如何实现这种形式上的存在学调校？依照海德格尔的解释，调校不是那种有张力的直接作用，调校只是"共同引导"或"参与引导"（Mitleitung）。海德格尔是要说明，基于一种存在论差异，真正的哲学和真正的现象学都指向了"无"，"无"并不构成调校神学的冲力（Stöße），而由"无"派生出的实存论和实存哲学能构成与神学之间的张力，并调校神学。

海德格尔以"罪"（Sünde）和"罪责"（Schuld）为例来说明这种调校。罪只有在信仰中才呈现，唯有虔诚的信徒才能实际地作为"罪人"而生存。如果要对"罪"作为信仰的生存做一番神学上的概念解释，便需要向"罪责"这一更根本的概念回溯，因为"罪责乃是一个源始的存在学上的对此在的生存规定。此在的基本机制越是源始地、得体地并且在真正意义上得到存在学上的揭示，譬如罪责概念越是源始地得到把捉，则这个概念便越是明晰地能够充当对罪的神学阐明的引线。……根本上正是哲学原初地决定了神学概念"②。在海德格尔看来，存在学仅仅充当了一种对神学基本概念的存在者状态上的，而且是前基督教的内容之调校（Korrektiv）。但这种调校

---

① 海德格尔：《路标》，第73页。
② 同上书，第71页。

并不是论证，而仅仅是"形式显示的"。存在学的"罪责"概念本身绝不会构成神学上的实质论题。

海德格尔所谓的"形式显示"就是"没有把任何先入之见带入问题之中"①，意指看问题不再受某种理论的先入为主的约束，没有前提就是其前提。这种说法接近于佛教所说的"未染污的如来藏真如初心"。学界普遍认为，海德格尔的"形式显示"与胡塞尔在《逻辑研究》中阐发的"形式对象化"有关联。②从某种意义上说，海德格尔的形式显示方法乃是对胡塞尔的总体化与形式化之区分的深化。胡塞尔在《逻辑研究》中指出，不仅有针对个别具体事物（即实存）的感性直观，而且还有针对普遍之物（即本质）的本质直观。一般观念作为普遍之物也可以被直观，胡塞尔无疑是对"直观"概念做了极大的延伸。传统知识论认为，直观是感性的、经验的，而一般观念只能通过抽象的思维（如比较、概括等）才能获得。胡塞尔认为，传统知识论没有看到个体意识的意向性特征，尤其是没有看到有一种特殊的意识行为，它是以观念或普遍之物作为意向对象的。简言之，观念和普遍之物也可以通过直观而得到，譬如"人""红色"等。

在本质直观中，胡塞尔进一步区分了普遍化（Verallgemeinerung）的两种方式，即总体化（对实存而言）和形式化（对本质而言）。根据海德格尔的说法，总体化与形式化之间的差异有：其一，总体化是依照种类的普遍化，是受某个实事领域（Sachgebiet）制约的。实事领域预先规定了总体化的不同方向，总体化总是有所实指的。相

---

① 海德格尔：《形式显示的现象学：海德格尔早期弗莱堡文选》，孙周兴编译，上海：同济大学出版社，2004年，第65页。
② 孙周兴：《后哲学的哲学问题》，第241—243页。

反，形式化则与实事无关，至少是没有直接关系的。形式化并不受制于有待规定对象的确定内容。其二，由总体化而获得的普遍性构成一个由实事决定的等级序列（属、种）。也即是说，总体化是一种排序，例如"红、颜色、感性性质"和"快乐、情绪、体验"。相反，在形式化那里情形就不同，后者是没有等级秩序的，不需要经过低级的普遍性逐步上升到最高的普遍性。海德格尔说："从'红'向'颜色'的过渡和从'颜色'向'感性性质'的过渡是'总体化'，而从'感性性质'向'本质'的过渡则是'形式化'。"①

"人是理性的动物"是总体化，而"人是一个对象"是形式化。总体化在实行中受制于一个特定的实事领域。"总体化是一种确定的等级秩序，而且是一种内在于实事的、由各种规定性组成的等级秩序，这些规定性相互处于彼此相关性的联系中，以至于最普遍的规定指向最后的、最低的规定性。总体化的规定始终是按其实事性从另一个对象出发对一个对象的规定，而且这样一来，规定者本身就归属于有待规定的什么（Was）所处的实事领域。所以，总体化是从另一个对象出发对一个对象的排列、规定，使得这另一个对象作为包围者（Umgreifendes）归属于有待规定者相同的实事区域。也就是说，总体化是把一个对象排列到另一对象的实事联系中。"②

而形式化并不受制于实事状态，并不受制于实质事物以及诸如此类东西的区域。形式化摆脱了实事，它可以凭空而起。海德格尔又如何深化形式化与总体化之间的区别？海德格尔认为，当胡塞尔把形式对象规定为一种新的对象时，他就有所实指。实指就会被还原为某个实事领域，其本身却不是原始的，因而胡塞尔的形式对象

---

① 海德格尔：《形式显示的现象学：海德格尔早期弗莱堡文选》，第68页。
② 同上书，第70—71页。

还未走出总体化。海德格尔强调，我们"必须从'什么内容'那里掉转目光，而只去看：对象是一个被给予的、合乎姿态地被把握的对象。所以，形式化起源于纯粹姿态关联本身的关联意义，而决不起源于'一般什么内容'（Wasgehalt überhaupt）"①。

海德格尔认为，现象是由内容意义、关联意义和实行意义三个意义方向构成的整体。而现象学就是对这样一个意义整体的阐明。它给出现象的逻各斯，而且是内在词语（verbum internum）意义上的逻各斯，不是逻辑化意义上的逻各斯。现象本身就只能在形式上得到显示。所谓内容意义是指在现象中被经验到的"什么"，关联意义是指现象被经验到的"如何"，而实行意义则是指关联意义如何得到实行或者完成。这三者，简而言之，也就是经验内容、经验方式及经验实行。

就上述三个意义方向来说，海德格尔认为，实行意义才是现象的核心所在。实存优于本质，关联意义必须在其实行范围内得到阐明。据此，海德格尔指出了胡塞尔的"形式对象化"的毛病。形式对象化所基于的形式-存在学的规定固然没有说出它所规定的东西的"什么"，也就是说，根本就没有预先断定什么，但它指定或者至少参与指定了"一种理论化的关联意义"，仍旧片面地以内涵为指向，从而掩盖了实行因素。在整个哲学史上，"对对象性之物的形式规定完全支配了哲学，如何可能预防这种偏见、这种先入之见呢？这恰恰就是形式显示要完成的"②。

哲学只能对神学进行一种基于形式显示的调校。哲学的"罪责"概念本身绝不能成为神学上的论题。神学上"罪"的概念也并不是

---

① 海德格尔：《形式显示的现象学：海德格尔早期弗莱堡文选》，第68—69页。
② 同上书，第73页。

简单地在存在学的"罪责"概念上建立起来的。但尽管如此，海德格尔说，哲学在某个角度上对神学来说是决定性的，并且在形式显示意义上的存在区域中，"罪"这个概念必然地保持为生存概念——因为生存比信仰更为原始，信仰只是生存的一个向度。信仰中的罪责还只是一种派生、次生的罪责。在这种存在学区域的形式显示中，对"罪责"这个概念特殊的神学内容，基于哲学对神学的共同引导，我们不能在哲学上对其直接地加以计算和分析，"也即说，对存在学概念的形式显明并不具有系缚（Bindung）的功能，……存在学的突出功能并不是指引（Direktion），而只是'共同引导'，即：调校"①。

哲学和神学的关系，亦即现象学与神学的关系，可以表达为，哲学和现象学是存在论层次上的，而神学则属于存在者层次上的实证科学。存在论层次上的哲学可以对神学进行调校，并且是对其间接地共同引导。基于哲学和神学之间的这种天然间隙，并没有基督教哲学或者新康德主义神学此类的东西，正如没有一门现象学数学一样。当一位神学家基于存在者状态上的实证沉思而对"神学"生出自己的疑问，"哲学的认识对他的实证科学来说才可能成为相关的和卓有成效的，并且才是真正意义上的"②，神学才能从哲学中获取自己的动力和方向。

第二节　从形而上学的上帝到神性的上帝

作于1927年的《现象学与神学》属于海德格尔前期的思想著作，作于1957年的《形而上学的存在—神—逻辑学机制》属于其后期的

---

① 海德格尔：《路标》，第72页。
② 同上书，第74页。

思想著作。如果说在《现象学与神学》中,作为现象学的哲学充当了对神学的调校,那么在《形而上学的存在—神—逻辑学机制》中,海德格尔阐释了存在论、神学、逻辑学三者之间的相互占有,这种相互占有都基于形而上学的背景。或许我们应该这样理解,在形而上学的同一背景下,存在学、神学、逻辑学之间的差异其实是微乎其微的。从20世纪50年代开始,除《形而上学的存在—神—逻辑学机制》之外,海德格尔发表了一系列作品:《林中路》(1950)、《什么召唤思》(1952)、《形而上学导论》(1953)、《从思的经验而来》(1954)、《技术的追问》(1954)、《演讲与论文集》(1954)、《筑·居·思》(1955)、《根据律》(1957)、《思想的原则》(1958)、《泰然处之》(1959)、《荷尔德林的大地和天空》(1960)、《尼采》(1961),等等。其思想的重心都落在对形而上学的批判和克服上。对技术的探讨、对科学的沉思、对形而上学根据的考察和对虚无主义历史的追问都是对此的响应。此外,对思与诗的期待、对艺术作品本源的探究和对"无"的关注,间接应合着海德格尔在《哲学论稿》中关于另一开端的论述。这样我们就能理解,为什么海德格尔1964年在法国发表了他的《哲学的终结与思的任务》。

思的任务就是把思想带向其实事,并且使思想从这种实事而来并获得其自身。对黑格尔来说,思想的实事就是"观念"(der Gedanke),而"观念"最高的本质状态就是黑格尔的"绝对理念",或者说"精神"。黑格尔说:"唯有绝对理念是存在,是不消逝的生命,是自知的真理并且是全部真理。"①

为了阐释与黑格尔在存在问题上的差异,海德格尔建构了三个

---

① 转引自海德格尔:《同一与差异》,孙周兴、陈小文、余明锋译,北京:商务印书馆,2014年,第55页。

与黑格尔直接关联的问题来展开论述。海德格尔试问:"一、在黑格尔那里和在我们这里,思想的实事是何种实事?二、在黑格尔那里和在我们这里,与思想史的对话的尺度是何种尺度?三、在黑格尔那里和在我们这里,这种对话的特征是何种特征?"①关于第一个问题,对思想的实事,海德格尔和黑格尔都指向了存在。在黑格尔那里,存在乃是作为绝对理念的观念。而对海德格尔来说,存在乃是与存在者有着差异的存在。关于第二个问题,对黑格尔而言,与思想史对话的尺度乃是进入先前思想家所思的力量和范畴之中,重复思考先前思想家思考过的东西。对海德格尔而言,与哲学史的对话也是要进入早先思想的力量之中。但是,他不是要重复思考已经被思的东西,而是要在一种尚未被思的东西中寻求一种力量,并且已经被思的东西要从尚未被思的领域中重新获得其本质。②但已经被思的东西并非毫无价值需要扬弃,已经被思的东西作为先行者为尚未被思的东西试探了道路,做好了准备。"未被思的东西的尺度并没有导致把先前被思的东西包括在一种始终还更高的、超过先前被思的东西的发展过程和系统中,相反,它要求把传统思想释放到它的依然被贮存下来的曾在者(Geweseness)中。"③尚未被思的东西并不会带来思想新的发展过程和系统,而曾在者依然原始地贯通并且支配了传统,始终先行于传统而本质性现身,但本身又没有合乎本己地得到思考,没有被思考为开端者(das An-fangende)。

关于第三个问题,对黑格尔来说,与先前思想史的对话是为了

---

① 海德格尔:《同一与差异》,第58页。
② 关于与先前思想家的对话,海德格尔在《全集》第94卷中有一段描述:"伟大的思想家是不能被喜爱的——那必定会围绕着这些思想家的、只有他们进行追问的斗争才能将其打破的极度冰冷的孤独,拒绝任何停息休整和保全维护的关系。"参见海德格尔:《〈思索〉二至六(黑皮本1931—1938)》,第538页。
③ 海德格尔:《同一与差异》,第60页。

扬弃。而对海德格尔来说，与思想史的对话不再是扬弃，而是返回步伐（der Schrittzurück）。返回步伐指向了那个迄今为止被忽略的领域，即尚未被先前思想家所思之领域。返回步伐是思想运动的方式，指向一条返回开端的漫长道路。"只要返回步伐规定着我们与西方思想史的对话的特征，思想便以某种方式离开了哲学中迄今被思的东西。思想退回到它的实事面前，即退回到存在面前，从而把被思的东西带入一种面对（Gegenüber）之中；在此面对中，我们洞察这种历史之整体，而且是着眼于那种东西，这种东西构成这整个思想的源泉——因为此源泉一般地为这整个思想备下了逗留之所。"①

这种东西并不是黑格尔意义上被重复清算的思想史问题，而是在这种思想史中根本未被追问的东西。海德格尔把这种迄今为止未被思的东西称为"存在自身与存在者存在之间的差异（Differenz）"。在返回步伐中，西方思想就从形而上学进入其本质之中，但这需要一种持久和耐性，一种其尺度还不为我们所知的持久和耐性。形而上学以双重方式来表象存在者的存在状态，一方面是在其最普遍的特性意义上来表象存在者之为存在者整体，而另一方面也在最高的因而也即神性的存在者意义上来表象存在者之为存在者整体。海德格尔说："形而上学于自身中——而且是因为它把存在者之为存在者表象出来的缘故——把在普遍者中和至高者中的存在者之真理合二为一。按其本质来看，形而上学既是较为狭义的存在学，又是神学。"②

孙周兴在其《后哲学的哲学问题》中指出③，海德格尔把本质和实存理解为西方形而上学的两个基本范畴，二者亦可被标示为

---

① 海德格尔：《同一与差异》，第62页。
② 海德格尔：《路标》，第447页。
③ 孙周兴：《后哲学的哲学问题》，第75—76页。

形而上学的两个传统。一方面，形而上学要思考普遍存在者，即共相（keinon）意义上的本质，探求最普遍者；另一方面，形而上学又要思考整体存在者，即神性（theion）意义上的实存（者），力探最高者。海德格尔在这里为我们端出了形而上学的基本结构，即通过对本质（essentia）的追问而达到作为最普遍者的超越（者），通过对实存（existentia）的追问而达到作为最高者的超越（者）。形而上学在最普遍特性（即普遍有效的东西）的意义上表象存在者整体（即共相），这种本质向度上的超越所达到的是康德意义上的先验之物（das Transzendentale）。形而上学在最高的因而也即神性的存在者（大全、万物之上的最高者）意义上表象存在者整体（即神秘之物），这是实存向度上的超越，达到的是康德意义上的超验之物（das Transzendente）。基于形而上学的两个基本范畴（本质和实存）和两种超越路径（先验和超验），海德格尔同时区分了形而上学的两门基础学科。一是存在学（Ontologie，本体论），二是神学（Theologie）。存在学把超越（者）表象为先验之物；神学把超越（者）表象为超验之物。也正基于自己对形而上学的二元超越结构的根本理解，海德格尔把形而上学的本质机制描述为一个存在学与神学的结合体。

形而上学不管是在探究最普遍者（存在者之共相）之际思考存在者之存在，还是在论证大全（存在者之最高者）之际思考存在者之存在，海德格尔指出，"这样，存在者之存在先行被思考为奠基性的根据了。所以，一切形而上学根本上地地道道是一种奠基（Gründen），这种奠基对根据作出说明，面对根据作出答辩，并最终质问根据"①。形而上学总是包含着原因与结果、现象与本质、理论与

---

① 海德格尔：《同一与差异》，第70页。

实践的二分。不管是存在学还是神学，在这些"某某学"中，不但隐含着合乎逻辑的东西（das Logische），并且逻辑划分、推动一切关于"某某学"的知识，保证和传达一切科学知识。基于这种逻辑的背景，存在学和神学必然面对逻各斯并做出回应，并且为了保证自己作为"某某学"的本质而遵循逻各斯，也就是遵循逻辑学。更准确地说，存在学应该叫作存在—逻辑学（Onto-Logic），神学应该叫作神—逻辑学（Theo-Logic）。海德格尔把它们称为"形而上学的存在—神—逻辑学机制"，三者之间实现了"相互占有"，也就是互相规定与相互牵制，从而遗忘了存在思想与神圣者的真正开端，即哲学遗忘了存在，神学遗忘了上帝。

形而上学不仅是神—逻辑学的，而且也是存在—逻辑学的。形而上学是神—逻辑学，因为它乃是存在—逻辑学。形而上学是存在—逻辑学，因为它乃是神—逻辑学。这间接提醒了我们，形而上学的存在—神学的本质既不能从神之逻辑学（Theologik）方面，也不能从存在之逻辑学（Ontologik）方面得到说明。由此我们要回到关于黑格尔的第三个问题，即以返回步伐重新开启与思想史的对话。返回步伐指向了那个迄今为止未曾被思的东西，即存在自身与存在者存在之间的差异。这种差异作为统一性使得存在之逻辑学和神之逻辑学共属一体。这种统一性具有这样的特性，即终极的神学方可以其特有的方式论证存在学的东西，存在学的东西以其特有的方式论证神学的东西。形而上学的本质机制就根植于普遍的和最高的存在者之为存在者的统一性中。

海德格尔认为，只有我们洞见到形而上学的本质机制，我们才可能尝试更实事求是地思考思想的实事。只有当我们思考与存在者有差异的存在和与存在有差异的存在者时，我们才可能尝试更实事求是地思考存在。"我们必须首先以一种合乎实事的态度面对差异。当我们实行返回步伐之际,这种面对便向我们开启出来。因为通过由它产生的疏远,近的东西(das Nahe)才首先呈现出自己,切近(Nähe)才首次显露出来。通过返回步伐,我们把思想的实事,即作为差异的存在,释放到一种面对之中,这种面对能够保持为完全非对象性的。"①如果我们试图表象差异,并把差异理解为存在与存在者之间的关系和距离,那么被表象的差异就被贬低为一种形而上学意义上的区分,成为我们的理性和逻辑的一件仿制品,我们就还未走出形而上学的窠臼。

通过洞察差异并且实际上通过返回步伐把这种差异释放到有待思的东西上去,已经被思的东西就从尚未被思的东西中重新获得其本质空间。海德格尔把它概括为:"存在显示自身为有所解蔽的袭来。存在者之为存在者以那种在无蔽状态中自行庇护着的到达的方式显示出来。……在其中袭来与到达得以相互保持并存,得以相互分离又相互并存地实现。作为袭来与到达的区-分,存在与存在者的差异乃是两者的既解蔽着又庇护着的分解(entbergend-bergende Austrag)。在分解中运作着自行掩蔽的锁闭者的澄明,这种运作给出袭来与到达的相互分离和相互并存。"②

根本上说,形而上学的存在—神—逻辑学机制源于存在与存在者之差异的支配作用。差异使作为根据的存在和作为被奠基、被论证的存在者保持相互分离和相互并存,这种保持是由分解来完成的。由此,海德格尔得出一个结论:"上帝通过分解进入哲学之中,……人既不能向这个上帝祷告,也不能向这个上帝献祭。人既不能由于

---

① 海德格尔:《同一与差异》,第76页。
② 同上书,第77页。

畏惧而跪倒在这个自因面前，也不能在这个上帝面前亦歌亦舞。因此，那种必须背弃哲学的上帝、作为自因的上帝的失去神性的思想，也许更切近于神性的上帝。这话的意思在此仅仅是：当这种失去神性的思想不想承认存在—神—逻辑学时，它对上帝更为开放。"①

海德格尔实际上是要说明，上帝不能被当作一个存在者，不能成为我们人献祭的目标。莱曼（Lehmann）认为："海德格尔对传统神学的'解构'的确产生了令人震惊的影响。海德格尔坚信，存在论不可能以传统神学的形式得到论证；他的这种信念在《存在与时间》中就得到了十分清楚的表达。与这一有关神学的批判性评论相应的是一种真正的爱慕（Zuneigung）。'神学正尝试着更原始地解释人向上帝的存在，这种解释是藉信仰本身的意义先行描绘出来的。并且依然留在信仰的意义之内。神学又慢慢地重新领会路德的见地——神学教条的系统栖止于其上的基础本身并不生自对某个本原的信仰问题，理解这个基础的概念方式对神学问题不仅不够用，而且还掩盖了它、歪曲了它。'"②

通过对上述差异、分解的探讨，可能有一道微弱的光亮洒落在一条我们正在踏上的路上，这条道路上的思想实现返回步伐，即从形而上学而来返回到形而上学的本质之中，从差异之为差异的被遗忘状态返回到自行隐匿着的分解之存在的天命中。但是，在这个现代技术让人难以测度、疯狂发展的时代中，形而上学的统治地位看起来更加稳固。没有人能够知晓，思想的这种步伐是否、何时、何地能够展开为一条真正的道路。或许，通过返回步伐而出现的一切

---

① 海德格尔:《同一与差异》，第85页。
② 莱曼:《基督教的历史经验与早期海德格尔的存在论问题》，孙周兴译，载刘小枫选编:《海德格尔与有限性思想》，孙周兴等译，北京：华夏出版社，2007年，第142页。

东西又被形而上学以其固有的方式利用、复制、加工为一种表象性思维的结果。西方的语言乃是形而上学思想的工具，并最终被打上存在—神—逻辑学的烙印。也许我们的困难就在于如何跨越形而上学语言的鸿沟，让思想在某些地方播下沉思的种子，它可能在某个时刻以自己的方式生长起来并结出果实。也许果实生长在东方，只要种子扎根于大地，思想就已经踏上了返乡之路。

第三节　天、地、人、神与最后之神：显隐与差异

海德格尔的"四重整体"（das Geviert）指的是由天、地、人、神构成的世界化世界。"Vier"在德语中的意思是"四"，也指正方形、四方形。"四重整体"思想的酝酿最早出现在《哲学论稿》中。① 1927年，海德格尔的《存在与时间》首次出版，此在之本质被人们理解为"向死而生"和"向虚无而在"。在海德格尔看来，读者对于《存在与时间》的解读有误，此在被定位在人类学、主体主义和个人主义等假象中。这种对此在的理解还处在"存在之离弃状态"，还触及不到此在的本质，因而也不是此在的本己性存在。海德格尔说："但要紧的其实不是把人之存在消解于死亡中，并且把它解释成单纯的虚无状态，相反地倒是：把死亡拉进此在之中，为的是掌握在其离基深渊般的广度中的此在，因而对存有之真理的现实性的基础做出完全的测定。"② 也即，只有把此在放入天、地、人、神所构造的四重整体之中，此在才能完成向此-在（之间）的跳跃和转变，才能领悟自身本己性的存在。

---

① 海德格尔:《哲学论稿》,第328页。
② 同上书,第301页。

在其同时期的作品《艺术作品的本源》(1935—1936)中，海德格尔对凡·高的油画《农鞋》诗意的现象学阐释给人留下了深刻的印象。"从鞋具磨损的内部那黑洞洞的敞口中，凝聚着劳动步履的艰辛。……这器具归属于大地（Erde），它在农妇的世界（Welt）里得到保存，正是由于这种保存的归属关系，器具本身才得以出现而得以自持。"① 如果我们只是一般地把它想象为一双鞋，那我们绝不会认识到器具的本己性存在。在海德格尔看来，在凡·高的画笔下，农鞋作为器具的场所是敞开的，物归属于大地，并在人所建立的世界中得到保存。此世界使物从遮蔽进入无蔽，进入存在的一种敞亮之中。

海德格尔的"四重整体"思想虽然最早在其《哲学论稿》中得到酝酿，但第一次正式公开提出是在其1950年关于"物"的演讲（1950年6月6日，巴伐利亚艺术协会）中。什么是"物"？什么是"物自身"？海德格尔说，我们如果仅仅通过外观方面来表象物，我们就还没有触及物的本质。只有当我们的思想首先达到了物之为物时，我们才能达到物自身。物首先是一种自立（Selbststand）而不仅仅是一个对象（Gegenstand）。自立的东西在制作过程中总是预先向制作者显示出它的外观，而对象的外观只是一种制作后的显现。

海德格尔以人们常见的壶为例。壶由壶壁和壶底构成。当我们把酒或水注入壶中时，真正能容纳酒和水的并不是壶壁和壶底，而是壶壁和壶底当中的虚空（die Leere）。"在转盘上塑造成壶壁和壶底的陶匠就并没有真正地制作这把壶。……器皿的物性因素绝不在于它由以构成的材料，而在于起容纳作用的虚空。"② 壶不再简单地是

---

① 海德格尔：《林中路》，孙周兴译，上海：上海译文出版社，2012年，第18—19页。
② 海德格尔：《演讲与论文集》，孙周兴译，北京：生活·读书·新知三联书店，2005年，第176—177页。

陶匠的作品，壶用它的虚空来承受和保持倾倒入其中的酒或水。承受和保持是为了倾倒给有需求的人，而这种倾倒就是壶给人以"馈赠"，起承受、保持或容纳作用的壶之本质即在倾倒之时的馈赠中，"壶之为壶在倾注之馈品中成其本质"①。壶真正的价值在于它的虚空，即它的能力所在。这种能力又成就壶的本质，即为了倾倒之时的馈赠。从我们常人眼中的壶壁和壶底到海德格尔所指的为了"倾倒之时的馈赠"，壶的本质发生了一次巨大的思想跳跃。

在壶馈赠出的水中有山泉，山泉来自大地，大地又承受着天空雨露的滋润。在泉水中，天空和大地亲密联姻。如果馈赠的是酒，酒由葡萄的果实酿成。果实享受着大地的滋养和天空的光照。海德格尔说，在水或酒之馈品中，在壶之虚空的本质中，总是栖留着天空和大地。而倾注之馈品乃是我们终有一死之人的饮料。它解人之渴，供人提神解乏，或是用于敬神献祭，此时壶之倾倒就是为了终有一死之人奉献给不朽的诸神。在倾倒之馈品中，栖留着终有一死之人和诸神。四重整体中的天、地、人、神在壶倾倒之时同时逗留在场。"这四方是共属一体的，本就是统一的。它们先于一切在场者而出现，已经被卷入一个惟一的四重整体中了。"②

壶让大地与天空、诸神与终有一死者栖留。栖留之际，壶使疏远的四方相互趋近，这一趋近就是一种近化（das Nähren）。这四方相互聚集、相互归属、相互信赖。当我们谈及其中任何一方时，我们同时就已经出于四方之纯一性和整体性而想到了其余三方。四方中的每一方都以它自己的方式映射自身，进入它在四方的纯一性之内的本己之中。四方中的每一方都与其他各方相互游戏。海德格尔

---

① 海德格尔：《演讲与论文集》，第179页。
② 同上书，第181页。

说："这种游戏出于转让过程的合抱起来的支持而使四方中的每一方都与其他每一方相互信赖。四方中没有哪一方会固执于它自己的游离开来的独特性。而毋宁说，四方中的每一方都在它们的转让之内，为进入某个本己而失去本己。这样一种失去本己的转让就是四重整体的映射游戏（Spiegel-Spiel）。由之而来，四方之纯一性才得到了信赖。"①

奥托·珀格勒（Otto Pöggeler）对此解读道："地是'种植的承受者，具有养育功能，怀有五湖四海和岩石，植物和动物'。天是'太阳的运行，月亮的变迁，众星之闪烁，一年的四季，白天的日光和晨暮之光，黑暗的昏暗和明亮，天气的恩惠和阴沉，云的移动和苍天的蓝色的深邃'。神是'上帝的示意性的使者。从使者的隐蔽的支配中，神出现在她的本质中，这种本质避免了把神去与在场物作任何的比较'。有死者是'人。他们叫做有死者，因为他们会死的。死亡叫做：能够把死亡作为死亡'。死亡作为虚无之棺木，潜伏着存在之活动的成分，因而是存在之山脉（Gebirg）。当有死者活动在存在之山脉中，是'与作为存在的存在的活动的关系'时，有死者是'有死者'。天和地，神和有死者，决不单独地靠自己而存在着，而只是与其它各方在一起，它们只存在于单纯性中，只有在与四方的舞蹈和圆舞中，只存在于世界的游戏中。"②

天、地、人、神之纯一性所居有着的映射游戏，海德格尔称之为"世界"，世界通过世界化而成其本质。世界之世界化既不能通过某一个他者来得到说明，也不能根据某一个他者来得到论证。在海德格尔看来，传统形而上学中有关原因与结果、现象与本质的说法

---

① 海德格尔:《演讲与论文集》，第188页。
② 珀格勒:《海德格尔的思想之路》，宋祖良译，台北：仰哲出版社，1994年，第270页。

都与世界之世界化没有关系。当我们把天、地、人、神统一的四方肢解开来,把其中一方表象为个别的、可以相互论证和说明的现实之物时,我们就扼杀了四重整体的本质,本质上我们就不能把捉物之本质。在海德格尔的思想中,物居留在四重整体中。四重整体之统一性乃是"四化"(Vierung)。世界的映射游戏乃是本有之圆舞(der Reigen des Ereignens)。"圆舞"也接近于老子所说的"玄","有无玄同"即为"道"。在世界的世界化中,天、地、人、神相互依偎成一个整体,世界只有作为一个天、地、人、神相互依偎的整体才有意义。

在其后期思想中,海德格尔把四重整体中天、地、人、神之纯一性所居有着的映射游戏称为本有(Ereignis)之运作。在本有之运作中,存在的历史得以展开,而不再像《存在与时间》中那样,即只从此在(人)的时间性分析出发来追问存在的意义。在本有之运作中,天、地、人、神也不再是形而上学思想框架中彼此之间相互独立、互为论证的。用海德格尔的话说,它们进入某个(后形而上学时代的)本己而失去原来的(形而上学时代的)本己。"在这种本己性之生发事件中的内立状态,才使得人有可能历史性地达到'自己',并且寓于自己而存在。"[①]后期海德格尔试图以"本有"来取代西方传统形而上学的"存在"(Sein),从而在存在历史的境域中达到对存有之真理的本质性追问。

在《哲学论稿》第42节中,海德格尔承认,自己从《存在与时间》到《哲学论稿》的道路是一致的。在这条思想道路上始终只有一个问题,即存在的意义问题。为了表示存在的意义在存在历史展开过程中的不同所指,海德格尔用"Sein"表示形而上学时代的存

---

① 海德格尔:《哲学论稿》,第339页。

在，而用"Syen"表示后形而上学时代的存有。存在的意义相对于此在（人）来说总是外在的。此在总是在时间性境域中追问、找寻存在的意义。而在后期海德格尔四重整体的本有之运作中，存有之真理只能是内在的，内在于天、地、人、神四重整体的本有之圆舞中。人不再与存有相对而立，人必须使自己内立于本有之中，人本身就是存有之真理的一部分。

海德格尔通过赋予天、地、人、神不同的含义，建立起新的存有真理观。存有不再像存在一样具有统摄力，或是像存在一样是一个无所不包的静态的"容器"。容器意味着边界，好像"存在"在容器之外，而其余的在容器之内。"存有之真理被思为本有。……存有之真理之所以被思为本有，乃是因为这是存在发生的方式和在思中被经验的方式，如果这思驻留于存有之真理的话。"①

形而上学时代追问存在是什么，后期海德格尔的存有之真理指向本有之运作。如果存在的意义是等待人来静观的，存有之真理总是在人的行动（人之实存）中呈现。存在可以被描写和陈述，存有唯有在演绎和发生中内在地被感知。人绝没有可能在存有之外描述、静观存有之真理。从外在静态的存在到内在动态的存有，海德格尔以不同的方式实现对存在意义的追问，而且是更有力、更原始的（回到另一开端的）追问。在《哲学论稿》中，海德格尔大量采用名词的相应动词形式，意在改变传统形而上学时代概念的名词化固定模式，从而在"四重整体"思想中构造一种动态的、演绎的真理观。

海德格尔的四重整体中天、地、人、神交相辉映的思想与佛教华严宗"相即相入"的"法界缘起"理论非常相似。在华严宗的法

---

① 瓦莱加-诺伊：《海德格尔〈哲学献文〉导论》，李强译，上海：华东师范大学出版社，2010年，第45页。

界缘起的境界中,事与事、事与理、理与理之间均相互依靠而成为一个整体,单个的事物是不能存在的。宇宙是一个万物互为因果、互为缘起、圆满具足、重重无尽的大系统,其中不论广狭、大小、一多、隐显、主次,都相即相入、圆融无碍。宇宙是多样性的统一,彼此之间和谐相处,同时又是不可分割的整体。

假如说在缘起关系中有甲、乙、丙、丁四种事物,那么这四种事物就会生成事物戊。华严宗所说的"相即相入"表明,在缘起关系中,事物处在"隐位"或"显位"。在甲、乙、丙、丁四种事物构成事物戊的过程中,它们必须有些处在隐位,有些处在显位。显位即在事物构成中处于主导的位置,隐位在事物构成中处于随顺的、辅助的位置。在这种"显与隐""主导与随顺"的态势下,处于不同状态的甲、乙、丙、丁四种事物才能顺利、圆融无碍地生成事物戊。所谓"相即"就是处在隐位、在事物构成关系中处在被动状态的事物,随顺处在显位、在事物构成关系中处在主动状态的事物。如果说"相即"是对"隐位"和"显位"两种状态的描述,那么"相入"则表示"有力"和"无力"两种态势。所谓"有力",表示在事物缘起中起主导和带领作用,能决定事物缘起的方向。而"无力"则表示在事物缘起中起辅助和跟随作用。"相入"意味着,在事物缘起过程中,必然部分是有力的,部分是无力的。有力和无力交互作用,事物的缘起才可以成立。相即相入的关系是华严宗"法界缘起"思想的基础。在法界缘起中,这种相即相入的关系是交涉无尽的,一切事物都处在相即相入[①]关系之中而达到圆融无碍的境界。[②]

华严初祖杜顺在他的《华严五教止观·华严三昧门》中,曾用

[①] 华严宗的"相即相入"因此接近于海德格尔的"相互占有"。
[②] 吴汝钧:《中国佛学的现代诠释》,台北:文津出版社有限公司,1995年,第102页。

"因陀罗网"来比喻"法界缘起"境界。世间事理就像因陀罗网上的一颗颗宝珠,"即此一珠,能顿现一切珠影,此珠既尔,余一一亦然。既一一珠,一时顿现,一切珠既尔,余一一亦然,如是重重,无有边际。有边,即此重重无边际珠影,皆在一珠中,炳然高现,余皆不妨此"①。

"法界缘起"理论意味着,真理的意义只有作为一个整体才可以得到把握。真理就像因陀罗网上所有宝珠相互映射、相互投影的重重叠影。宣化法师有云,"虽空空绝迹,而义天之星象灿然。湛湛亡言,而教海之波澜浩瀚"②。在海德格尔的四重整体中,构成世界的天、地、人、神相互依偎、互成镜像而成为一个整体。世界的意义既不能通过某一个他者(譬如人)来说明,也不能根据某个他者来论证(譬如神)。世界只有作为一个天、地、人、神相互依赖的整体才有意义。构成世界的四重整体之间进行着柔和的、温顺的、寂静的相互映射游戏。海德格尔没有赋予诸神以高于存在和人的优先性。"从诸神而来对存有历史性思想的把握,与从人类出发指明这种思想的本质的尝试,却是'同一回事'。"③

罗宾逊认为,"后期海德格尔承认人是有条件的(bedingt),是依附于物的,因为物聚合了四重体,而四重体又为人提供了世界。由于不再把人基本上理解为宇宙意义的主体,从而消除了形而上学传统的主体主义。诚然,这不会把人降低为这种意义发生于其上的纯客体,因为,当某物发生时,人是聚集着的四重体中的其中一体。物不再是无意义的实体,而是意义丰富的、核心的事件,人以及自然界介入这一事件之中,并从中发现他的历史性。物不会仅仅在物

---

① 杜顺:《华严五教止观》,载《大正藏》第45册。
② 宣化法师:《大方广佛华严经疏序浅释》,北京:宗教文化出版社,2012年,第19页。
③ 海德格尔:《哲学论稿》,第463页。

被人给予意义时成为符号。相反，当物发生时，意义是由物构成的，人介入了这一意义。……这也暗示着，对人有意义的东西不在物的世界之外，也不只是在边界上，相反倒在朴素的日常物即罐、桥、农夫的鞋之中。生存主义所具有的知识的、非宇宙的（a-cosmic）腔调将代之具有历史意义的具体躯体性"①。

如果用X表示事件的结果，用Y表示其运作方式，a、b、c、d表示其构成元素，我们可以用一个函数式X=Y（a, b, c, d）表示事件的构成。海德格尔的四重整体思想可以表达如下：世界世界化=圆舞（天，地，人，神）；而华严宗的"法界缘起"理论可以表示为：法界圆融=相即相入（甲，乙，丙，丁）。

海德格尔说，物是从世界之映射游戏的环化中生成和发生的。天、地、人、神在居有之圆舞中进入其纯一性的柔和之中。"柔和的是这样的物：壶和凳、桥和犁。但树木和池塘、小溪和山丘也是物，也以各自的方式是物。苍鹰和狍子、马和牛，也是物，每每以自己的方式物化着。每每以自己的方式物化之际，镜子和别针、书和画、王冠和十字架也是物。"②

海德格尔的"四重整体"思想很大程度上是对其早期"存在作为虚无"的思想的克服和超越。如果从一种神学差异上来看，"天、地、人、神"中的"神"与"最后之神"构成一种神学意义上的显与隐的关系，和存在论差异中存在自身与存在者存在之间的差异具有结构上的相似。我们甚至也可以认为，海德格尔的神学差异也从属于其存在论差异。

---

① 罗宾逊：《后期海德格尔与奥特神学》，阳仁生译，载刘小枫选编：《海德格尔式的现代神学》，孙周兴等译，北京：华夏出版社，2008年，第161—162页。
② 海德格尔：《演讲与论文集》，第191页。

第二章 最后之神的思想来源：否定神学传统

海德格尔中学毕业后由教会资助到大学学习神学，末了转向哲学。他出身天主教家庭，后来又随太太皈依新教。他去世前要求按照天主教仪式为自己办理葬礼，但是墓碑上竖起的却不是十字架，而是一颗星。他批评基督教神学是形而上学的，又在接受《明镜》周刊的采访时说"只还有一个上帝能救渡我们"①，并在《哲学论稿》中大谈"最后之神"。海德格尔一生都在其哲学思想与宗教信仰之间左右纠葛，其哲学和信仰也一直在相互调校。很明显，海德格尔和谢林一样，努力寻找"哲学与信仰"之间的平衡和统一。②在1954年与东京帝国大学手冢富雄（Tezuka Tomio）教授的对话中，海德格尔承认，"倘若没有这一神学来源，我就绝不会踏上思想的道路，而来源始终是未来"③。海德格尔思想的神学来源到底是什么？什么样的神学帮助其踏上思想的道路？从德国近代哲学传统来看，否定神学对布鲁诺、莱布尼茨、谢林以及黑格尔等思想的形成都产生了深刻的影响，海德格尔是否也在这一传统的影响之中？

---

① 海德格尔：《只还有一个上帝能救渡我们》，第1306页。
② 先刚认为："在我看来，谢林的真正用意是把基督教（乃至所有宗教）这种精神现象囊括到哲学里面来，从而达成哲学与宗教的同盟、理性与信仰的和解。"参见先刚：《永恒与时间：谢林哲学研究》，第68页。
③ 海德格尔：《在通向语言的途中》，孙周兴译，北京：商务印书馆，2013年，第95页。

第一节　西方否定神学思想及其历史传承

否定神学（negative theology）是基督教神学的一个分支，是相对于肯定神学（positive theology）而言的。主流的、不言自明的神学都是肯定神学。肯定神学认为，上帝是全能的、全知的；上帝创造世界，人可以时时刻刻领悟、感知上帝的存在。否定神学相反认为，凡是人认为自己感知到的上帝都不是真正的上帝，上帝不能用任何的概念和词语来进行描绘。上帝在人所有能力的背后，上帝是无限。它既是一又是一切，一切都在上帝之中，上帝又都在一切之中。人认为自己感知到了上帝，都是以自我为中心的片面，是自我的投影，因而是一种欠缺。好比说每个人都会用自己的眼睛向前看，无论他看得多远多宽，他永远都看不到自己的背后。说到底，否定神学强调人是有限的，人背后的无是无限的。有限的东西，无论空间上有多大、时间上有多久，都是可以言说的。反过来说，言说也只能指向有限的东西。否定神学认为上帝是无限的，他必然不能被我们人领悟和言说；人只有意识到自己的有限和无知，在神秘的直观中，在类似禅宗的顿悟中才能认知上帝。否定神学与其说谈论上帝是什么，不如说谈论上帝不是什么。否定神学的观点非常接近佛教因明学中的遮诠，强调语言的有限性。总之，上帝的甚深奥秘远远超出人类的一切理性认知。否定神学的代表人物有伪狄奥尼索斯（Pseudo Dionysius）、埃克哈特、库萨的尼古拉（Nikolai de Cusa）和雅各·波墨（Jacob Böhme）等。

库萨的尼古拉认为，神是唯一的、绝对的无限。而宇宙作为神的创造物，则是相对的无限，充其量也只是神的绝对无限的缩影和象征。但是，在绝对的无限（神）、相对的无限（宇宙）之间始终存在某种辩证法，它们之间既矛盾又统一，既分离又融合。神是实际的无限性（die aktuelle Unendlichkeit），而现实世界则不是真正的无限性，现实世界是一种有限的无限性（eine endliche Unendlichkeit）。恰恰是这种现实世界的"有限的无限性"，反过来也证实了它的源头是那个"绝对的无限性"。[①]

在埃克哈特看来，上帝是不可思议、不可规定和不可通过理性来证明的精神存在，它存在于个体的沉思冥想和神秘直观之中。埃克哈特认为，神性完全不同于一般的人格，它不会因其所处的时间和空间而改变，它是一种"绝对的存在"。因此，神性不是有限的存在，人们根本不应该以具体、有限的存在观点去理解它。但神性也并不因此就等同于单纯的否定或虚无，恰恰相反，只有"有限的具体存在"才是否定，才是局限，才能被否定。而神性作为对有限的存在的否定，是一种"否定的否定"，是存在的一种绝对的充实。有限的存在（者）只能通过对神性的观审，才能逐渐地体验到神性的部分性质，并因此逐步地向神性靠拢。[②]

人的灵魂与上帝的交融是"无词无声的言说"，上帝的存在无须任何逻辑证明，上帝也不具有任何有形或固定的表象。"他是心灵之言、朝霞之光、花朵之芬芳、清泉之奔涌，"赵林指出，"埃克哈特的这种神秘主义思辨向上可以追溯到新柏拉图主义者普罗提诺的'太一''努斯''灵魂'的哲学三位一体，向下则通过马丁·路德的人与上帝在自我意识中的神秘合一、雅各·波墨的'神的自身离异'的神智学而与黑格尔的绝对精神自我发展和自我认识的辩证法联系

[①] 高宣扬：《德国哲学的发展》，上海：上海交通大学出版社，2020年，第38—39页。
[②] 同上书，第28页。

起来。"①

在基督教历史中，主张否定神学思想的教派又名真知派（Gnosticism），国内也音译为诺斯替教派。②对于基督教真知派来说，人的生存都是以恶为条件的，现象的世界是完全邪恶的。这一传统从保罗开始，经奥古斯丁、马丁·路德一直延续到康德。对任何事情的思考，都开始于黑夜、恶、混沌、无秩序、无。思想和文明也是以此为背景，任何思想和文明都有自己的局限和欠缺，而所有的局限和欠缺都在"黑夜、恶、混沌、无秩序、无"中找到真正的统一和归属。它们都来自黑夜，而且注定要回到黑夜，正如人来于尘土，必归于尘土。即使最辉煌的文明，其背后的"无"之深渊也会随时开裂、随时毁灭，"就是所罗门极荣华的时候，他所穿戴的还不如这花一朵呢！"（《马太福音》6:29）对于真知派基督教来说，关于世界的问题几乎就是关于世界罪恶的问题、关于世界万事万物都有局限性和欠缺性的问题。从这个意义上说，罪恶就和上帝一样根本，无、深渊、黑夜就是上帝自身。在罪恶中没有世俗的秩序和安排，人的理性无法进入其中。上帝创造世界，给人以自由。罪恶作为无和黑夜，恰恰是上帝创世的基础，罪恶恰恰出没、穿梭在人的自由当中。③

16世纪欧洲的宗教改革运动打破了罗马天主教会一统天下的精神专制格局，直接或间接地开创了信仰自由。宗教改革运动的领袖马丁·路德、约翰·加尔文等人在神学思想上继承了奥古斯丁主义的传统。路德和加尔文既反对罗马天主教会"购券赎罪"的行为，也反对经院神学的烦琐理论，表现出崇高的信仰至上和浓郁的神秘

---

① 赵林：《论德国哲学的神秘主义传统》，载《文史哲》2004年第5期。
② 刘小枫也曾明确指出，海德格尔所谓的真理思想，即"在"的澄明是地道的诺斯替思想。参见刘小枫：《圣灵降临的叙事》，北京：生活·读书·新知三联书店，2003年，第234页。
③ 吕迪格尔·萨弗兰斯基：《海德格尔传》，第248—249页。

主义倾向。路德推崇奥古斯丁主义的"因信称义"思想，发扬了上帝恩典和基督受难的十字架神学。路德强调："人在上帝面前是完全无能为力的和没有任何东西值得炫耀的，人应该在基督受难的十字架面前保持绝对的谦卑。……上帝的意志就是万物的法则，它创造一切、成就一切。而人的自由意志如果不是一句妄自尊大的空话，就是一句居心叵测的谎话。"①

埃克哈特、路德的神秘主义神学思想经由雅各·波墨传承②，又与德国古典哲学产生了融合和共生③，特别是影响了出身图宾根神学院的荷尔德林、黑格尔和谢林。黑格尔就把波墨称为"第一个德国哲学家"。在波墨看来，上帝是没有任何规定的最高存在，是无限的、永恒的无，是无底的深渊。④这种虚无的上帝就是"无根底"（Ungrund），它既不需要任何东西做基础，也不需要寻找任何基础。波墨哲学思想的核心主题是试图协调绝对者与有限的现实之间的矛盾，这一主题直接影响了谢林的宗教哲学，也成为莱布尼茨神正论的思想源泉。恩斯特·本茨（Ernst Benz）认为，"波墨对欧洲哲学的影响史是欧洲精神史上最激动人心的篇章之一"⑤。

---

① 转引自赵林：《论德国哲学的神秘主义传统》，第129页。
② 雅各·波墨把"自然"称为"上帝内部的根据"。谢林在图宾根大学神学院师从费希特时就对波墨的思想产生了浓厚的兴趣，我们在其《论人类自由的本质》中可以清晰地找到否定神学思想的痕迹。就像谢林在书中反复强调的，"事物在那个内在于神自身中却并不是它（Er）本身的东西里有其根据"（海德格尔：《谢林：论人类自由的本质》，王丁、李阳译，北京：商务印书馆，2018年，第242页）。谢林作为唯心主义哲学家发展和弘扬了这一传统，它的源头可以追溯到柏拉图的本原学说，以及新柏拉图主义、犹太神秘主义的学说。
③ 刘小枫指出，在19世纪上半叶，《约翰福音》成了使启蒙运动后德语思想界发生严重分歧的导火索。浪漫主义思想家（费希特、谢林、施莱尔马赫）深受《约翰福音》对于基督及其圣灵能力的神秘主义描绘的感染，将《约翰福音》的价值看得比着重历史叙事的对观福音书更高。参见刘小枫：《圣灵降临的叙事》，第246页。
④ 高宣扬：《德国哲学的发展》，第104页。
⑤ 转引自杰拉德·汉拉第：《灵知派与神秘主义》，张湛译，上海：华东师范大学出版社，2012年，第63页。

尼采的哲学甚至也被海德格尔归结于否定神学传统。在《尼采》一书中，海德格尔这样写道："在这里，关于世界整体，尼采要推行的是一种'否定神学'，它也力求通过避开一切'相对的'、亦即与人相关的规定，尽可能纯粹地去把握绝对者。只不过，尼采对世界整体的规定乃是一种没有基督教上帝的否定神学。"①

高宣扬指出，德国的哲学思想与中世纪的基督教思想相关，特别是与基督教中的神秘主义思潮相关。德国神秘主义是整个欧洲神秘主义思潮的核心和重要组成部分，也是基督教神学传统中神秘主义（真知派）的延续和外溢。神秘主义不仅影响着至文艺复兴为止的西方哲学，也一直流传到启蒙运动之后的德国古典哲学和浪漫主义哲学，与西方人的思想和生活方式有着密切的联系。在德国和西方哲学史上，神秘主义的形成和发展往往与基督教正统教义有相互穿插和相互分离的复杂关系。在中世纪基督教神学与近现代哲学的相互关系中，神秘主义扮演着"中间人"的角色。因此，研究神秘主义也是探讨西方思想、文化与哲学理论发展的重要组成部分。神秘主义也影响了一代代德国哲学家，间接促成了德国哲学在西方哲学领域的历史战略地位，海德格尔就根植于德国神秘主义的传统之中。②

第二节　海德格尔否定思想的文本考察

海德格尔早期关于形而上学基本问题的讨论，即"究竟为什么在者在而无反倒不在"，首次把存在问题引向了关于虚无的讨论，并暗指哲学对存在的遗忘也就是对虚无的遗忘。在对荷尔德林诗的阐

---

① 海德格尔：《尼采》（上），孙周兴译，北京：商务印书馆，2002年，第345页。
② 高宣扬：《德国哲学的发展》，第10—18页。

释，以及同时期给布洛赫曼的信中，海德格尔意味深长地将"存在者之虚无与存在者之存在"比作"黑夜之于白昼"。在《哲学论稿》中，海德格尔把存有的本现描述为"静默"："只要哲学从基础问题的另一开端而来进行追问，那么，静默就是哲学的'逻辑'。"①并且，在另一开端中，语言也将建基于静默。海德格尔不同时期关于虚无、黑夜和静默的讨论，清楚地显示其哲学中的否定思想痕迹。雅斯贝尔斯就认为，"海德格尔风格隐晦而好引经据典，令人着迷地混合诗、哲学和魔法，这具有近古灵知派先知的鲜明特征"②。

在形而上学的基础问题中，形而上学把存在者之存在状态付诸柏拉图意义上的理念，由此来言说存在者是什么。形而上学依据存在者的在场状态思考存在，却不能在其思考方式中思考存在的意义。存在的意义对形而上学来说，始终还是未知的、未经奠基的。形而上学的思维乃是表象性思维，在表象性思维范围内，一切都是对象性的。海德格尔称这种表象性思维为计算性思维（rechnende Denken）。计算性思维总是要给出事物的原因，其中隐含着现象与本质、原因与结果的二分，总希望从现象与原因出发，找出它的本质和结果。近代以来，从笛卡尔从思维出发谋求对物的规定到康德的物自体，从黑格尔的绝对精神到尼采的强力意志，形而上学的思维方式得到一步步的加强。在海德格尔看来，在这种表象性思维模式下，我们人类现有的科学技术看起来各有千秋，处理问题的方式和领域也大相径庭。但是，其最根本的方式还是言说存在者的存在状态，并付诸分门别类的、与各门科学领域自身相适应的理念。从科学的根基上说，没有一门科学比另一门科学具有优先地位，自然科

---

① 海德格尔：《哲学论稿》，第86页。
② 转引自杰拉德·汉拉第：《灵知派与神秘主义》，第222页。

学并不比历史科学优先。反过来说,历史科学也不比自然科学优先。没有一种科学对存在者的处理方式高于另一种科学。数学并不比历史更严格和准确,尽管数学看起来严密和谨慎。用海德格尔的话说,在科学的本质中,"有一种与世界的关联(Bezug zur Welt)贯穿并且支配着一切科学本身。这种与世界的关联让一切科学去寻找存在者本身,以便按照存在者的内容及其存在方式,使存在者变为一种深入研究和论证规定的对象"①。

在这种别具一格的与存在者本身发生的世界关联(Weltbezug)之中,科学总是明确且唯一地对实事本身做出最初的和最终的断言。人作为特殊的存在者,一次次以科学的方式突破存在者。在这种突破中并且通过这种突破,存在者便在人面前按其是所是或不是所是展现出来。总之,在形而上学或者说科学的思维下,存在者要么这样要么那样,此外无什么。

那么,这个"无"到底是什么?形而上学不关心的"无"到底是什么?从科学的思维来看,科学一直在追求确定性,一直在否定"无"。海德格尔说,不正是在这种否定中,"无"得到了某种承认吗?"无"不也恰恰是"有"的对立面和参照物吗?"无"的问题不是被科学否定的问题,而是科学不愿或不能思考的问题。"无——对科学来说,它除了是一种令人憎恶的东西,一种虚幻之外,还能是什么呢?如果科学是正确的,那就只有一点是肯定的:科学根本不愿知道无。说到底,这就是对无的科学上严格的把握了。我们以根本不愿知道无来知道无。"②

科学不关心"无",或者说形而上学不关心"无",这就带来了

---

① 海德格尔:《路标》,第120页。
② 同上书,第122页。

形而上学的基本问题："究竟为什么在者在而无反倒不在?"海德格尔说，这个问题是我们人一生中最广泛、最深刻的问题。说它广泛，是因为它不会受任何一个存在者的限制，它涵盖一切存在者，既涵盖现在的存在者，也涵盖以往的曾在者和未来的将来者。说它深刻，是因为它是所有问题的原根据（Ur-grund），没有其他任何问题比它还深刻，它自身就是深渊（Ab-grund）。"这个为什么的问题不浮荡在任何一种表面和表层，而是要渗入到奠基性的区域，并且直至极限；它离弃所有的表面和浅层，而深入底层，所以，这个最广泛的问题同时也就成为一切深刻问题中最深刻的。"①

海德格尔通过追溯，发现"存在"在古代希腊语词源学上有双重意义："（1）作为出现着的自立，（2）作为这样的自立却'常住'，这就是说停留着，逗留。"②"作为出现着的自立"指的是存在者，而作为这种自立之常住，意指经常在自立中停留或逗留——恰恰是无或者说不存在经常从常住中流露表现出来。"存在（名词）存在（动词）"的意义在希腊人的思想中恰恰是：无或不存在。追问"存在"，并不只是追问自立着的存在者，而是或者更重要的是追问作为常住的"无"。简单地说，一个东西重要的不是它是什么，而是它总是不是什么。

形而上学不思考"无"。在海德格尔看来，是形而上学思考问题的方式决定了这一点。在形而上学的逻辑思维中，"无"是对存在者的否定，或者如黑格尔所说的，"假如有人愿意，也可以用'不'来表示它"③。但是如果把无当作不来看，无就获得了来自有或者存在者

---

① 海德格尔：《形而上学导论》，熊伟、王庆节译，北京：商务印书馆，2015年，第5页。
② 同上书，第64页。
③ 黑格尔：《逻辑学》，杨一之译，北京：商务印书馆，2011年，第71页。

的规定性。"无是经常要与某物对立的；但是某物已经是一个规定了的有之物，与别的某物有区别；所以，与某物对立的无，即某一个东西的无，也就是一个规定了的无。"①

当无本质上依附于某物，无本质上就从属于某物，它就是黑格尔意义上的不（No-thing）。无就异化为知性思维中的不，它还不是海德格尔意义上真正的无（Nothing）。海德格尔说，"无比不和否定更为源始"②。作为否定来看，不是另一种形式的肯定。一个人工作不努力，表示他"工作不努力"这件事是肯定的。真正的无绝不是从有的身上获得规定，否则就可以说有一个无。从知性思维来看，无就是没有，是不存在的。我们不难发现，知性逻辑无法言说古希腊意义上的"无"。海德格尔说："我们固然赢获了关于想象出来的无的形式概念，但决没有赢获无本身。"③从逻辑上思考无只能陷入困境。正是基于此，我们才可以说知性逻辑无法思考无。如何理解和思考无？海德格尔说，理解和思考无，并不是在我们的脑海中产生关于"无"的"纯粹思想"，并且作为一个旁观者去逃避现实。而毋宁说，思考无意味着将我们自身置于其中，把置身于"无"之中当作我们人无法逃脱的命运，就像我们人置身于世界之中一样。正如日本临济宗和尚福岛庆道（Keido Fukushima）所言："禅的'无'不单单是思想，而且是体验，所以不是'思考无'，而是要'达到无'。"④从这一点来看，海德格尔和禅宗确实是相容相通的。"无"本身既不是一个对象，也不是一个存在者，它就是存在本身，并且决

---

① 黑格尔:《逻辑学》，第70页。
② 海德格尔:《路标》，第125页。
③ 同上书，第126页。
④ 福岛庆道:《禅是无的宗教：更幽轩法语集》，高立译，北京：宗教文化出版社，1997年，第115页。

定着存在问题的广度、深度和原始性。①

海德格尔从存在论上指出了"无"对人生的重要意义，从而把否定思想引入哲学的讨论之中。无本身不是虚无主义，非对象性地、置身其中地认识、理解、思索"无"恰恰是找到人生意义的积极态势，是存在动力学的"源头"。传统的虚无主义都是一种价值观，尼采的虚无主义也不例外。甚至萨特意义上的对"存在与虚无"的探讨，都是一种向尼采式的价值虚无主义的回归和倒退，是对价值虚无主义简单和低层次的重复。海德格尔"无的存在学"乃是在虚无主义批判史上另辟蹊径，是一条逆现代形而上学历史的道路，是一条回归谢林意义上的形而上学本源之路。存在者之虚无与存在者之存在形影不离，犹如黑夜之于白昼。海德格尔说："倘若没有黑夜，我们又何曾能看到白昼，何曾能把白昼当作白昼来经验！因此，一个哲学家是否立即从根本上在存在者之存在中经验到虚无之切近，这乃是一块最坚硬、也最可靠的试金石，可以用来检验这位哲学家的思想是否纯真，是否有力。谁若经验不到虚无之切近，他就只能永远无望地站在哲学门外，不得其门而入。"②

萨弗兰斯基在《海德格尔传》中说："不管怎么说，他关于虚无的思想在这里听起来很像基督教——诺斯替派形而上学。对于海德格尔来说，它们当然是活生生的传统。"③1929年9月12日，在致布洛赫曼的信中，海德格尔说："人天天在步入黑夜，这种说法对于今天的人来说已经是老生常谈。……在晚祷中，那深夜还有它的神秘的、形而上学的原始力量。"④在海德格尔那里，生存之白昼是对神秘黑夜

---

① 海德格尔:《形而上学导论》,第4页。
② 海德格尔:《尼采》(上),第450页。
③ 吕迪格尔·萨弗兰斯基:《海德格尔传》,第248页。
④ 转引自同上书,第247页。

的挣脱，白昼生活又是对晚祷的准备，黑夜主宰着、支配着白昼。晚祷是步入深夜的生存标志，是对黑夜的沉思冥想。把黑夜沉思为原始的神秘，沉思为生存的源头和归宿，这样的黑夜就是"无"，同时是作为善之源头的恶。① 只有从黑夜和罪恶着眼，才能领悟白昼的决定性源头在黑夜，善的支配性源头在恶。只有领会到此在生存深处的"这种原始的强有力的否定性"②，领会到此在身外之"黑夜般的无"，生命中本质性的东西才会生成和显露，本真的生存才会出现。

海德格尔关于"黑夜"和"无"的否定思想，还可以从他与恩斯特·卡西尔的那场著名的达沃斯辩论中看出来。③ 1929年，海德格尔和卡西尔参加了达沃斯高校周活动。时值《存在与时间》刚刚出版不久，海德格尔的声誉如日中天。而卡西尔出身新康德主义，但已经从新康德主义的科学认知理论中解放出来，其代表作《符号形式的哲学》也已出版，并发展出关于人类创造性精神的庞大哲学体系，成为文化哲学的一块丰碑。在那场辩论中，海德格尔被看作反现实生活的非理性主义者，卡西尔则被看作反教会的自由主义者。卡西尔认为，不应该完全放弃世俗文化的客观性和绝对性，文化可以为人类生活进行奠基；人类思想的文化创造力是一个形式的世界，但也已经发展成为形式的超越；人类应该以自己文化作品中内在的必然性和持久性，来战胜人类生存命运的偶然性和短暂性。卡西尔说到底是本质主义者。海德格尔认为，尽管卡西尔正确地看到了每种文化、精神活动都是自由的表现，但这种自由可能会固着在它的构架中，因此自由必须不断地重新解放自己；如果自由向一种文化

---

① 海德格尔：《谢林：论人类自由的本质》，第207—230页。
② 吕迪格尔·萨弗兰斯基：《海德格尔传》，第247页。
③ 同上书，第251页。

第二章　最后之神的思想来源：否定神学传统

状态流去，那么人们就已经失去了这种自由；卡西尔的自由有内在的悖论性。①

海德格尔认为："人生此在的生存的最高形式，是返回到人生此在十分罕见的瞬间，它在人生此在的生与死之间持续，人生此在在十分罕见的瞬间中，生存在他的本己本真的、可能性的巅峰。"②对海德格尔而言，瞬间是时间的心脏。瞬间就是要让人意识到黑夜的"神秘的、形而上学的"原始力量。对海德格尔来说，人生的意义就在这一次次瞬间的历史性之中，在瞬间中把握永恒。海德格尔因而批评卡西尔对现实精神生活想得过于理想和安逸。文化和精神是自由的表现，但自由不应该固着在已有的文化构架之中，而必须时刻反省自由背后的恶以及自由背后的深渊。对海德格尔来说，我们必须不断返回黑夜，返回到"无"之深渊，让黑夜返照白昼的意义，让"无"彰显存在的意义。时刻穿梭在黑夜与白昼、"无"与"存在"之间，人才能赢获真实的生存之道，正像老子所说的"知其白，守其黑"。

关于"黑夜"，海德格尔在其《荷尔德林诗的阐释》中也有精彩的描述："夜与昼长短相若……我们首先提及白昼，似乎白昼是'积极的'。我们让黑夜作为白昼的消逝跟在白昼后面。黑夜是白昼的一种缺乏。但对荷尔德林来说，先于白昼的黑夜却是白昼的富余，虽然尚未决定，但却具有庇护作用。黑夜乃是白昼之母。假如在白昼，神圣者到来，而且诸神之到达的保证被赠送出来，那么，黑夜就是无神状态（Gott-losigkeit）的时空。'无神状态'一词在这里决不是指诸神的单纯阙失，或者甚至仅仅是诸神赤裸裸的不在场而已。无

---

① 吕迪格尔·萨弗兰斯基：《海德格尔传》，第255页。
② 转引自同上书，第256页。

神状态的时代包含着首先要自行决定的东西的尚未决定。黑夜乃是对过去神性之物的庇护和对将来诸神的遮蔽的时代，因为黑夜在这样一种既庇护着又遮蔽着的夜幕降临中并非一无所有，所以，黑夜也具有它本己的广大的明亮和对一个到来者的寂静准备的宁静。这个到来者包含着一种本己看护，这种看护并非作为失眠而系于睡眠，而是看守和保护着黑夜。诚然，这种黑夜的漫长有时能把人类的能力逼向那种愿望，即沉沦于一种睡眠之中。但是，黑夜作为带来神圣性的白昼之母，却是神圣的黑夜。"①

在弗莱堡时期，海德格尔就已经在其拟开而未开的"中世纪神秘主义的哲学基础"中关注埃克哈特的神秘主义思想。②就像我们之前所述，埃克哈特主张上帝远远超出了我们人类的概念范畴，人类概念的能指和所指都不能涵盖上帝的本质，语言、思想都是有限度的。与其正面称呼描述上帝是什么，不如把他说成是神圣的"无"。用佛教的话来说，上帝只能用遮诠去表述，语言在此没有表诠力。上帝并不是一个我们通常理解中的超级实在，任何超级实在都有其不及之处。真正的上帝，如果他无所不在，无所不包，只能是所有事物之外的"空""无"。

否定神学强调人类的语言和思想在表达上帝方面的无力。在《哲学论稿》中，本有作为暗示而不是宣告，语言作为沉默而不是陈述，真理作为神秘而不是表象，哲学作为沉思而不是逻辑，最后之神作为掠过而不是照面，存在历史展开的是一种地道的"否定神学的境域"。海德格尔说："以今天越来越广泛地被滥用和乱说的日常语言，是不能道说存有之真理的。如若一切语言皆为关于存在者的

---

① 海德格尔:《荷尔德林诗的阐释》,孙周兴译,北京:商务印书馆,2000年,第131页。
② 海德格尔:《宗教生活现象学》,第361—366页。

语言，存有之真理竟可能被直接道说吗？抑或能够为存有发明一种全新的语言吗？不可能。"① 存有之真理不可用存在者的语言来道说，因为它不是形而上学和逻辑时代的真理。"只要哲学从基础问题的另一开端而来进行追问，那么，静默就是哲学的'逻辑'。哲学寻求存有之本现的真理，而且，这种真理乃是本有的暗示着和回响着的遮蔽状态（神秘）（有所踌躇的拒绝）。"②

一切语言、逻辑都要服从存有的意志，存有"逻辑"本质上就是默秘学，语言也必须从这种默秘学中得到把握。佛经和《道德经》中也有类似的说法。佛经中有，"说似一物即不中""立心取善，即是恶；当下无心，即是佛"。老子《道德经》第五十六章说，"知者不言，言者不知"。对于否定神学的上帝、海德格尔的存有之真理、佛教的真如空性、老子的道等而言，语言和逻辑在此都失去了作用。海德格尔说："我们决不能直接道说存有（本有），因此也不能间接地在一种提高了的辩证'逻辑'意义上来道说存有。每一种道说都已然从存有之真理而来说话，决不能直接跳跃到存有本身那里。静默具有比任何逻辑更高的法则。"③ 作为道说的词语或语言如果得以表达，那么道说者只能是存有或本有自身。对这种道说的理解意味着这样一种事件：实现开抛以及知晓其向本有的跃入。道说只能作为沉默建基，词语所命名的就是它所意指的而不是裁定的。佛经中"如人以手指月示人，彼人因指，当应看月"，表达的也是这种意蕴。

在形而上学的历史范围内，也就是在以往的哲学当中，语言承担着对存在者进行陈述的任务，又作为逻辑被分配给人类，语言和

---

① 海德格尔:《哲学论稿》，第85页。
② 同上书，第86页。
③ 同上书，第87页。

人类相互规定。"语言的基本关联，语言的'本质'和'本源'得以从中推导出来的那些基本关联，通向存在者之为存在者，也通向人类。……所有历史学上关于以往语言观的资料汇集，尽管不乏教益，但绝不能超出已经确定下来的有关语言与人类和存在者之关联的形而上学领域。"① 语言是失真的，不是本有在道说，而是作为逻各斯最高等级的人在陈述。如今的人们几乎未曾尝试，出乎目前这种语言与逻辑、语言与人类的关联，倒转过来，从语言的本源出发，即从本有而来让本有自身言说，更原始地来把握人类的本质以及人与存在者的关系。人在语言与本有的本质关联中，退而守护自己、拥有自己的本源。"此-在之全部语言即由此获得其本源，并且因此在本质上就是沉默（参照抑制、本有、真理与语言）。"②

海德格尔把《哲学论稿》的最后一段话留给了语言："语言建基于沉默。沉默乃是最隐蔽的节-制。沉默掌握分寸，因为它首先设定了尺度。于是，语言就是最内在和最广大意义上的尺度-设定（Maß-setzung），作为关节及其接合（本有）的本质现身。而且，只要语言是此-在的基础，那么在此-在中就包含着适度的调节，并且乃作为世界与大地之争执的基础。"③

第三节　否定神学与哲学：从谢林到海德格尔

《存在与时间》1927年出版后，海德格尔花费十年的时间，潜心考察谢林和尼采的思想。1928年，海德格尔在弗莱堡大学开设了谢

---

① 海德格尔:《哲学论稿》，第526—527页。
② 同上书，第432页。
③ 同上书，第539—540页。

林讲座,日本京都学派哲学家九鬼周造参与了此次讲座。1929年,海德格尔开始关注"无"的问题,并出版了《形而上学是什么?》,1936年开展关于谢林《论人类自由的本质》的系列演讲。1936—1942年期间,海德格尔在弗莱堡大学连续做了六个专题讲座,专论尼采思想,而1936—1938年正是海德格尔秘密写作《哲学论稿》的时期。海德格尔认为,尼采虽然提出了虚无主义的问题,但是并没有真正解决这个问题。

在德国古典哲学家康德、费希特、谢林、黑格尔当中,谢林与宗教的关系最为密切,宗教是他整个后期哲学关注的重心。谢林意识到,哲学和神学的携手是一种必然且必要的趋势。针对谢林的宗教和哲学观,先刚认为,"谢林恰恰是把宗教问题归结为哲学问题,即无限与有限的关系,而这种关系是通过精神自身的辩证法表述出来的"[1]。曼弗雷德·施罗德(Manfred Schröter)把谢林的这一思想归结为从否定神学家雅各·波墨直到黑格尔的"基督教的世俗化"(Säkularisierung des Christentums)过程,意即尽可能地用德国古典唯心主义思想解释和吸纳基督教神学。[2] "正像黑格尔反复强调的,和有限处于一个层面与之对立的无限绝不是真正的无限,也不应该在这种立场下考察二者的关系,而应该理解到真正的无限就是扬弃有限,通过有限而回到自身。"[3] 所以,如果黑格尔是对的,我们人就不能问"上帝是什么、无是什么、存在是什么",就像在佛教中问不出"空"的答案,因为说到底人是有限的,我们不能给出任何关于无限者的答案,唯有以否定和遮诠的方式去意指。

---

[1] 先刚:《永恒与时间:谢林哲学研究》,第359页。
[2] 同上书,第349页。
[3] 同上书,第362页。

在谢林的"绝对无差别"思想中,上帝和万事万物都处于一种本质上绝对统一的关系中,万事万物在这个大全和整体中承担和保持着自身的独特性和规定性,并与其他事物构成不可分割的和谐整体。用华严宗的话说,这是一个事事圆融的法理世界。但是,如果我们将有限者与无限者割裂开来看待,有限者就凸显出自身的特殊性(Absonderung)、分裂(Trennung)、断裂(Abbrechen)、跳跃(Sprung)、脱离(Entfernung)、堕落(Abfall)等,即"个体不再作为属于整体和其他个体的个体,而是要成为一个独立自为的、绝对的个体。绝对者对这个行为并不负责,因为个体自身有了绝对者的自由,但却把这种自由用来肯定它的片面性和局限性"[①]。这些有限者的行为就构成了谢林意义上的"恶"的世界,这是世界之缺陷、不平等、冲突的根源,因为有限者割裂了无限者。用中国人的话说就是:"举头三尺无神明,公道只在刀斧中。"谢林想通过其哲学让个体作为有限者获得重生(Wiedergeburt),帮助个体重新回到大全,回到事事圆融的法理世界。因此,谢林指出,"'整个宇宙及其历史的伟大目的不是别的,正是最终的和解以及个体重新消融在绝对性之内'。对于那些坚持个体性的人来说,历史显现为残酷的、摧毁众多个体的命运(Schicksal),不可抗拒的必然性;而对于有意识地要和绝对者达到和解的人而言,历史就显现为天命(Vorsehung)或上帝,遵从它就意味着自由。随着自由而来的必然是道德和幸福,因为二者是上帝的同样无限的属性"[②]。

先刚认为,"谢林实质上是把基督教作为一个工具,诚然是最好的工具,来表述他坚守不渝的'大历史哲学'理念:即代表着有限

---

① 先刚:《永恒与时间:谢林哲学研究》,第363页。
② 同上书,第364页。

者的人与无限的上帝最终的和解,而这同时也是有限者之间(人与人、人与自然)的和谐统一"①。谢林把属于"大历史哲学"的理念称为"哲学宗教"(Philosophische Religion)。当然,这个哲学宗教当前还不存在,人们还行进在"自然宗教—天启宗教—哲学宗教"的路上。谢林的后期思想试图以启示哲学(Philosophie der Offenbarung)的形式把哲学与宗教、理性与信仰融合起来。庄振华把谢林的后期思想概括为:"在库萨之后,谢林又一次从根本上复兴和改造了亚里士多德的潜能—实现学说,并借此首次揭示出近代哲学因沉溺于理性而与现实脱节的这一根本缺陷。"②

邓安庆认为,谢林的启示哲学建立在对存在的分析的基础上,这种分析具有海德格尔所说的存在的原初神学(Urtheologie)特征。如果像海德格尔所说的那样,黑格尔哲学走的是"存在—神—逻辑学"之路,那么,谢林哲学所走的则是"存在—上帝—启示"之路。谢林努力通过上帝的启示使我们的存在之路获得神性的实证性,它最深刻也最重要的意义在于把启蒙主义的形而上学上帝重新还原为犹太—基督教信仰的上帝。以神义论为出发点探究人类生存的现实意义,构成谢林后期哲学—神学思想的核心。从"原初存在"向"神"的过渡,不是靠形而上学的先验设定,而是基于对"存在"张力的结构分析。"能在、必在、应在"是这一张力的三个级次(层级、幂次),从中自然地展示出上帝的三位一体(圣父、圣子、圣灵)。谢林在这种存在的张力结构中发现了一种后来海德格尔所说的存在论差异,尽管谢林在这里还没有明确把它标明为"存在和存在

---

① 先刚:《永恒与时间:谢林哲学研究》,第375页。
② 庄振华:《略论谢林"肯定哲学"的思想史地位》,载《云南大学学报(社会科学版)》2014年第3期。

者之间的差异"。谢林所强调的这种存在论差异,就是上帝和人类之间的根本差异。但是,恰恰是在这种存在论差异中,上帝和人都获得了他们各自的规定性。《圣经》上说,上帝的归上帝,恺撒的归恺撒,大体接近于这个意思。因此,谢林想向我们表明,他的哲学不以绝对自由为目标,因为单纯的上帝以其自身什么也做不了。上帝和人类、有限者和无限者必须是相互配备的,布尔特曼的生存神学即以此为出发点,后期海德格尔强调存有也需要存在者。谢林归根结底是要指出在与神性的张力中人类生存的命运,即人类要意识到其自身的自由是有限制的自由。谢林通过上帝启示的历史过程给予我们最大的启示在于,鉴于我们存在的虚无根基,我们必须时刻把精神的完善作为提升我们生存信念的内在驱动力,同时要注意人类精神根基中沉沦堕落的反向冲动。①

张振华认为,海德格尔是现代思想中与神秘主义有着极深渊源的哲学家。1918—1919年冬季学期,海德格尔曾计划专门开设有关神秘主义的课程,但计划未能实行,留下一批准备性的材料。②在1955—1956年冬季学期的课程讲稿《根据律》中,海德格尔给神秘主义做了一个标志性的评价:"思想的至为精锐和极度深邃是属于真正的和伟大的神秘主义的。这的确就是真相。埃克哈特大师证实了这一真相。"③甚至由于其过度深邃,神秘主义已不属于思想,而是在思想之前(*vor das Denken*)。④按张振华的解释,海德格尔归属于神秘主义中的理性派,也可称之为"哲学神秘主义"。哲学神秘主义不

---

① 邓安庆:《存在与上帝——谢林启示哲学的神学意义》,载《道风:基督教文化评论》第19期。
② 海德格尔:《宗教生活现象学》。其中,《中世纪神秘主义的哲学基础(1918/19年一部未讲授讲座稿的初稿与纲要)》见第361—400页。
③ 海德格尔:《根据律》,张柯译,北京:商务印书馆,2016年,第79页。
④ 同上书,第77页。

绝对地否定和排斥理性，反而把理性作为自己的理论工具，即理性地展示自己的神秘主义理论，理性和神秘主义从而实现互补。神秘主义为理性润泽，避免理性过于僵化和形式化；理性又可以避免神秘主义陷入完全的情绪化或主观意识。"也正因为这个原因，为了区别于单纯的非理性主义，海德格尔曾澄清自己的哲学不是'神秘主义'。他也自觉地警惕一种主观主义的神秘经验。海德格尔拒绝把存在历史的思想标识为'神秘的'，亦即一种不清晰的、晦暗莫名的东西，一种在单纯情感中的沉醉，放弃了严格哲学的所有努力。海德格尔认为，这种意义上的神秘主义属于形而上学的亚种和变种。"[1]质言之，我们不能简单地把海德格尔的思想归结为否定神学。

在《论人类自由的本质》中，谢林尝试把上帝与绝对者区分开来，他把上帝的存在看作绝对者的一个事件（在场的事件）。上帝存在这一事件中有各种各样的表象（犹太教、天主教、新教、东正教等等），又有这些表象背后的根据，谢林把它称为"神性"（Gottheit）、"超神性"（Übergottheit）、"自由"（Freiheit）、"无意欲"（Nicht-Wollen）等等。上帝以神性作为自己存在的根据，而神性是无根据（Ungrund）或无差别（Indifferenz），即海德格尔意义上的"离基深渊"。"哲学必须从无条件者出发。"[2]上帝作为存在既不是第一位的，也不是最高的。"因为即使上帝也只不过是'神性'的躯壳。正如在人之内，无所欲求的意志是最高者，同样，这个意志在上帝自身内也是那个超于上帝的东西。"[3]

对神而言，"确切地说是就神并非它自身而言地来思想它，也就

---

[1] 张振华：《海德格尔与埃克哈特大师：以断离和任让为核心》，载《同济大学学报（社会科学版）》2018年第1期。
[2] 先刚：《永恒与时间：谢林哲学研究》，第13页。
[3] 同上书，第118页。

是说，思想就它是它自身之根据而言的神——即思考作为真正开端性的神的神，即尚还完全在其根据之中的神，如同是尚未走出自身、继而走向自身的神。神成为实存者之后，根据的那种尚-未也并不会消失，并且也不会作为一种纯然的不-再而被排除出去，相反，因为这是一种永恒的生成，所以尚-未会始终保留下来；在神之中，始终保留着神自己在其根据中永恒的过去。'之后'和'立即'在此应在一种永恒的意义上被理解。谢林思想的整个魄力就表现在这一点上；但这并不是一个自大的独行者空疏无稽的思想游戏，这只不过是对一种思想姿态的参与性完成（Mitvollzug），这种思想姿态发端于埃克哈特大师，并且在雅各布·波墨那里得到了一种别具一格的展开"[1]。

谢林进而指出，"但每一个存在物只有在其对立面中才能是可启示的；所以必定存在一个与神不同的东西，它乃是并不作为它本身而存在的神，并且还在自身中包含着把自己启示在神之中的可能性。所以它必定是这样一种东西，即它尽管跃-出于神最内在的中心，并以自己的方式作为精神而存在，但它始终在一切之中与神相区别并始终都是一个特殊的东西。而这个存在者正是人类。人类必须存在，神就藉此被启示出来的。没有人类，神会是什么呢？不过是绝对孤寂的绝对形式。没有神，人类又会是什么呢？不过是处在无关紧要的形象中的纯粹疯狂"[2]。

谢林的这一思想实际上也是布尔特曼生存神学与拉纳基础神学的共同来源。"但神始终都是那个由根据和实存规定的东西，是'原存在物'，原存在物作为这种原存在物——先于一切根据和一切实存

---

[1] 海德格尔：《谢林：论人类自由的本质》，第233—234页。
[2] 转引自同上书，第237—238页。

者,也就是说完全先于一切二元性——是神之本质。谢林把它称为'原根据(Urgrund),或者相反,无根者(Ungrund)'——'绝对的无差别',关于它,没有任何差异能被道出,真正说来,即便是存有关节也不可能作为恰切的谓词被道出。绝对唯一的谓词就是'无谓词性',这并不是说,绝对者就要因此成为无。"①

赖贤宗在《海德格与庄子:存有的真理与无用之用》中就此认为,海德格尔在《谢林:论人类自由的本质》中所说的"绝对的无差别是在如下意义上的无:对于它,每一存有言述都是无"意指存有乃是绝对的无差别,是不可说的,这是海德格尔关于"无"的一次重要讨论。②海德格尔随后解释说,存有之关节的两个要素"根据(Grund)和实存(Existenz)"的二重性直接地发生自"绝对的无差别"的"既非—亦非"的性质。③赖贤宗认为,海德格尔所说的"绝对的无差别"可以说就是京都学派所强调的"绝对无",也与道家的"无"和禅宗的"空"十分接近。④

回到根源的绝对是"无"(绝对的无差别),根据与实存的二重性包含于"绝对的无差别"这一根源中。这样的"绝对的无差别"并不是什么都没有或是处于不确定状况之中的劣义的"无"。"绝对的无差别"是一种根源性的一体性(Einheit)。面对后来根据与实存的分离,在自然的开展之中,"绝对的无差别"展现为自由之能力而将差异也统一于其中,其中也发生了恶的可能性。这样的"绝对的无差别"是真正的生命、爱与神性,超越了根据与实存的二重性。

赖贤宗认为,海德格尔的《谢林:论人类自由的本质》关于"绝

---

① 海德格尔:《谢林:论人类自由的本质》,第244页。
② 赖贤宗:《海德格存有思想之道》,第97页。
③ 海德格尔:《谢林:论人类自由的本质》,第246页。
④ 赖贤宗:《海德格存有思想之道》,第105页。

对的无差别"的简短阐述还可以引导至对"无意欲"的讨论。"无意欲"并没有出现在海德格尔1936年的谢林讲座稿中，但是出现在海德格尔1941年关于谢林的补充手稿的"谢林—尼采"章节中（即《海德格尔全集》第49卷《谢林：关于他对人类自由的本质的探讨的重新解释》）。海德格尔此处对比讨论了谢林与尼采，在此章节的C点中，海德格尔将谢林的无意欲、泰然处之的内在性（Gelassene Innigkeit）与尼采的相同者的永恒意志（Immer wieder dasselbe wollen）、永恒轮回（ewige Wiederkehr）加以对比。要注意的是，海德格尔用的是Nichts-wollen，而不是Nicht-Wollen，这显示出他有关Nicht-Wollen（"无意欲"）的思想在此还未完全成熟。Nicht-Wollen是"无意欲"的意思，而Nichts-wollen中的Nichts是名词，wollen是动词，所以Nichts wollen在德语中是"意于无"的意思。但是，"意于无"仍然还是一种意欲、意志，是佛教所谓的"执空"。从文本的前后文来看，应该说海德格尔在这里已经超越了文字的表面意思。而且，海德格尔这里所写的是Nichts-wollen而不是Nichts wollen，中间有一横线，所以海德格尔这里所说的Nichts-wollen并不是德文"意于无"（Nichts wollen）的意思，否则就会和他自己后来所发挥阐释的"无意欲"思想产生不一致。所以，也可以将Nichts-wollen翻译和理解为"无–意"，如此还是可以和他后来所发挥的"无意欲"达成一致的。①

关于海德格尔与谢林的思想渊源，现任国际谢林协会主席、弗莱堡大学哲学系教授劳赫·胡恩（Lore Hühn）曾为此专门撰文《海德格尔与谢林的哲学对话》。胡恩主张，"在与谢林的哲学对话中，海德格尔获得根本的推动与启示而转向批评形而上学并沉思存在

---

① 赖贤宗：《海德格存有思想之道》，第106—107页。

自身的'存在历史思想'。与此相应的'本源之思'成为两位思想家共同的主题"[1]。谢林在《论人类自由的本质》中阐述的"意志活动乃原初存在"这个基本主题,尤其是两位哲学家共同关注的核心。相应地,一种针对意志形而上学的存在论也属其中。这种存在论将存在理解为"泰然处之",并在谢林对"存在的不可预思"(Unvordenklichkeit des Seins)的讨论中到达顶峰。谢林所思考的这种存在论是海德格尔存在论的先声,直接促使海德格尔在与"存在的遗忘"的对抗中去追问存在自身。海德格尔将存在的遗忘理解为存在自身的基本特性。因此,存在自身始终被规定为隐匿、遮蔽以及与存在者的差异,并且被思考为本源与开端。这样的本源与开端不会轻易到场,必定是在与另一开端不断重复的争执中才会被争得。

从费希特开始,近代以意志为基础的先验主体性乃是一种自我的遗忘。先验主体性处处强调自我的存在,从而消解了一切非主体。就像雅可比所说的,它同时也贬抑、消耗了自己,变得没有根基,无所支撑。除非一切非主体得以返回自身,先验主体性才可以避免自己的被异化。海德格尔在《谢林:论人类自由的本质》中,通过"关于恶的形而上学"这一表述,阐述了西方形而上学的基本特征,即始终只是从物的存在者特性(存在者如何被表象、被制造)来理解存在者,遗忘了存在者之所以存在的本源,遗忘了存在。在谢林看来,以主体性理论为基础的社会结构表现出人对现实社会整体的侵占、控制和完全的支配等基本特征。为了对抗先验主体性所强调的意志,就需要一种"无所意求的意志"(Wille, der nichts will),或者说泰然处之的意志。这样的意志才能时刻调校主体性与非主体性

---

[1] 劳赫·胡恩:《海德格尔与谢林的哲学对话》,庞昕译,载《社会科学家》2017年第12期。

的关系，调校自我与世界的关系，使之合理，保持抑制，追求平衡。

先验主体性由康德提出，由费希特推向了极致。谢林倡导从"泰然处之"的理论出发，以"存在的不可预思"（存在作为虚无，理性无法触及）的方式重新返回到现代自我与世界关系的本源，用海德格尔的话说就是返回到另一开端。"存在的不可预思"就是让人的意志尽可能地消解，让存在自身到场，让非主体回顾本身，而不是让人作为绝对的主体来控制一切。

谢林把"不可预思之在"称为"无论我们怎么抢先到达都已然在那里的存在"。马库斯·加布里尔对此评论说："我们没法以思想深入到它背后来把握它，所以没有思想可以先行于它。因而在人们没法把思想先行设立在它之前这个意义上，不可预思之在乃是不可预先思想的。这就意味着，存在并不是从思想中产生的，因为一切思想已经与在逻辑的存在概念意义上被谓述中介了的意义相关联了。但既然存在着一个通过判断的根本结构、继而通过诸幂次被开启的逻辑空间，那么逻辑空间自身就不可能通过回溯到判断上而得到理解。由此，逻辑空间的此在乃是偶在的，因为根本不存在任何它实存的根据。所以，不可预思之在也就不能被理解为逻辑空间的根据，因为根据概念的前提乃是业已被成功建立的逻辑空间。故而不可预思之在完全就是海德格尔意义上'根据的根据'，或者说'深渊'（Abgrund）。谢林本人则在《对人类自由的本质及其相关对象的哲学探究》中为它创造了'无根者'（Ungrund）这个说法，当然，在他的晚期哲学中，谢林用了不可预思之在来替代'无根者'，但两个概念在体系中的功能位置是一样的。"[①]

[①] 马库斯·加布里尔：《不可预思之在与本有——晚期谢林与后期海德格尔的存在概念》，王丁译，载《哲学分析》2018年第1期。

第二章　最后之神的思想来源：否定神学传统

不可预思之在把存在限定在人的理性思维之外。谢林及后期海德格尔都是从对传统"存在"概念的重审和质疑出发的。按照柏拉图古典的"存在"概念，"存在始终指的是规定性"，规定性只发生在存在者整体之中，它必须为自己的规定设置场域、边界、对象。在规定的场域中，一切东西与其他所有的东西都是通过比较、命名、谓述而得到区分和理解的。A是A，因为A不是非A。区分和逻辑都包含着上述的逻辑关系。"即存在者的存在在历史上总是有其各时各异的不同规定，在观念论中，它被规定为由精神所驱动的整体关联，在唯物论中，则被规定为基本粒子的时－空广延系统，随后又被规定为阶级斗争和强力意志，等等。"① 这种逻辑的存在概念就是斯宾诺莎所说的"一切规定都是否定"（ominis determinatio est negatio），即对一个东西的某种肯定，也就是对其的某种否定，是A就不是非A。

谢林和海德格尔都寻求以一种"历史性的存在概念"来代替古典的"逻辑的存在概念"。所谓"历史性的存在概念"意指存在要被历史性地思考，"它只有作为一个建构各种自身关系的历程才会变得通透。……为了这一目标，存在的意义必须能被设想为人格"②。"历史性的存在概念"把存在思考为时间和人格，与传统的"逻辑的存在概念"相比较，它把包含存在在内的过去、现在、未来都思考在内。存在不是永恒，而是历史性地存在。"存在之所以是历史性的是因为，在各种存在概念的次序中，存在必须把自己认作不能以概念来表达的东西。故而海德格尔也就把存在史思想的根本问题规定为这样一个问题，'存有'是如何各时各异地'本现'的？"③

---

① 马库斯·加布里尔：《不可预思之在与本有——晚期谢林与后期海德格尔的存在概念》。
② 同上。
③ 同上。

海德格尔的"历史性的存在概念"与龙树菩萨在《中论》中的说法极为相似。《中论·观法品第十八》说:"一切实非实,亦实亦非实,非实非非实,是名诸佛法。"① 按龙树菩萨的解释,诸佛法不能说是A,也不能说是非A。佛法不在逻辑层面,它是超逻辑、前逻辑的,正像"不可预思之在"一样。"历史性的存在概念"不排斥"一切规定都是否定",而是把自身看作"逻辑的存在概念"的前提条件。对存在来说,思想只能保持接受,只能泰然处之,海德格尔称此思想为"沉思"(Besinnung)。也就是说,谢林和海德格尔都不把存在看作从判断(谓述)出发的规定性。② 在此种意图下,"谢林和海德格尔两人都转向了被冠以'深渊'之名的'根据'概念。在谢林那里,这个深渊叫做'不可预思之在',在海德格尔那里,则叫做'本有'意义上的'存有'"③。

关于海德格尔与谢林的哲学对话,赖贤宗在《海德格与庄子:存有的真理与无用之用》一文中指出,一方面海德格尔认为,谢林在《论人类自由的本质》中迈出了进入"意志形而上学"(Willensmetaphysik)的最后一步,尽管谢林仍然植根于近代的主体中心及其意志命令,但是他的《论人类自由的本质》已经触及哲学的基本问题,也就是关于"存有"的追问。这里的突破涉及海德格尔在《哲学论稿》中用"存有的关节"(Seynsfuge)所阐释的根据与实存的区分。这个根据与实存的区分和谢林对于"就其实存而言的本质"与"就其仅仅作为实存之根据而言的本质"的基本区分密切相关。凭借此一区分,谢林在哲学史上首次真正迈入"意志形而上

---

① 转引自吴汝钧:《龙树中论的哲学解读》,台北:台湾商务印书馆,2007年,第327页。
② 从这一点来看,把《存在与时间》翻译成《是与时》是值得商榷的。
③ 马库斯·加布里尔:《不可预思之在与本有——晚期谢林与后期海德格尔的存在概念》。

学"。海德格尔在《谢林：论人类自由的本质》中阐释了"意志活动乃原初存在"，这个总结成了德意志观念论的新发端。尼采以"强力意志"阐释了西方哲学的隐秘内核而成为最后的形而上学家，海德格尔也将谢林的"意志活动乃原初存在"看作尼采的先行者，而尼采将这种从谢林而来的意志理论发挥到了极致。①

另一方面，与意志形而上学相对的是，谢林也发展出"泰然处之"的相关论述，这是一种对哲学的全新理解。谢林对"泰然处之"的探讨完成于1821年的《埃尔朗根演讲》（*Erlanger Vorlesungen*）中，其思想道路最终的顶点是其晚期哲学中的"存在的不可预思"。思想总是从"不可预思的存在"而来，由此成为哲学的另一开端。对于存在，思想只能保持接受，只能泰然处之。《论人类自由的本质》是谢林生前出版的最后一本著作，此后的哲学被称为谢林晚期哲学，乃是以书稿与演讲稿的方式面世。由"泰然处之"这一谢林晚期哲学的见解来回溯他较早的哲学，可以体察出《论人类自由的本质》已经对"意志形而上学"有所突破。费希特在其早期哲学中即已强调意志的优先性，谢林将此描述为现代人与世界的关系必将异化的征兆，意志的优先必将导致人与世界的对立。谢林与费希特的争论始终贯穿着谢林思想的内在发展，同时，这也是他探讨"泰然处之""无知之知"的起始点。

胡恩《海德格尔与谢林的哲学对话》一文讨论谢林的原初根据或非根据（Ur-oder Ungrund），在隐匿与敞开的相互对立之中，遮蔽是根本性的。遮蔽绝不会在认知中显示出来，而且遮蔽也并非是一个单纯与认知相对的要素，而是遮蔽设置着、承载着认知。与此

---

① 赖贤宗：《海德格存有思想之道》，第128—129页。

相应，谢林的原初根据或非根据已经显示了一种不再从意志活动来理解的让允（Zulassen），已经预示了泰然处之的让允远离了费希特的意志主体哲学。谢林在其晚期哲学中阐释了不可预思、不可被支配的存在，而此一讨论发端于《论人类自由的本质》所提出的原初根据或非根据。海德格尔力图守护潜藏在认知深处的某种"不受人（作为主体）的意志支配"的历史性存在思想，与谢林的晚期哲学确实密切相关。

1936—1942年，海德格尔开展关于谢林和尼采的系列专题讲座。可以说，海德格尔在尼采与谢林之间选择了谢林的超意志哲学（"泰然处之"的哲学）。谢林的超意志哲学正是继承和发扬了德国神秘主义传统，即否定神学传统，超意志哲学也就成了否定神学与海德格尔"最后之神"思想的中介。

第四节　海德格尔与京都学派：
东西方否定思想的亲缘与印证

海德格尔在《谢林：论人类自由的本质》中以"无意欲""泰然处之"来阐释谢林思想，也可能通过谢林了解到老子等的东亚思想。海德格尔与东亚思想内在的亲缘关系，最早源自海德格尔与日本京都学派的交往。①

20世纪以来，随着日本积极地派出青年学者赴德国学习，德国几乎成了日本学者的朝圣之地，许多京都学派成员有机会追随海德格尔学习。作为一个哲学学派，京都学派以佛教的"绝对无"作为

---

① 张静宜：《京都学派及其哲学实践》，载《文化学刊》2018年第6期。

第二章 最后之神的思想来源：否定神学传统

自己学术思想的核心和基础，其成员对"绝对无"概念把握的程度和向度也有所不同。

京都学派的创始人西田几多郎（Nishida Kitaro）在其1911年出版的《善の研究》中指出，一个人的道德实践与其哲学的世界观密切相关。①在追求知识的确定性过程中，西田不认同培根的唯物主义经验论，也不认同笛卡尔经由"我思故我在"所推论出的主体自我。在西田看来，传统认识论中的主客二元论达不到对事物的真正认识。为了达到心物合一、主客不分的体验，西田提出了"纯粹经验"概念。所谓"纯粹经验"，即依据事实自身，完全舍弃自我个人的加工和判断。传统所说的一般经验中实际上总是夹杂、掺入了个体的某些思想，纯粹经验则是丝毫不加入任何个体的思维、判别、裁定的原始状态。纯粹经验和直接经验是同时和同一的，知识和对象是完全合一的。

除了纯粹经验，西田在建构自己的哲学时以"场所"概念来阐说"绝对无"。西田的"场所"概念从亚里士多德的基体（hypokeimenon）中得到启发。对亚里士多德来说，我们的任何一个所指，都是可以被置于其他的存在之下的，即任何一个存在物都需要一个存在物作为自己的基体和前提。猩猩是一种动物，动物就是猩猩的基体。我们通过"猩猩"这个单词表达猩猩时，"动物"作为其基体已先行被设定于我们的脑海之中了。柏拉图认为，在存在物之外的理念是实在和可靠的，亚里士多德认为基体才是实在的。西田认为，从亚里士多德的"基体"概念出发，如果我们对一个存在物做不间断的终极追问，穷尽语言和思维的极限，找到的最终"基体"就是佛教的"空"或"绝对无"。西田实际上是在亚里士多德的

---

① 西田几多郎：《善の研究》，东京：岩波书店，1979年，第15页。

"基体"概念与佛教的"缘起性空"之间建立起某种等同和联系。在西田看来,如果亚里士多德的"基体"是宇宙论意义上的世界结构,那么"绝对无"就是最后的基体,是自身不再需要基体的基体,是自身不能有基体的基体,是海德格尔意义上的"深渊"。

"绝对无"的场所是一个精神性的境域空间,它无所不包、没有边界,是佛教所说的"无碍"。我们日常碰到的事和物,甚至一个思维的概念都是一种"有",都有局限性。而"绝对无"和"空"一样,是所有事物的本质和最终的基体。"绝对无"的场所统摄现象界的一切事物,我们找不到任何一个东西在"绝对无"之外包容、涵盖"绝对无"。"绝对无"和现象界的一切(包括我们人在内)不在一个维度,因而不能成为被我们人认识或处理的对象。它能超越主体和客体之间的二元对立关系。"绝对无"也不同于基督教的上帝。上帝是一种存在,因而是某种"有"。"绝对无"无实体性(non-substantiality),因而它能超越二元对立乃至上帝。万事万物在"绝对无"的场所,都经过一次次脱胎换骨的蜕化过程,用佛教的话说即经过"大死一番",去掉自身上的一切藩篱和负重,找到自己的本性,即万事万物从根本上都以"绝对无"为基体,以"空"为自性,以"缘起"为历程。所有的事物在"绝对无"的场所中,相互间都没有"障碍性"。"绝对无"如明镜高悬,朗照一切。吴汝钧教授把它称为"纯粹力动"。[1]万事万物都不具有实体性,相互间圆融无缺,相即相入。事物不再作为认识论上的现象呈现,而是作为自性"绝对无"的物自身呈现出来。没有一个事物对另一个事物有支配权和决定权,大家平等相处,从而达到华严宗所说的"海印三昧,事事

---

[1] 参见吴汝钧:《纯粹力动现象学》,台北:台湾商务印书馆,2005年。

无疑"境界。西田几多郎"绝对无"的思想，努力在古希腊亚里士多德的"基体"与佛教的"空"之间做某种程度的融合。京都学派的其他成员继承和发扬了西田开创的传统，田边元（Tanabe Hajime）的"种的理论"、西谷启治（Nishitani Keiji）的"空的思想"、久松真一（Shin'ichi Hisamatsu）的"东洋的无"，都是对"绝对无"概念分别所做的诠释。

除了西田几多郎，京都学派第一代哲学家田边元1922—1924年曾留学德国弗莱堡大学，师从胡塞尔和海德格尔，1927年回国后任京都帝国大学[①]教授，1928年继西田几多郎后主持京都帝国大学的哲学讲座。田边元的《现象学中的新转向：海德格尔的生命现象学》是东亚第一篇研究海德格尔哲学的论文。1957年，弗莱堡大学授予田边元荣誉哲学博士学位，由当年在弗莱堡大学留学的辻村公一代领，表彰其不遗余力地将德国哲学介绍到日本，并不断促成日本青年学生到德国留学，促进德国与日本的相互了解。另外一位海德格尔的日本学生九鬼周造从1921年开始留学欧洲八年，受教于柏格森、海德格尔。九鬼1929年回国，1933年撰写的《海德格尔的哲学》是东亚第一部介绍海德格尔的专著，1935年任京都帝国大学教授。[②]日本当代思想家柄谷行人（Karatani Kojin）曾指出，"海德格尔在九鬼周造的粹中看到了对深渊的描述"[③]。

京都学派第二代学者西谷启治1921年进入京都帝国大学文学部哲学科，正式成为西田几多郎的弟子。西谷1924年毕业后一开始从事谢林研究，1927年翻译谢林的《自由意志论》。1937年3月至1939

[①] 京都帝国大学创建于1897年，第二次世界大战后更名为京都大学。
[②] 马琳：《海德格尔论东西方对话》，北京：中国人民大学出版社，2010年，第21页。
[③] 同上书，第231—232页。

年7月，西谷启治以文部省海外研究员身份赴德国弗莱堡大学研究宗教学，成为海德格尔的学生，并参加了海德格尔关于尼采的讨论课。虚无主义是此次讨论课最重要的议题之一，其间海德格尔正在秘密写作《哲学论稿》。西谷曾送给海德格尔一本铃木大拙（Suzuki Teitaro Daisetz）所著的《禅宗论文集》第一册，海德格尔随后邀请西谷去他家，两个人一起讨论临济参黄檗三问三被打的公案。①海德格尔还曾到弗莱堡大学图书馆借阅大峡秀荣（Schûej Ôhasama）的著作《禅：日本当前的佛教》。西谷1939年回国后即开始宗教学和德国哲学的研究，研究范围涉及神秘主义、埃克哈特和虚无主义。西谷启治于1948年出版了神秘主义研究成果《神与绝对无》，1949年出版了《虚无主义》。根据赖贤宗的研究，西谷启治对于西方哲学中虚无主义的理解，也是来自海德格尔的《尼采》讲稿。②西谷写作《虚无主义》的时候，海德格尔的《尼采》讲稿还没有正式出版。西谷根据自己记录的海德格尔上课讲稿，再参考海德格尔1946年出版的《面向存在问题》（后来收入《海德格尔全集》第9卷《路标》），由此得以顺利完成《虚无主义》。

久松真一是京都学派第二代学者的另一位重要代表。1912年，久松考入京都帝国大学文学部哲学科，师从西田几多郎，是西田的嫡系弟子。1915年，久松从京都帝国大学毕业，因心有疑惑，经老师西田推荐，入京都临济宗本山妙心寺禅院修行，师从池上湘山，于1915年12月见性开悟。1932年，久松真一以《东洋的无》获得京都帝国大学文学博士学位，1935年回到母校讲授禅与佛学，直至1949年60岁正式退休。在京都哲学与佛教哲学之间，以久松哲学与

---

① 赖贤宗：《道家禅宗与海德格的交涉》，台北：新文丰出版公司，2008年，第23页。
② 同上书，第62—66页。

佛教禅宗哲学的关系最为紧密。久松虽对德国哲学、宗教学、神学涉猎均很广很深，但他的学问根基来自佛教禅宗，也包括禅悟修行在内。正是因为久松的佛教思想背景，他在京都学派中最具有实践性。实际上，久松的思想被留学日本的圣严师父介绍到台湾，对我国港台地区的人间佛教思想也有深远的影响。

久松的核心思想借鉴了禅宗六祖慧能的思想。他认为，慧能在《坛经》中所说的"无"是终极的真理，具有先验的主体性（transzendentale Subjektivität），能超越一切诸如是非、取舍、生死、染净、善恶等二元对立和背反的概念。① 久松的"无"就等同于亚里士多德的"基体"和海德格尔的"绝对的无差别"。所谓"超越"即是说，上述所有在世俗层面二元对立的事相，在"无"的绝对主体性的朗照下，相互间的矛盾都能消融。"无"或者说"绝对无"是东亚思想和宗教的核心概念。久松认为，"绝对无"是西方文化所缺而属东亚文化的特有契机和真髓，并把它定义为"东洋的无"。

久松以"遮诠"和"表诠"两种方式，来诠释"东洋的无"的独特性格。② 从遮诠来讲，"东洋的无"并不是"上帝不存在"或"火车没有到"等语句所表示的逻辑上的否定，也不是"无中生有"等抽象语句中与"有"相对的"无"。"无"不在我们人的想象和意识乃至思维当中，也不是人熟睡时无意识状态中的"无"。此类有关"无"的理解和表达，是佛教中常讲的"虚无之会""断无""顽无"等，需要舍弃。谢林的"不可预思之在"表达的也是同样的意蕴。就"绝对无"来讲，我们不能用任何物质的或精神的事物去关联它。相反，从另外的向度看，"绝对无"又是一切物质的或精神的本性和

---

① 吴汝钧：《绝对无诠释学——京都学派的批判性研究》，台北：学生书局，2012年，第153—155页。
② 参见傅伟勋：《从创造的诠释学到大乘佛学》，台北：东大图书公司，1990年。

缘起,是超越有无对立的不二法门。正如《百论》所云:"有无一切无故,我实相中,种种法门,说有无皆空。何以故?若无有亦无无,是故有无一切无。"或如《大乘起信论》所记:"当知真如自性,非有相,非无相,非非有相,非非无相,非有无俱相,非一相,非异相,非非一相,非非异相,非一异俱相。"①这也即是《大乘起信论》所谓"真如自性,离四相绝百非"。久松还引用黄檗希运《断际禅师传心法要》中的"凡夫取境,道人取心,心境双忘,乃是真法"来解释"东洋的无",禅宗常以"无心""无念""无相"表达之。

就表诠而言,"东洋的无"表现出吊诡的"无一物性",蕴涵没有任何系缚、牵连、执着、限制和二元对持的意境。久松真一引述了永明延寿《宗镜录》卷六"虚空十义"的定义,来关联和描述"东洋的无"的虚空性。一义无障碍,"东洋的无"无所不在、无所不及、无所不包,它无影无形,不会被任何东西阻挡,不在一切具体事物中驻留,又把一切事物包含其中。二义周遍,"东洋的无"内在地遍布在万事万物之中,无论是物质性还是精神性的东西,遍及虚空世界。三义平等,"东洋的无"是"绝对无",是超越一切二元对立的关系,对万事万物平等相待。四义广大,"东洋的无"是一个整全,在时空中没有分别地均衡布置,没有边界,也没有差异和区分。五义无相,"东洋的无"既没有空间上的物相,也没有时间上的心相(心理学意义上的,用于产生观念和理性),不留下任何的相迹。六义清净,"东洋的无"不是物,也不是心(个人经验的),自身没有染污也完全不会受到染污,这一点和如来藏学说中的阿赖耶识稍有不同。七义不动,"东洋的无"虽然遍布虚空,然而它超越空

---

① 会性法师:《大乘起信论讲录》,新北:世桦国际股份有限公司,2014年,第109—110页。

第二章　最后之神的思想来源：否定神学传统

间和时间，没有成住坏空的变化，因而它自身是稳定不变的。八义空有，"有"是指有量，有分别和计量；"东洋的无"没有可分别性和计量性，因而"有"会被"东洋的无"空掉。九义空无，"东洋的无"不是相对于"有"的"无"，相对于"有"的"无"还是相对性格的，还要以"有"来做参照，不是绝对性的；所谓"空无"，即是要否定或空掉相对于"有"的"无"，空掉相对性的"无"，达到绝对性的"无"。第八义空有和第九义空无，便是非有非无，正是龙树菩萨提倡的中道佛性。第十义无得，"东洋的无"即是无一物，虽然遍布时空，但它不拥有任何一物，也不能自己拥有自己，它不会成为任何一物的对象，也不会对象性地对待任何一物，因而完全是无碍无得的。[①]

1957—1958年，久松退休后，作为日本龙谷大学教授受邀到美国和欧洲讲学。久松在美国做了几次演讲，其中一次是在哈佛大学和铃木大拙共同举行。铃木在美、英生活工作超过二十五年，常年致力于向西方介绍佛教禅学和东方文化，曾把《大乘起信论》《楞伽经》翻译成英文介绍给西方世界，被誉为"世界的禅者"。久松到访时，铃木时任纽约禅研究会会长。久松随后到访欧洲，并拜访了保罗·蒂里希（Paul Tillich）、马丁·布伯（Martin Buber）、加布里尔·马塞尔（Gabriel Marcel）、鲁道夫·布尔特曼和卡尔·荣格（Carl G. Jung）等著名学者。[②]

1958年5月18日，久松真一在弗莱堡与海德格尔共同主持了"艺术与思想"论坛，陪同他并担任翻译的是当时游学德国的日本学者辻村公一。辻村公一是海德格尔专家，他在久松著作集首卷后记中

[①] 参见吴汝钧：《京都学派哲学七讲》，台北：文津出版社，1998年，第70—75页。
[②] 马琳：《海德格尔论东西方对话》，第218页。

提到，当他们访问海德格尔时，海德格尔召集30位左右德国各地的哲学家、艺术家与文艺批评家，在其家中围绕着艺术问题进行交谈。交谈中有人问久松一个问题：艺术作品是否自（存在）根源出来，要依什么准绳去判定。久松毫不犹豫，当下回答说，"就从根源本身可以判定出来"。久松的回答令在座的听众一时沉默良久，无人接话。

辻村公一事后回忆当时的情景说，久松的禅功与临济问师父黄檗"如何是佛法大意"，黄檗当场予以棒打的机锋几乎相同，真是如雷贯耳，使得在座听众顿感根源的显露。敏锐的海德格尔似乎领悟到了久松的禅机禅锋，说"我就以（日本）白隐禅师所爱好的公案结束我们的这一场会谈"，并举单手宣云："听取只手音声。"① 可见海德格尔对禅宗有相当程度的了解，学会了禅宗的灵机妙用。同一天晚上，久松在海德格尔家中与他继续交流，谈话的内容以《交互映照》（"Wechselseitige Spiegelung"）为题收入《日本与海德格尔》文集中，该文集的编者是海德格尔的学生哈特穆特·布赫纳（Hartmut Buchner）。布赫纳致力于东西方思想的对话，后来被京都大学授予文学博士学位。布赫纳和京都学派第三代哲学家大桥良介（Ryosuke Ohashi）合作翻译出版了日文版《哲学论稿（从本有而来）》（《哲学への寄与論稿［性起について］》），而辻村公一是日文版《海德格尔全集》的主要编辑。

---

① 白隐慧鹤（Hakuin Ekaku），日本僧人、艺术家和作家，别号鹄林，谥号慧鹤，江户时代日本临济宗的中兴祖师，后人常尊称其为"白隐禅师"，骏河国（するが，Suruga，现在之静冈县）人。84岁元旦时，其祝词云："逍遥龙泽最峰顶，今晓特张旧厚颜；八十老僧正逢岁，生僧只手音声关。"一只手能听到什么声音呢？在一般人可能是大的迷惑，但禅师不仅能听见只手之声，在最广大的眼界里，从一只手竟能看见华严境界的四法界（事法界、理法界、理事无碍法界、事事无碍法界）。禅师又伸出一只手说："见手是手，是事法界。见手不是手，是理法界。见手不是手，而见手又是手，是理事无碍法界。一只手忽而成了天地，成了山川草木森罗万象，而森罗万象不出这只手，是事事无碍法界。"参见傅伟勋：《从创造的诠释学到大乘佛学》。

第二章 最后之神的思想来源：否定神学传统

关于自己的思想与东亚思想的关系，1964年9月，在与来自泰国曼谷的和尚摩诃牟尼比丘（Bhikkhu Maha Mani）在德国西南广播公司（Südwestrundfunk）的电视访谈对话中，海德格尔谈到了神圣、神、思想、泰然处之与无。摩诃牟尼比丘说，在禅坐中人放空自我，释放后只剩下"一"，也就是"空"。"空"并不是完全没有而是满盈，"空"既是虚无又是满盈。海德格尔听了摩诃牟尼比丘关于禅修的讲解后说："这正是我一辈子总想说的。"①

与海德格尔有深交的佩慈特（Heinrich Wiegand Petzet）指出："海德格尔自己承认他的思想符合禅宗的许多观点，他在东方思想中发现许多本质的东西。这明显是因为他在西方受到太多的误解而得到太少理解，海德格尔感到自己越来越为一个如此容易接受他的世界（东方思想）所吸引。"②奥托·珀格勒曾说过，海德格尔"曾经向来访者欣然承认自己的思想与道家和禅宗传统之间的亲密关系"③。格瑞汉·帕克斯在《黑森林上空升起的太阳——海德格尔与日本的关联》中说："海德格尔是了解并受到过由西田在1920年代发展出的'无的概念'影响的——而且这种思想以'绝对无'的形式占据了京都学派哲学的核心位置。"④

按久松真一的话说，无相的自我是"己事究明"。但对于一位学者或者宗教人士来说，这是远远不够的，自我只有从"己事究明"到"世界究明"才有意义。久松的这一思想展示出其特有的世界视野。不管京都学派的哲学家就"绝对无"做出何种向度和维度上的

---

① 转引自赖贤宗：《道家禅宗与海德格的交涉》，第26页。
② 转引自同上书，第26—27页。
③ 转引自莱因哈德·梅依：《海德格尔与东亚思想》，张志强译，北京：中国社会科学出版社，2003年，第13页。
④ 转引自同上书，第144页。

解释，作为一种根植于东亚的否定神学思想，京都学派的"绝对无"和海德格尔的"绝对的无差别"具有相似的结构，二者都是一种内在的、动态的、圆满的、超脱的真理观。牟宗三先生认为："既超越而又内在才是具体的道，东方思想都是如此。"①

但是，我们也不能说海德格尔的思想与东亚思想完全一致。海德格尔本人对他的东方思想渊源可以说又是讳莫如深的。他在1969年致"海德格尔与东方思想学术会议"（1969年11月17—21日，美国夏威夷）会议组织者的信中写道："一次又一次地，我看到对我们而言与东方世界的思想家展开对话的迫切性。依我之见，这项事业中最大的困难在于：除了极少的情况之外，不论在欧洲还是在美国，都没有对东方语言的掌握。"②应该说，海德格尔出于对语言的顾虑，对东西方思想的同质、同源问题持谨慎的接受态度。

海德格尔明确地说："西方哲学的伟大开端实在也并非来自于无，相反，它之所以变得伟大，乃是因为它曾经克服了它的那些极其伟大的对立者，即一般意义上的神话性的东西，尤其是亚洲的，这就是说，它不得不将这种东西带入某种存有之真理的接合结构之中，而它曾经有能力做到这一点。"③所以，在《哲学论稿》中，海德格尔才说："人越是具有非存在特性，人越少固执于他发现自己所是的存在者，人就越能切近于存在（不是佛教！而是反面）。"④但我们仍然可以认为，海德格尔借助于东亚禅、道的"空无"思想来印证自己的否定思想，这种印证是相得益彰、相互丰富的。站在东方思想的角度，甚至可以说海德格尔的思想形态是"形西神东"！

---

① 牟宗三：《中国哲学十九讲》，第101页。
② 马琳：《海德格尔论东西方对话》，第205页。
③ 海德格尔：《谢林：论人类自由的本质》，第290页。
④ 海德格尔：《哲学论稿》，第177页。

第三章　通向最后之神的路标：从现象学出发

按《海德格尔全集》编辑冯·海尔曼的说法，《哲学论稿》是海德格尔《存在与时间》之后的第二部主要著作，这两部著作都指向了存在问题。海德格尔在《存在与时间》中形成了存在问题的第一个（即基本存在学意义上的）开端，而《哲学论稿》则开启了存在问题的第二个（即存在历史意义上的）开端，同时也是"更为原始的"开端。海德格尔在《哲学论稿》中追问"存有之真理"，并且把这种"存有之真理"的本现思为"本有"。在《哲学论稿》第42节中，海德格尔对此有明确的阐释。在从《存在与时间》到"本有"的道路上，"始终要追问这同一个关于'存有之意义'（Sinn des Seyns）的问题，而且只是追问这个问题"[①]。虽然追问的立足点不尽相同，但每次都是本质性的追问，每次都必须是更原始的追问。

原始地追问"存有之意义"是要说明，《哲学论稿》不只是走在《存在与时间》已经开辟的固定道路上，也不是将《存在与时间》中基于此在时间性的分析当作错误的思想而扬弃。而是说，《哲学论稿》所阐释的"本有"思想要从存在历史的第一开端（形而上学的开端）过渡到存在历史的另一开端。《哲学论稿》与《存在与时间》有层次和境域上的不同，虽然二者关注的是同一个问题。用海德格尔的话说："在这里只是重复了某种从西方哲学的第一开端的终结以

---

① 海德格尔：《哲学论稿》，第92—93页。

来、亦即从形而上学的终结以来必定越来越确定地发生出来的东西,那就是:存有之思想并不是一种'学说'和一个'体系',相反,它必须成为本真的历史,因而必须成为最隐蔽者。"①

历史从来都被认为是时间的科学,时间弥漫于历史之中,时间是历史研究的尺度。"历史是人类社会为了回答死亡现象而借助于时间和记忆现象所创造的另一个宇宙。"②而且在启蒙思想家看来,时间是绵延和稳固的,理性是普遍且有效的,人类可以通过普遍理性来控制各自的盲目力量。即使普遍理性会受到地域和文化差异的影响,但这并不会影响人类实现"历史是一个能控制的、有意义的进步过程"。历史学本质上是一门关于时间的学问,海德格尔所说的存在的"本真的历史"到底是什么?时间又是何种尺度?谢林的《世界时代》被誉为西方哲学史上第一部全面且透彻地研究时间问题的著作。"时间是哲学里面所有研究的出发点。"③谢林的时间观念是否影响了海德格尔的时空观?

在《存在与时间》中,海德格尔明确地对时间与时间性、历史与历史性做了区分。对存在意义的追问只能基于对此在时间性的分析,而不是基于流俗的、线性的时间观。而历史性是时间性的展开方式,历史性又是历史学的存在前提。在《哲学论稿》中,伴随存在历史从第一开端向另一开端的过渡,海德格尔的时间性和历史性思想得到进一步升华,时间和历史的意蕴也发生了变化。并且,他把时间性和历史性放到存在历史的进程中进行考察,使之作为新的

---

① 海德格尔:《哲学论稿》,第93页。
② 鲍里斯·帕斯捷尔纳克:《日瓦戈医生》,力冈、冀刚译,杭州:浙江文艺出版社,2017年,第74页。
③ 转引自先刚:《永恒与时间:谢林哲学研究》,第48页。

要素构成了"存有之真理"的境域和空间。从1916年的《历史科学中的时间概念》开始，时间性和历史性作为重要的现象学方法伴随着海德格尔一生对存在的追问。我们将会看到，在通向"最后之神"的道路上，时间性和历史性如何成为"黑夜中的路标"，指示着海德格尔从否定神学通达"最后之神"的"烽火台"。

第一节 从时间到时间性

在《存在与时间》中，"时间"和"历史"属于形而上学的概念，是属于认识论范畴的知识和对象，而时间性和历史性则是此在在世存在的领会境域。时间和历史对此在来说是非本真的，时间和历史对不同的此在来说可以传承和复制，就像知识一样。而时间性和历史性对此在来说根本上是本真的，没有一个此在可以代替另一个此在去领悟他人的时间性和历史性，就像没有一个人可以让另一个人来承受自己的死一样。

对海德格尔而言，此在与时间性具有紧密的相关性。此在作为存在者层次上的建构，以时间为视野去领会存在。而传统的"时间"概念和对时间流俗的领会正源于时间性，时间只是时间性的到时和在场形式。说到底，时间性是时间的灵魂和精髓，它是时间的冲力（Stöße）。因此，从某种意义上讲，对时间性的理解是领悟此在和理解《存在与时间》整体思想的决定性维度。海德格尔说："为了摆明这一层，我们须得源源始始地解说时间性之为领会着存在的此在的存在，并从这一时间性出发解说时间之为存在之领会的视野。"①

---

① 海德格尔:《存在与时间》，第21页。

时间性是此在在它的"在世存在"(in-der-Welt-sein)结构中,通过对"先行向死"的领悟,把"死亡"这一最不可能的可能性根植入其当下的生活之中。用佛教的话说就是,"钟鸣鼓响,生死常挂心头"。此在之生存的过去、现在和将来汇聚到当下生存的每一个瞬间(Augenblick),时间性就在每一个瞬间中绽放出现。此在存在论上的意义就在于自身对每一个瞬间(即时间性绽出)的领悟。在海德格尔看来,对存在意义的追问必须在时间视野内进行,时间视野又必须被归结为对时间性的理解。

海德格尔早在1916年就完成了关于时间性的著作《历史科学中的时间概念》,其时间性思想早在《存在与时间》写作之前就酝酿了很久。在早期弗莱堡大学的讲座课程中,借助于胡塞尔的现象学、狄尔泰的生命哲学、克尔凯郭尔的存在哲学和尼采的意志哲学,海德格尔对哲学的理解发生了根本性变化,并逐步形成了自己的哲学观。海德格尔说:"走向哲学之路的出发点是实际生活经验。"[1]实际生活经验是某种全然独特的东西,只有在实际生活经验中,走向哲学之路才成为可能。这就表明,哲学根本上不是一种可以复制和传颂的知识,哲学地地道道与每个人每一刻的实际生活紧密相关。

海德格尔指出,在实际生活经验中,被我们人体验到的是"世界"而不是"客体"。世界是某种我们人能够生活于其中的境域,在世界中有许许多多的存在者和现象,但是,"我们不能对这些现象生硬地加以分割,不能将其视为相互分离的构件(Gebilde),不能追问它们之间的相互关系,不能把它们划分成各种种属,如此等等"[2]。世界是此在投身于其中的实际生活境域,我们往往不能去改变它,因

---

[1] 海德格尔:《宗教生活现象学》,第10页。
[2] 同上书,第11页。

第三章 通向最后之神的路标：从现象学出发

为我们只能"深陷"其中。所以海德格尔说，我们人首要的事务在于参通（Zugänglich）实际生活经验。人们只能描绘对那些世界加以经验的方式和样态，即如何去经验世界，去追问实际生活经验的关涉意义（Bezugssinn）。"在实际生活经验中所经验到的一切都带有意蕴（Bedeutsamkeit）的特质（Charakter）；所有的内容之中都带有这一特质。……在实际生活中，我既不自我经验为体验关联，也不自我经验为行为和过程的混合体，我不是自我经验为在一种限定的意义上的某个自我客体（Ichobjekt），相反，我是经由那些我所做成、我所负载的东西，经由那些我所际会的东西，经由我的沉抑和高扬等等状态而经验自身的。我自身不是在休止状态中经验我的自我，而是在自身经验之际总是连带着周围世界。"①

实际生活经验中的自身–经验不是一种理论的反思，不是一种个体"内在的感知"，不是主体对客体意识上的把握，而是自身世界式的（selbstweltliche）经验，因为经验本身具有一种世界性的特质（weltlichen Charakter），成为富有意蕴的经验。作为世界性特质的经验，不是个体主观上可以舍弃和屏蔽的，而是自己被经验的自身世界与自身周围的世界完全融合且不可分离。人总是身不由己地被抛入自身所处的世界。这也能帮助我们理解，Da和sein不能被视为两种可以分离的状态，它们必须用连字符被绑定在一起，并且一道且同时被带到人所处的世界之中。

海德格尔独特地指出，"现象学的基本态度惟有作为生命本身的生活态度才能通达"②。作为东方思想，孔子的"仁"也是内在于每个个体的生命之中，"仁"只有作为"实存"才可以通达。对海德格尔

---

① 海德格尔:《宗教生活现象学》，第12—13页。
② 海德格尔:《形式显示的现象学：海德格尔早期弗莱堡文选》，第15页。

而言，现象学或哲学的研究来源只能是实际生活的经验自身，对存在的领悟必须是基于人的这种被抛性，即从人自己的世界出发。别人的幸福和你无关。在此意义上，实际生活经验本身是灵动的、涌现的、发生的。它是前理论和前科学的，理论在它面前要么悬置，要么失效。如果用客观的、形而上学的哲学方法去把握实际生活经验，就会发生去生命化。对实际生活经验的把握只能采用现象学方法，对如其所是的世界让其如其所是地呈现。要做到这一点，海德格尔说，我们就不能从通常的历史哲学出发。只要人们还停留在对客体关联的认识和洞察中，任何有关历史意义的表达和运用就总是由这一"基于客体的先行把握"规定了。我们不能以历史科学的方式来谈论历史，奥秘就在于把"历史事物"（das Historische）作为"核心现象"（Kernphänomen）来考察。

"历史事物"是指把历史看作时间中的生成之物，并作为这样的东西而让其成为过去。如果哲学要从实际生活经验中寻求突破，我们就必须追问，在实际生活经验中，某种时间性的东西是如何可能的，一种历史之物是如何出现的——尽管实际生活经验作为现实性的某一确定领域与历史作为时间的生成之物，二者看起来相距甚远。"在实际经验中，时间性原初地是什么？在实际经验中，过去、现在、未来意味着什么？我们的道路发端于实际生活，由此出发获取时间的意义。凭借此意义，历史之物的问题得到标识。"①

海德格尔的意思是，时间不是理论意义上的历史的"规则"和"基础"。只有完全撇开纯粹的时间（康德）和纯粹的意识（胡塞尔），从实际生活经验中原初地考察时间，作为在时间中变化和生成

---

① 海德格尔：《宗教生活现象学》，第66页。

之物，历史事物才能由时间说明。从实际生命经验出发是海德格尔理解、把握历史和时间问题的现象学道路。实际生命经验是一场场动态的、境域性的生命在场。人不应该把生命的意义交付给僵硬的真理和虚幻的意识，乃至基督教的上帝，更不要说让人受累于物或人。海德格尔意在通过对"时间"和"历史"的再定义来突破传统形而上学。

在1920—1921年弗莱堡大学冬季学期的讲座"宗教现象学引论"中，海德格尔把实际生活经验中的时间性与历史性问题推向了神学维度。科克尔曼斯指出，"海德格尔在《存在与时间》中关于时间性和历史性的概念，在1920—1921年就已经有了一个大概，而且，这一概念是从他早期基督教中的事实的生活经验的解释中得出的"[①]。

海德格尔意识到，在原初的基督教信仰经验中，"基督再临"作为历史性事件基于一种原初的时间性。恩典时刻毫无预兆，不能被预期，就像家中遭遇越夜的小偷一样。不是说恩典时刻会在公元多少年到来，基督再次降临完全超越流俗的时间观。就像人需要时刻准备面对死亡才能活出本真的自己一样，信徒也需要时刻准备等待基督的再次降临。时间性在海德格尔看来是哲学和神学相同的开端，而虚无就是它们共同的终点。只有在这种不能预期、时刻准备的时间性中，基督徒才拥有他自己本真的信仰（信、望、爱）。只有基于这种时间性的信仰生活，基督徒乃至基督教才有自己本真的历史。在实际生活经验中的时机化（kairologisch）是时间的到时（Zeitigung）。生命存在是一种自我执行意义（Vollzugssinn），历史在时间性中不断得到更新和伸展。在《存在与时间》中我们可以看到，

---

① 约瑟夫·科克尔曼斯：《海德格尔的〈存在与时间〉》，陈小文、李超杰、刘宗坤译，北京：商务印书馆，1996年，第26页。

仅仅有对基督再临的期待，对理解生命来说还是不够的，死亡比上帝更重要、更根本，"向死而生"比"向上帝而生"更为原始。在《哲学论稿》中，甚至"死亡"也还不是最根本的"开抛事件"。海德格尔说："但要紧的其实不是把人之存在消解于死亡中，并且把它解释成单纯的虚无状态，相反地倒是：把死亡拉进此在之中，为的是掌握在其离基深渊般的广度中的此在，因而对存有之真理的现实性的基础做出完全的测定。"①

把"死亡"安置到实际生活的每一个瞬间之中，时刻体验时间性的冲力，这也可以被看作海德格尔在《存在与时间》中的神学思想。在《宗教生活现象学》中，海德格尔对"基督再临"的时间性考察，集中体现在海德格尔对保罗书信（保罗写给曾经是异教徒的帖撒罗尼迦人［Thessalonians］）的现象学诠释中。"原始基督教的宗教性就存在于原始基督教的生活经验之中并且它就是这样的一种宗教性本身。实际生活经验是历史性的，原始基督教的宗教性亲历（lebt）着时间性本身。"②保罗给帖撒罗尼迦人的书信没有直接回答基督何时再临的问题，而是通过对"处境"的阐释告诉信众，保罗自己和信众一起在生存中经历着彼此的"已成为"。保罗生活在一种特有的、作为使徒所独具的困苦中，生活在对基督再临的期盼（Erwartung）中。这一困苦时刻串联着保罗的原本处境，他每时每刻都深受这一困苦的影响和决断，困苦的每一次凸显都是对基督的一次期盼和呼唤。虽然保罗也有作为使徒的哀乐，但他的哀乐也在这种困苦或者欠缺的强制之下。总之，他时刻需要上帝来消化自己的困苦、弥补自己的欠缺，直到基督的再次降临让他觉得完美。帖撒

---

① 海德格尔：《哲学论稿》，第301页。
② 海德格尔：《宗教生活现象学》，第81页。

第三章 通向最后之神的路标：从现象学出发

罗尼迦人对于保罗而言具有一种特别的意义，即人们必须从他自己的困苦和欠缺出发，从自己的不完美和有限性出发对保罗的书信加以理解，保罗只是要人们看到他自己的软弱和困苦。

在《帖撒罗尼迦前书》中，撒旦作为"与神意对抗的争战者"充当了反面角色。撒旦加深人的困苦，阻止人对基督的期盼。如果上帝是保罗心中的光明，撒旦就处心积虑地想让保罗一直身处黑暗之中，撒旦也成为保罗精神上的一种困苦。"决定性的事情在于，面对这个问题，我如何在自己的生活里为人处事（mich verhalte）。由之而来就生出（er gibt sich）了'何时'的意义，生出了时间和时机（Augenblick）。"①

在《哥林多后书》第12章中，那些在保罗的生活中看起来超乎寻常，甚至很强大的东西对他不起作用了。反倒是，只有当他软弱或者欠缺的时候，当他承担起实际生活的困苦和有限性之时，即当他感觉到无力时，他才能进入一种与神的紧密联系。决定性的东西不是对神的完全沉浸（Versenkung），那是一种脱离实际生活的盲目迷信；也不是自我的殚精竭虑（Anstrengung），那是一种没有神的盲目无知。生活对于保罗并不是个体单纯的经验之流。只有当他拥有它，生活才是存在。生活和上帝之间有一张"虚无"之网，我们必须把自己悬挂在这张网上。由此我们才能理解保罗对帖撒罗尼迦人所说的内容："人们不可以钻进孤立的内容中去。书信的所谓的教条化内容应该在如何做到对基督教的知晓加以传达这个整全中得到理解。一旦孤立地把捉这个内容，人们就会陷入迷误之中。"②

关于"基督再临"，保罗清楚地知道这里的时间性的意蕴。他不

---

① 海德格尔：《宗教生活现象学》，第102页。
② 同上书，第104页。

能像过去的先知一样预告基督再临的时刻。《帖撒罗尼迦前书》第5章第1—10节说：主的日子来到，好像夜间的贼一样。保罗把基督再临的恩典时刻置于一种面向未来和欠缺的决断之中。这一历史性事件属于生命中不能被客观化的实现历史（Vollzugsgeschichte），具有最本己的时间性。

莱曼就此指出："恩典时刻是不能真正'被期望'或'被把握'的，否则的话，这种不可支配状态的严格性就会被打破，进入那种期候着的'再现'（Reprasentation）之中，即一个被延长到将来之中的当前事物——那是人们根本上已经认识到的——期候着的'再现'之中。谁如果从受到保障的间距出发，死盯着这样一个到来者的疏远的远方，那么，他就忘了本质性的东西。"①

完成弗莱堡大学冬季学期讲座后的次年（1922），海德格尔为了应聘马堡大学的副教授职位，把《对亚里士多德的现象学阐释——解释学处境的显示》作为申请报告寄给了马堡大学哲学系纳托普教授，学界称之为"纳托普报告"（Natorp-Bericht）。众所周知，海德格尔正是在1907年阅读了布伦塔诺的博士学位论文《"存在"在亚里士多德那里的多重含义》后对哲学问题产生了浓厚的兴趣，并把存在问题当作自己一生的追问对象。在"纳托普报告"中，海德格尔承继了自己对于基督教原初信仰经验中的时间性的考察和理解。在海德格尔看来，人的存在问题要远比信仰问题更为宽泛和原始，存在比上帝更重要。如果关于信仰之时间性问题的分析是对的，这一路径的思考是否可以从上帝问题被移植到存在问题中？如果存在问题的根据也是时间性问题，那么神学、哲学都可以被归结为时间性

---

① 莱曼：《基督教的历史经验与早期海德格尔的存在论问题》，第113页。

问题。可以说,《存在与时间》的基本雏形在1922年的这份"纳托普报告"中已经得到了奠基,这也是海德格尔把神学纳入现象学的出发点。

在"纳托普报告"中,关于实际生活经验的现象学考察被置换为关于此在的现象学考察,因为人的实际生活经验就是此在的在世存在结构。"哲学研究的对象乃是人类此在——哲学研究就人类此在的存在特征来追问人类此在。哲学追问的这个基本方向并不是从外部加给所追问的对象(即实际生命)的,并不是从外部拧在所追问的对象上面的,而毋宁说,它必须被理解为对实际生命的一种基本运动的明确把握;实际生命以这样一种方式存在,即:它在其存在的具体到时过程(Zeitigung)中为它的存在操心,甚至在它回避自身时亦是如此。"①

对此在而言,实际生命的基本运动就是"操心"(Sorge),操心时刻提醒此在身处其中的世界。反过来,操心又从此在所身处的世界中获得根基。此在所处的世界不是自然科学意义上的物理世界,而是此在被投入其中的、由实际生命经验所组成的"周遭世界"。它不是理论化和客观意义上的,而是与此在每时每刻的实际生命经验紧密关联的。对世界的理解和考察只能采取前理论的现象学方法。"世界在生命中并且为了生命而在此存在。"②但在实际生命中,此在有沉沦倾向,本真的向来我属的实际生命多半没有被经历到。其原因是,实际生命活动总是在关照、交道、环视和把握世界的一种特定平均状态(Durchschnittlichkeit)中,这种平均状态总是要把此在拉入"常人"之列,此在多半像常人一样照料、观看、判断、享受、

---

① 海德格尔:《形式显示的现象学:海德格尔早期弗莱堡文选》,第78页。
② 同上书,第83页。

做事、发问。"生命作为总是以某种方式陷于非本真的传统和习惯中的东西而存在。"①

此在的实际生命本身唯有与死亡照面才能摆脱常人状态，转向本真的生活。死亡不是一种终止，而是一种悬临，是一种最不可能的可能性。人头顶着太阳，人也头顶着死亡。死亡在每一个人的生命经验中都显出咄咄逼人的顽固性，对死亡的视而不见根本不是对生命的把握，而是对生命自身及其本真存在特征的一种回避。生命的奥秘就是对死亡的悬临着的拥有（Bevorstehendhaben）。海德格尔说："作为实际性的一个构成因素，人们所拥有的悬临着的死亡及其特有的对生命之当前和过去的揭示方式，同时也是这样一个现象，只有根据这个现象，人类此在特殊的'时间性'才能够得到明确的显突。"②

至此，海德格尔通过对死亡的现象学分析，将作为此在实际生命经验的生存与时间性结合起来，并实现了时间性从上帝问题向存在问题的过渡。存在与时间的问题实际上就是此在与时间性的问题。在此基础上，海德格尔1924年在马堡的康德协会做了题为"时间概念"的演讲，次年又在马堡大学开设了"时间概念史导论"讲座，为自己写作《存在与时间》做好了思想和方法上的准备。对时间性问题的分析，也成为海德格尔现象学之路的起点。

第二节　从历史到历史性

在《存在与时间》第6节中，海德格尔指出了时间性与历史性的

---

① 海德格尔:《形式显示的现象学：海德格尔早期弗莱堡文选》，第86页。
② 同上书，第87页。

紧密关联。"要追问存在的意义，适当的方式就是从此在的时间性与历史性着眼把此在先行解说清楚。"①在《哲学论稿》中，海德格尔指出，根据存有之本现来理解，通向历史之本质的道路已经在"基本存在学"意义上得到了准备，即在《存在与时间》中已为此做了准备性的工作。其做法是把历史性建基于时间性，即"时间把历史之本质回收到自身中"②。

作为一种形而上学思想，黑格尔的历史思想无疑是一座高峰。"黑格尔的历史思想是一种历史形而上学，主张理性完全可以掌握历史，因为历史归根到底是理性自身进步的运动，它必然表现为宗教的超感性真理、哲学的理性真理、人的自由意识和现代法制国家。总之，历史是理性的目的论运动。形而上学建立起来的历史运动的整一性终将消除源于文化和时代差异而造成的历史经验的难以理解。"③

随着黑格尔的离世，黑格尔的历史形而上学体系很快走向了式微。人们要求历史科学摆脱形而上学的限制，不能用"进步"或"理性"这样的形而上学式的先天概念作为历史的普遍基础来建构历史。历史是人类存在的基本条件，历史需要确定自己的独立性和普遍性，海德格尔的历史思想实际上是基于这一现实诉求。在对黑格尔历史思想的批判中，实证主义和新康德主义都仍然建基于近代哲学的客观性和科学理性的可靠性，因而它们都认为有一套新的、区别于理性的历史性标准。这一标准可以把人类历史思想全部标准化、客观化，也即对象化。"世界历史是一个有意义的关联整体，所有历史的个别性和特殊性最终将统一在这个关联整体中。"④

---

① 海德格尔：《存在与时间》，第25页。
② 海德格尔：《哲学论稿》，第37页。
③ 张汝伦：《〈存在与时间〉释义》（下），上海：上海人民出版社，2014年，第977页。
④ 同上书，第983页。

但海德格尔不以历史的独立性和自主性为问题，而是把历史问题植根于他的存在问题之中。海德格尔1912—1916年在弗莱堡大学跟随新康德主义哲学家李凯尔特学习期间开始关注历史问题。在其授课报告《历史科学中的时间概念》中，海德格尔比较了以往自然科学和历史科学中不同的时间概念。自然科学的时间概念处理的是时间的量度问题，即时间的普遍性问题，譬如牛顿和康德对时间的规定。历史科学的时间概念处理的是一个时代中时间的现实性问题，即时间的特殊性问题。在海德格尔看来，历史不是自然科学中那种一分一秒、前后相继的时间序列，"历史本质上是一个客观生命各结构有序的压缩，这些结构在每个时期都是不一样的"[1]。质言之，历史与人的存在息息相关，历史问题本质上是存在问题的一部分。在1921年给雅斯贝尔斯的《世界观的心理学》写的书评中，海德格尔明确提出了人类存在的历史性问题，将历史性视为我们人类存在的基本事实。历史不单单是知识的对象和研究的课题，"我们自身就是历史，我们在历史中承荷自身"[2]。

历史不是波澜壮阔的宏大叙事，也不是惊心动魄的革命内战，历史就是我们自身，我们自身创造历史，每一个人都可以创造自己的历史。任何人的出生都意味着某种历史的新生，任何人的死亡都意味着某种历史的终结。历史问题首先是一个存在论问题，而不是一个认识论问题。海德格尔把历史思想的重点由历史的特殊性和普遍性转移到人的自我生存意义上，从而把生存的时间性和人的历史性紧密地关联起来。

在《存在与时间》第72节中，海德格尔指出，"此在并非作为种

---

[1] 张汝伦：《〈存在与时间〉释义》（下），第984页。
[2] 海德格尔：《路标》，第39页。

种相继来临而后逝去的体验的瞬间现实（Momentarwirklichkeit）的总和生存"①。生命并不是一段现成的轨道和旅程，需要此在用它在各个阶段的瞬间现实性进行填充和补缺。如果是这样，则不同的此在就可能拥有共同的命运。恰恰相反，生命是此在自身的延续，此在因为自身的差异而拥有不同的生命和时间。此在的存在具有内在的时间性，这种时间性构成此在的生存结构。从生存论上理解，此在的出生绝不是不再降临的过去时刻，死亡也不是尚未到来的将来时刻。此在作为已出生了的无法逃避地生存着，也作为已出生了的"向死而去"般地正在死去。出生和死亡作为曾在和将来时时刻刻拉扯着当前的此在。

有关时间性与历史性的关系，海德格尔说："时间性也就是历史性之所以可能的条件，而历史性则是此在本身的时间性的存在方式。"②海德格尔因此指出，如果历史性只能由本真的时间性来建构，那么要完成此在的历史性分析这一任务，关键在于走现象学建构这一条路。在海德格尔看来，无论是胡塞尔还是李凯尔特，都把历史作为一门科学的对象。历史（Geschichte）不是历史学（Historie）。在历史学对历史进行各种分类和课题化之前，历史就本真地存在，历史的存在方式就是基于人或此在的存在方式。历史如何成为历史学课题本身，不取决于历史学家的构思和冥想，而取决于此在时间性的存在，即，无论此在以本己性还是非本己性的方式存在，此在都是历史的存在者。也唯有此在才是历史性的存在者，因为只有他才有"操心"的时间性存在结构。海德格尔在《阿那克西曼德之箴言》中这样写道："一切历史学都是根据它们被当代所规定的关于过

---

① 海德格尔：《存在与时间》，第423—424页。
② 同上书，第23页。

去的图景来计算未来，历史学是对未来的不断摧毁，是对那种与命运之到达的历史性关联的不断摧毁。"①

什么是历史？"历史是生存着的此在所特有的发生在时间中的演历；在格外强调的意义上被当作历史的则是：在共处中'过去了的'而却又'流传下来的'和继续起作用的演历。"②这是海德格尔对历史的一个全新定义。如何来理解这一点？海德格尔以博物馆保存的"什物古董"为例。什物古董今天还在博物馆存在着，它虽然今天仍然现成存在着，但它自身还有"某些过去的东西"，否则就不会被我们认定为古董。这些现成的什物古董还是不是过去的自己呢？也不是。什么是这些什物古董曾经是、今天不再是的东西？海德格尔说："无非是那个它们曾在其内来照面的世界；它们曾在那个世界内属于某一用具联系，作为上手事物来照面并为有所操劳地在世界中存在着的此在所使用。那世界不再存在。"③

什么世界不再存在？即这个什物古董在其中原始出现的，并与此在所照面的那个世界不再存在。属于原始世界的什物古董尽管现成存在，但它却属于过去。因为什物古董归根结底拥有过去的世界，而不仅仅说它们存在于过去的某个时间段，譬如说公元前65—前43年。说世界不再存在，无非只是说明，世界只是以生存着的此在的方式存在。此在作为在世存在只能事实地存在着，没有此在就没有世界。世界不再存在，是说世界不再是原来曾经是、曾经存在的那个世界。虽然商朝的青铜器还现成存在，但商朝的世界已经不再存在了。价值连城的鸡缸杯流传下来了，但曾经拥有它、关照它的明

---

① 海德格尔:《林中路》，第343页。
② 海德格尔:《存在与时间》，第429页。
③ 同上书，第430页。

第三章 通向最后之神的路标：从现象学出发

宪宗不在了，它的原初世界没有流传下来，尽管现今的历史学家为了增加它的价值而臆想出丰富的传说和故事。换句话说，它一去不复返了，对我们来说它不复当年了。

世界可以过去，上手的东西可以过去，但没有作为过去的此在。不能像《围城》中所说的"兄弟我当年在英国的时候"，此在没有当年。换句话说，此在永远是当前的，而且只能是当前的。但当前不是说此在就是现成的，此在的本质在于去存在、去开启世界。此在没有现成的午餐，每一次午餐都要自己亲自下厨。

海德格尔说："显然此在从不可能是过去的，这倒不是因为它不流逝，而是因为它本质上就不可能是现成的，毋宁说，如果此在存在，它就生存着。"①我们不能说此在"过去了"，不是因为此在是永恒的，而是因为此在的本质是去存在，而不是现成性或上手性。只有非此在的东西才能说过去，此在不能说过去。如果此在死了，失去了生存能力，海德格尔说，不再具有生存能力的此在在存在论意义上不是过去了，而是"曾在此"（da-gewesen）。

曾在此是理解历史与历史性的一个关键概念。现在还存在于世的古董，其历史性正是源于一个曾在此的此在所曾经生存于其中的世界。明宪宗就是一个曾在此的此在。这个曾经存在的世界是真正的历史世界，它的历史性源于曾在此的那个此在，这个曾在此的此在是原初历史的东西。历史不在越王勾践的剑上，而在卧薪尝胆、忍辱负重的越王心中。其他的器物、事件都是由曾在此的此在派生的、次要意义上的历史现象，它们的历史都源出于此在的历史性，而此在的历史性源自它事实性的生存。就像海德格尔所说的，此在

---

① 海德格尔:《存在与时间》，第431页。

生存着就是历史的，并且人的此在是历史的原始主体。而历史的主体是基于"人"这个主体还是基于"本有"这一事件，正是《存在与时间》与《哲学论稿》的根本性差异。

在《存在与时间》中，先行决断是此在最本己的存在方式。此在能直面死亡，把死亡作为自身最本己的不可能的可能性。此在的本质是去存在，在它被投入其中的某个世界中面对种种可能性，此在在诸多可能性中能毅然向死而生地抓住自己选择的最重要的可能性，这就是海德格尔所说的先行决断，也即本己决断。此在通过先行决断承继和接受它的种种可能性，生活的环境、机遇、打击和诸多偶然事件就是它的命运。命运是接受和选择自己存在的可能性，而不是通常意义上的幸与不幸。

此在就其本质而言是去存在，是面向将来，是向死而生。但这并不是说此在除了死就没有自由，因此听起来此在好像不得不死。相反，此在面对自己的死是自由的，自杀者就有这种自由。对海德格尔来说，死亡是存在论意义上的，不是生理意义上的。此在的有限性不是指其物质和生命的有限性，而是指其面向未来的可能性，它只能承担诸多可能性的有限性。所谓"向死而生"，就是"让自己撞碎在死上"，但是这一撞击倒是把此在抛回到它当前事实性的"此"之上。死亡对每个人的当下生活构成一股有意义的冲力，迫使此在接受自己被投入其中的境域，即让死亡时刻悬临于此在之上，让此在在悬临中领悟死亡。

此在通过这种方式领悟死亡，这就是此在的命运。动物没有命运，动物只有从出生到死亡的过程。如果命运组成此在原始的历史性，命运就是此在对向死而生的领悟，又是面向将来的领悟。如果命运构成此在原始的历史性，那么历史的本质既不在过去亦不在现在，也不在过去与现在的往返之中，而是在生存的本真演绎之中。
而此在最本真的演绎来自将来，历史就扎根于将来之中。

海德格尔说："本真的向死存在，亦即时间性的有终性，是此在
历史性的隐蔽的根据。"①此在并非因为有过去才成为有历史性的，而
是因为此在作为有时间性的此在就是历史性的。常识告诉我们，历
史与过去有关。海德格尔并不是要推翻传统的历史观，只不过在他
看来，传统的历史观是从存在者的层次上来理解历史，而他是从存
在论出发来考察历史。在存在者层次上，历史只是时间的序列。在
存在论层次上，历史的根源在将来。历史也必须在面对死亡之际面
对虚无。此在在向死而生中承继曾在此，并把死亡先行投回到事实
性的自己。

海德格尔清楚地注意到了存在所具有的各种动态的历史性层面。
存在自身不是静态的"是的状态"（Seiendheit），而是一种到场现身。②
甚至存在存在与存在者存在之间的存在论差异也不是稳定不变的，
它本身也是存在的显露。因此，理解海德格尔的关键是，要把传统
的形而上学的静态概念或范畴变成意指存在事件的历史性概念。其
结果就是，"事件"这个词在海德格尔后期哲学中被赋予了更深刻的
含义。就像海德格尔在《哲学论稿》中所说的，"哲学为了避免任何
一种假象（仿佛在这里预示着伟大的宣告），或许就不得不把真理问
题隐藏到一个听起来不同的、似乎无关紧要的问题之中"③。这些无关
紧要但又隐藏真理的哲学问题也就在我们人所遇到的一次次"事件"
之中。海德格尔用"Ereignis"表示这个事件，"事件"这个词最终

---

① 海德格尔：《存在与时间》，第437页。
② 海德格尔和谢林都认为不应把存在看作从判断（谓述）出发的规定性。
③ 海德格尔：《哲学论稿》，第369页。

变成"有自己,有本来"。罗宾逊指出,Ereignis"基本上是指存在与人相互拥有。存在被委托给了人,人是存在的牧羊人。为了实现自身,人必须委身于存在。存在向人的思想的显露、存在向人的语言的召唤,就是这种相互占有。正是在这种突出的意义上,存在的显露是'事件'"[1]。

不仅仅历史性是此在本身的时间性存在方式,时间性也是历史性之所以可能的前提条件,历史性思想在《存在与时间》中的重要意义是和时间性相当的。并且,历史性也是历史学的条件之一。在海德格尔的思想中,哲学只有作为现象学才是本真的,才是历史性的。因此在此意义上,形而上学因其不是历史性的才需要被解构。20世纪30年代后期,海德格尔的思想发生了转向,不再仅仅基于对此在的时间性分析去追问存在的意义,避免自己的哲学陷入一种过分强调人这一主体的哲学,而是从存在问题本身出发追问存在真理的意义。在《哲学论稿》中,时间性和历史性思想得到进一步深入,而且是把时间性和历史性思想放置到存在历史的进程中进行考察。从这个意义上说,时间性和历史性思想作为现象学方法伴随着海德格尔一生对存在问题的追问。

"迄今为止人类还从来没有历史性地存在过,恰恰相反,人类'曾经拥有过',并且'现在也拥有'一种历史。"[2]但这种历史只是历史学意义上的,虽然它看起来既"浩如烟海"又"博大精深"。人类对历史的认识,要么在"认识论"上把历史看作"可确定的过去之物",譬如史料;要么在"本体论"上把历史性的现实作为生成之现实,譬如惊心动魄的革命内战。而"认识论"和"本体论"正是建

---

[1] 罗宾逊:《后期海德格尔与奥特神学》,第159页。
[2] 海德格尔:《哲学论稿》,第520页。

基于形而上学，是形而上学才使"本体论"和"认识论"成为一种可能之物。质言之，人类对历史的认识是基于形而上学，并借由形而上学派生出种种"历史学"思维。

人类要历史性地存在，就必然要认识到历史的本质。认识历史的本质，人类就必须质疑自身的本质，进而去追问存在的意义。唯有人类在"存有的本质现身"（即本有）中，也即在人类与存有的真实关联中，真正的历史才能得到建基。换句话说，真正的历史还未到来，还在等待人。但历史不是等待人的统摄和决策，而是等待人的屈服和人内立于本有中的演绎。人类是否能获得历史，历史是否能够实现自身从历史学到历史性的转变，这一切都是不能计算出来的，一切要取决于本有。人类历史需要一个新的开端，不同于形而上学时代的另一开端。唯如此，真正的知识才能开始，"从本真的历史性的认识开始"[①]。

今天，作为对过去之物的有所断定的说明和裁定，历史学以诸多隐蔽的方式被植入人类的生活，控制着人类的存在。用海德格尔的话说，今天的历史学处在真正的主宰地位。"这种主宰地位延展到了如此深远的地步，以至于通过由历史学所规定的历史观，历史被排挤入无历史之物中了，而历史的本质就在其中被寻求。"[②]真正的历史被当作虚无抛弃了。人类在基于历史学的历史观中找寻真正的历史，如水中揽月。而结合民族和地域，血统和种族成为历史的载体乃至化身。在血统和种族中，人类的主体意识得到更直观的表达，"人类推动和算计自身的方式，人类使自己大出风头和相互对照的方式，人类把过去之物当做自己的当前状态的背景来安排的方式，人

---

① 海德格尔：《哲学论稿》，第423页。
② 同上书，第521页。

类把这种当前夸张为一种永恒的方式——所有这一切都显示出历史学的支配作用"①。

在海德格尔看来，历史学中弥漫着一种幻觉，关于一切现实均可陈述、可控制的幻觉。历史学依循一切表面之物，依循形而上学，并且把表面之物本身当作唯一充足的现实性，因而也间接当作永恒性加以倒腾。在历史学中，蕴涵着一种认识的无边界性，对一切事物的占有和支配导致一种对真实历史的隔离。越是要明确地说明历史是何物，历史自身越是难以被识别。历史学完全是形而上学的一个"现相"，是存有历史的一种后果。在历史学中，存有和历史自身还完全是隐而不显的。如果真正的历史是大海，人类迄今为止的历史学只是几朵浪花而已。正如"正确性乃是真理的一个必要分支"②，正确不能代表真理，作为历史的分支之一或者诸多可能性之一，历史学也不足以反映出历史的全貌。

> 我们历史的这一基本"事实"不可能通过任何对时代"精神的"或者"政治的"形势的"分析"而得到揭示，因为对"精神"的观察就如同对"政治"的观察一样，已经进入表层和过往的东西之中了，已经拒绝去经验本真的历史——人为存有所居有的过程之斗争——，并且拒绝在这种历史的命令的轨道中追问和思考，也就是拒绝根据历史之基础而成为历史性的。③

历史学的本质要义在于，它根植于主体—客体关系中。只要它

---

① 海德格尔:《哲学论稿》，第521页。
② 同上书，第366页。
③ 同上书，第327页。

是主观的，它就必定是客观的。只要它是客观的，它就必定是主观的。历史学使历史成为"一个与其他领域并肩而立的存在者领域"①。作为存在者的一种，历史学和化学没有本质的差异，"一切历史学都终结于人类学—心理学的传记主义（Biographismus）"②。海德格尔说，历史的本质无关乎历史学的考察和说明。"历史并不是人类的权利，而是存有本身的本质现身。历史唯一地在诸神与人类之对峙的'之间'（作为世界与大地之争执的基础）中运行；历史无非是这个'之间'的本有过程。所以，历史学从来都够不着历史。"③

在历史学的发展过程中，通过史学材料的增长和对其更精细的设置和加工，历史学变得越来越方便和持续，因为它只需要针对固定的材料给予其不同的视角。不过，历史学本身并不具有这样的视角，"而毋宁说，历史学始终只不过是历史学家所处的当代历史的反映；而历史学家恰恰不能历史性地认识历史，说到底，他只能重又以历史学方式来说明历史。但解说角度的替换进而在较长时期内保证了丰富的新发现，这又强化了历史学本身对其进步性的自我确信，越来越把历史学固定于它自己对历史的逃避"④。

在与自然对立的历史领域当中，纯粹的历史学方法占据了统治地位。历史学方法完全用因果性来思考和表达，总希望在事物中找到原因和结果。人们承认，在历史中"偶然"和"命运"确实共同起着决定性作用，这种共同作用表面上看不是因果关系，其实是"偶然"和"命运"在这种共同作用中被当作不可准确计算的因果关

---

① 海德格尔:《哲学论稿》，第36页。
② 同上书，第522页。
③ 同上书，第506页。
④ 同上书，第160页。

系。换言之,"偶然"和"命运"不过是一种特殊的因果关系,因为有"偶然"才有这样不可预计的结局。但真正历史性的存在者或许具有一种完全不同的存在方式,亦即建基于此-在之上的方式,这是绝不可能为历史学所知晓的方式。对于预先被固定的活动领域,作为科学的历史学具有一种无可争辩的不言自明性,"即无条件地与一种平均的可理解性相适应的东西——这种可理解性是科学之本质所要求的,而这种科学乃是正确性之设置,即在那种效力于功用和培育而对一切对象性的东西的支配和调控范围内的正确性之设置"①。也就是说,作为科学的历史学建基于正确性之真理,来源于形而上学的历史本源。

只要历史学的任务是对某个领域和课题的详细研究,诸多历史学的课题研究组成历史科学,那么历史科学本身于自身中就带有某种引力,即引向一种其行动和做法相对于课题本身的优先。对于历史科学来说,决定性的问题并不是作为课题之基础的史料(存在者)本身具有何种本质特征,而在于,此种或那种研究方法是否有一种研究的结果可以期待。简单地说,如果以诸多的史料为原因,是否有一种相关联的结果可以得出。上述的任何研究过程都是史料被优先不断地牵扯到所期待的结果当中,结果往往在等待史料的进入和印证。这种史料的正确性被视为一种知识的真理,并取得历史研究的严格和光明。历史科学必然自己去寻找与其相关的必然性之证实。在这个过程中,历史科学到底是意识形态的工具、文化价值的辩护还是权威理性的印证,这些在本质上是没有区别的。当今历史学的本质还都是形而上学的。历史科学既不比数学更模糊,数学也不比

---

① 海德格尔:《哲学论稿》,第156页。

第三章　通向最后之神的路标：从现象学出发

历史科学更严格。

一切历史学都乞灵于比较、甄别、排序和类比，效力于上述行为之可能性的进一步扩大。尽管这种比较、甄别、排序和类比表面上看是以差异和区分为目标的，但对于历史学来说，差异绝不会成为一种真正的区分。因为任何历史学意义上的差异还都停留在形而上学的视域当中，自身不足以构成层次上的差异，也即历史学绝不会允许一种唯一性和奇异性突兀出现。历史学倘若在某个时候直面这种唯一性和奇异性，它必定会把自己看作不充分的，把自己看作不入流的另类，即把自己看作异化。真正的历史本质现身是一种冲力。历史学的研究把一切都等同起来，弄成一样，拉扯到某个预先设定的课题当中，构成历史学课题中的章节和体系，清晰且不言自明。"历史本身越少地得到记录、清算和描绘。"①而只有历史学意义上的行为、作品、成果和意见作为历史事件，以它们在时间和空间上的次序和区分去记录、清算和描绘。历史学在这种记录、清算和描绘中越来越容易满足于它自己的严格性、科学性和成就感。历史学总是在各自的领域里活动，这一点通过历史科学的进步方式得到最清晰的证明，这种进步在于历史学在各自向度上比较视角的发散和转换。所谓历史学研究的新发现始终只是选择视角的结果，而不是其根本的转换。

"现在念历史的人，他研究的不是这个历史本身，而是历史材料，文献的材料或是地下挖出来的材料。"②在历史学的发展过程中，不光是材料增加了，借助于现代科学技术的帮助，历史学的研究工作变得越来越方便和快捷。历史学看起来只还需要在固定的史料上

---

① 海德格尔:《哲学论稿》,第159页。
② 牟宗三:《中国哲学十九讲》,第10—11页。

应用一个新的解说角度，就可以带来新的研究成果。历史学自身不能带来新的解说角度，这种新的解说角度是当代历史（现实）对历史学的传送。这种传送进而在较长的时间内保证了历史学发现的丰富性，这种丰富性又强化了历史学自身对其进步性和科学性的确信，增加了其骄傲自满，把历史学固定为它自己对真正历史的逃避。而如果竟然有一种特定的解说视角被提升为唯一决定性的角度，那么历史学就还能在主导性视角中找到一种明确性，克服和扬弃在既往种种视角中的变化，并且把其研究工作的这样一种持续性带到人们早就期盼的与精确科学相当的地位上，成为媲美于数学的真正的"历史科学"。历史学变成持续可操作和可制度化的东西，譬如威廉皇帝时代的社会制度，诸如此类的历史科学研究成果支撑了人类已有的历史，漫无边际，不计其数。

今天，历史学的主要成就当然就是以报纸报道的形式实现的，历史学家渴望此种对世界历史的描绘。历史与政治相互角力，各自希望以更大的手段和力量去达到一种更快捷和完全的对全社会的支配。尽管神学与历史学"在世界观上"不同地得到规定，当它们在各自的运作方面都效力于作为科学的使命，亦即作为科学的一个分支时，神学和历史学并没有本质的差异。

历史学始终在它所是的现代科学分支的意义上被理解和把握，乃是对一种本真历史的不断逃避和远离。但即使在这种逃避中，历史学仍然保持着一种历史的关联，即形而上学的关联。历史不能以历史学的方式得到说明，历史不能根据某个特定的形象、为了形成某种观点和理念的特定目标得到规定。历史本身要被回置到它的不可说明性的唯一性之中。历史性的本质就是历史的不可说明性。反过来说，历史的本质就是历史性的确定性。依照这种不可说明性，所有历史学的倒腾以及从中产生的全部成果和意见都应该受到质疑，并且应该被提交给关于自身的一次新的决断，在存在历史的另一开端中的决断。在这种决断中，能够被命名为历史思想的东西方能得到实行。历史思想家不同于历史学家，他以本真的历史为依据。换言之，历史思想家让历史本现，历史本现就是充分展现历史的不可说明性，展现历史之"无"，过去未曾实现的历史和将来不会实行的历史都聚集到当下之现实中。历史思想家决不会仅仅靠过去的史料来说明历史，因为历史的根源在"无"之中，在将来之中。

比历史走得更远的是自然，当有关自然的知识套上"有机的"外罩，人们并不知道，这种"有机"其实只是"机械论"的更高级形态。一个有机的自然反倒是一个更加被绑架和加工的自然。随着作为谋制之技术的日益增强，自然科学与精神科学在对象和方法上的区分和边界也变得越来越模糊，自然科学变成机械技术及其运作的一个组成部分。而精神科学在当代则扩展为一种无所不包的、范围巨大的媒体科学。在其中，人的"体验"持续不断地得到历史学的解说和迎合。并且，这种解说为每个人输送出尽可能快速和尽可能好懂的出版物来传达这种"体验"，譬如当今的自媒体时代。

大学作为"科研和教学的场所"，变成纯粹的、越来越技术化和官僚化的运作机构。在其中，没有任何东西能得到历史性决断。只是就大学暂且不得不同时作为意识形态的宣传工具而言，它们还会把一种文化当作装饰品保持下来，大学的无论何种本质都再也不会在大学出现，一方面是因为大学为政治和民族服务，使得大学真正本质的显现变得完全多余；另一方面，科学技术本身之运作势不可挡也根本无须沉思大学的本质。海德格尔说："哲学，在这里被理解为对真理的思考和沉思，也就是对存有之可疑性的思考和沉思，而不是历史学上的构造'体系'的博学——这种哲学在'大学'里是没有位置的,尤其是在大学将要成为的运作机构里是没有位置的。"①在形而上学的历史中,作为沉思的哲学无论在哪里都不占有这样一个位置,除非这个位置由哲学本身来建基。这个位置只能寄希望于历史的本质从历史性中得到充分的展开,存在历史能平滑地过渡到另一开端。但没有一条道路能够从第一开端某个固定的设置径直通向那个新的位置,除非是通过决断和跳跃。

历史必须从自身出发并由自身来加以规定。而人由对历史学的主导,变身为被历史自身的展开所征用,在征用中等待最后之神的掠过。"人,既非历史的'主体'亦非历史的'客体',而只是被历史(本有)所吹拂,并且被一道撕扯入存有之中,归属于存有者。"②只有这样,历史才能真正实现由历史学向历史性的跨越。今天,真正的历史思想只能为少数人所知晓,而少数人当中,也仅有寥寥几人能通过历史学的纷繁杂乱来历史性地认识历史的本质,使之成为关于一个本有事件的决断之期备,就像诗人荷尔德林一样。

"唯在对'历史学上的东西'的直接跳越中,才生成历史。"③"唯当我们估量到存在是如何唯一必然的,而存在又如何不是作为上帝本身而本质性地现身的,唯当我们已经使我们的本质调谐于人类与存有、存有与上帝之间的这样一个离基深渊时,一种'历史'的'前提'才能重新开始成为现实的。因此之故,唯有对'本有'的沉思才适合于思想。"④尽管第一开端向另一开端的过渡是坚定和必要

---

① 海德格尔:《哲学论稿》,第163页。
② 同上书,第520页。
③ 同上书,第12页。
④ 同上书,第29页。

的，海德格尔说，"不过我们仍然不知道，我们去向何方，存有之真理何时变成真实者，历史作为存有之历史从何处获得它最陡峭和最简短的轨道"①。

第三节 时间—空间② 与最后之神

从时间到时间性，从历史到历史性，最后之神如何在存在历史中显露自身？在存在历史的展开过程中，时间和空间不再是各自单列而是相互纠缠的，但又不是简单的耦合，时间和空间在一起构成时间—空间。时间—空间起源和归属于存有之本质现身，作为构造"此"的接合。时间—空间是世界与大地争执的时机之所。"时机之所源起于伟大的寂静之孤寂状态，而本有过程正是在此寂静中成为真理。"③时间—空间从此在的时间性丰富和发展而来，转向为"在之间"（Inzwischen），而且是作为此在历史性地内立于本有之中的"之间"。

要领会时间—空间的意义，前提是要领会海德格尔关于时间和空间在存在论上的含义的说法。海德格尔在《存在与时间》第71节"此在日常性的时间性意义"中明确指出，此在的存在只有作为时间

---

① 海德格尔:《哲学论稿》，第184页。
② 海德格尔的"时间—空间"概念很有可能借鉴自爱因斯坦1905年发表的狭义相对论（Special Theory of Relativity）。根据狭义相对论，时间可以被看作空间的第四个维度。时间的快慢取决于物体的移动速度。速度越快（最大光速），时间流逝越少；相反，速度越慢，则时间流逝越多。时间与空间必须被视为时间—空间这一本体的两个不同方面，二者通过"时空扭曲"实现相互转换，方向可逆（参见加来道雄［Michio Kaku］:《超空间》，伍义生译，重庆：重庆出版社，2018年，第79页）。但是，亨利·庞加莱（Jules Henri Poincaré）是第一个把时间—空间看成同一数学对象的人，并可能影响了爱因斯坦（参见多纳尔·欧谢［Donal O'Shea］:《庞加莱猜想》，孙维昆译，长沙：湖南科学技术出版社，2010年，第167页）。
③ 海德格尔:《哲学论稿》，第342页。

性才有意义,"正是时间性使此在的存在成为可能"①。我们人作为此在在日常生活中日复一日消磨、计算时间,这是此在生存着的一个事实。但在海德格尔看来,只有当我们把此在日常的"时间"和在此时间中的"消磨和计算"纳入对此在的时间性解释,即把日常时间纳入存在论解释时,时间才具有存在论的意义,即作为此在沉沦的时间,"日常性才能因而在存在论上得到阐明"②。存在论意义上的时间性比日常的时间更根本。

同样地,海德格尔在《存在与时间》第24节"此在的空间性和空间"中也指出,存在论上的空间性才使得此在的空间成为可能。空间既不在主体之中,世界也不在空间之中。"此在作为操劳着的'在之中'同意蕴相熟悉,而在意蕴中就有空间的本质性的共同展开。"③也即是,物理学意义上的空间并不是原初意义上的空间,只有存在论上的空间即空间性才最根本。去远(无距感)和定向(方向性)是空间性的存在方式。空间性的关键在于是否有意义地关联全体,即世界,它是我们人与上手之物相遇的前提。没有意义世界,空间和时间都是没有意义的。"我们古人心目中的家国天下就是那种存在意义上的空间。"④对于我们每个人来说,故乡就是这样的空间。虽然你的故乡对他人而言只是一个地名,但对你而言,那里有你曾在的一个"世界"。正如杜甫有诗云:"露从今夜白,月是故乡明。"虽然你不再在那儿,但故乡还一直让你魂牵梦绕。质言之,时间—空间内在于人的生命中,是与人的生命息息相关的内容真理,而不

---

① 海德格尔:《存在与时间》,第421页。
② 张汝伦:《〈存在与时间〉释义》(下),第974页。
③ 海德格尔:《存在与时间》,第128页。
④ 张汝伦:《〈存在与时间〉释义》(上),第334页。

是科学意义上的外延真理。①

那么，存在论意义上的空间和我们人通常理解的，或者说康德先验直观形式意义上的三维空间有何不同？海德格尔并不认为有两种不同的空间，譬如哲学的空间和科学的空间。相反，这只是因为它们有不同的存在方式，即上手之物的空间和现成之物的空间。当我们与上手之物打交道遇到麻烦时，我们就会暂停我们的操劳活动，停下来仔细打量事物，即把它专题化。这样，上手之物就变成现成之物，成了理论观察的对象，空间就从上手之物的形式变成现成之物的形式，与人的生存息息相关的存在论意义上的空间性消失了，只剩下康德意义上的空间。这种空间没有去关联个体的意义世界，变成一种参数化的尺度或理论化的知识，是原始空间（空间性）的一种在场化，也是空间性主体化的结果。②总之，空间是空间性派生的。空间问题和时间问题的背后实际上都是存在问题。

但时间与空间也并不以任何共同的东西为统一体，不如说时间和空间所拥有的是它们的具有统一作用的东西，后者让它们源起而进入那种不可分离的被指引状态（Gewiesenheit），即时间—空间。"时间—空间乃是本有之转向轨道的被居有的开裂"③，是那种在归属与召唤、存在之离弃状态与存有之本质性颤动之间的转向（Kehre）的被居有的开裂。对时间—空间的本质把握并不能从通常的时间观念和空间观念出发而得到。相反，在通常的时间观念和空间观念中蕴涵着时间—空间的隐蔽本质。对时间—空间的本质追问和沉思必须是原初性的，同时又是过渡性的。

---

① 参见牟宗三:《中国哲学十九讲》，第18—42页。
② 张汝伦:《〈存在与时间〉释义》(上)，第337页。
③ 海德格尔:《哲学论稿》，第396页。

在时间—空间中，"时间—"与"—空间"相互设置，相互纠缠。如果一定要分"时间"和"空间"，我们只能勉强地把另一开端时代的"时间"称为"时间化"或"时间—"。"时间—"是对或者不对，不再是一串串瞬间的数字排列。"—空间"是适合或者不适合，不只是一个个坐标的构成组合。俗语说，"贫居闹市无人问，富在深山有远亲"。唐诗《送杜少府之任蜀州》写道，"海内存知己，天涯若比邻"。问题的关键并不在距离，不管是时间上的还是空间上的。质言之，"时间—"和"—空间"都是本己的。在第一开端中相同的时间和空间在另一开端中是绝然不同的。时间—空间如佛教的"空性"，因此在而缘起开裂，或者说为了"此在"而"此-在"。

相比于作为计算性表象的联系的时间与空间，时间—空间更为原始。对计算性表象思维而言，时间和空间表现为用于测度距离的参数，正是在这一参数特性中，它们的本质被耗尽了。"这一参数特性的胚胎形式很早就呈现在西方思想中了；继之在现代进程中，这种特性通过西方思想而被固定为决定性的观念了。"①

为了理解时间时间化、空间空间化，海德格尔说，我们需要对所谓"同一性"（Identität）做一番运思。时间时间化就是时间的到时，意味着让成熟者成熟，让涌现者涌现，就像保罗说的"时候到了"。时间让什么时间化到时呢？让"相同到时者"，"亦即以那同一统一的方式在时间时间中涌现出来的东西"。②时间的相同到时者乃是："曾在、在场和当前——这个等待着我们去照面的当前，我们通常称之为将来。"③质言之，时间时间化在到时之际使我们出神，把

---

① 海德格尔:《在通向语言的途中》，第204页。
② 同上书，第209页。
③ 同上。

我们摄入过去、现在、将来的相同到时者之中，因为时间为我们人带来了相同到时者在那里（瞬间）自行开启的东西，即曾在、在场和当前的统一性。有所出神和带来之际（entrückend-zubringend），时间为相同到时者为之设置空间（einräumt）的那个东西开辟道路，那就是：时间—空间。此在在相同到时者开启的时间—空间中承受自己的天命。

时间自身在其本质整体中并不运动，而是寂静地宁息着。同样地，空间自己在其本质整体中也不运动。空间为地方（Ortschaft）和诸位置（Orte）设置境域，并且在地方和位置中，接纳一切事物的释放。空间如"空"性，为了接纳事物而释放出地方或位置，如澄明让光穿越黑暗。总之，空间比地方和位置更为根本。因其释放，空间把相同到时者接纳为空间—时间。空间的本质整体上也寂静地宁息着。

时间的出神和带来，空间的设置和接纳，这一切共同归属于同一者，即寂静之游戏（das Spiel der Stille）。"那始终把时间和空间聚集在它们的本质中的同一者，我们可以把它叫做时间—游戏—空间（Zeit-Spiel-Raum）。时间—游戏—空间的同一东西（das Selbige）在时间化而到时和设置空间之际为四个世界地带的'相互面对'开辟道路，这四个世界地带就是：大地与天空、神与人——世界游戏。"[①]

对时间—空间的把握，关键是人之本质向此-在（之间）的一种移-置（Ver-rückung），人在开裂中领悟"此"，等待最后之神的暗示，领悟虚无，领悟时间—空间。时间—空间根本上不是康德意义上的范畴直观。对此在的实际性生活而言，范畴直观毫无存在论意义。

---

① 海德格尔：《在通向语言的途中》，第210页。

> 作为真理之本现（朝向离基深渊的基础的本现），时间—空间首先在另一开端的实现中方能得到认识。而此前，而且必然地，时间—空间依然掩蔽于未被把握的、但又习以为常的对"空间"和"时间"的共同命名之形态中。①

从存在历史上看，空间不是"客观的"，因为空间不仅仅是范畴；时间不是"主观的"，因为时间不仅仅与人相关。"存在历史的'何处'和'何时'，（都是）从抑制之基本情调的本有过程而来自行澄明和遮蔽的。这种抑制和'此'之基本经验，因而（也是）时间—空间的基本经验。"②

时间—空间不是空间与时间的一种简单耦合，但它们在时间—空间中又是原始统一的，时间—空间是时间和空间的共同根基。根据时间—空间来解释时间与空间，并不是要证明既往关于时间和空间的知识都是错误的。我们不是要扬弃康德的时空观。相反，既往的关于时间和空间的知识首先将被嵌入其正确性之区域，并且在其正确性之区域，也就是在知识论的区域，时间和空间仍然是稳固可靠、不可穷尽的。

"时间—空间乃是对于存有之开裂的判估而言的耸立者（das Ausragende）。作为真理之接合（Fügung），时间—空间原始地是本有的时机之所。"③离基深渊乃是空间与时间的原始统一性，它首先让时间和空间分道扬镳。离基深渊作为自行遮蔽的基础，是一种以基础之拒绝（Versagung）为方式的自行遮蔽。拒绝不是没有礼貌的不要，而是让存在"未充满""空虚化"，使存在回归其虚无的本质。

---

① 海德格尔：《哲学论稿》，第400页。
② 同上。
③ 同上书，第34页。

第三章　通向最后之神的路标：从现象学出发

拒绝乃是别具一格的开启方式。从而，拒绝乃是那种暗示，犹如最后之神的暗示，在此暗示中，此在得到了召唤，本有之转向就发生在呼唤和归属之间。

在世界与大地争执的时机之所，空虚乃是存在之离弃状态的急难，是尚未决断者、有待决断者的全部丰富性。言下之意，当前的在场状态不管它如何无边无际，都还只是贫瘠。"'空虚'真正说来也就是尚未决断者、有待决断者的全部丰富性，是离-基深渊之物（das Ab-gründige），是指示着基础、即存在之真理的东西。"①

"时间—"是时间的时间化，是本有的时间设置，即时间的移离（Entrückung）；"—空间"是空间的空间化，是本有的空间设置，即空间的迷移（Berückung）。"唯有某个现场之物被掌握和固定下来的地方，才产生在它一旁流逝的'时间'之流以及包围着它的'空间'。"②在时机之所中，存在者依然重要，作为引起时间化和空间化的在场之物。时间—空间是时间、空间的起源，在时间—空间中，存在者与空虚相互归属。

> 所有开端于自身中都是不可赶超的和被完成了的。它们为历史学所不逮，并不是因为它们是超时间的和永恒的，而是因为它们比永恒更伟大；它们是时间的冲力，为存在设置了其自行遮蔽的敞开状态的空间。对这种时间—空间的本己建基，即是所谓：此-在。③

从基础向离基深渊的转变，乃是那种基于踌躇着的自行拒绝的

---

① 海德格尔：《哲学论稿》，第408页。
② 同上书，第409页。
③ 同上书，第19页。

调谐,既时间化又空间化,既移离又迷移。时间—空间作为时间化和空间化的原始统一性,本身原始地就是瞬间时机之所。瞬间时机之所乃是朝向离基深渊的本质性时间—空间,亦即遮蔽之敞开状态,亦即"此"之时间—空间。

踌躇着的拒绝本身具有这种原始的接合力,即对自行拒绝与来自暗示的踌躇的接合,接合来自遥远的切近。"这种暗示乃是自行遮蔽者本身的自行开启,而且是为了本-有过程和作为本-有过程的自行开启,作为呼唤进入对本有本身的归属状态中,亦即对于作为存有之决断领域的此-在的建基的归属状态。"①

本-有过程及其在时间—空间之离基状态中的接合恰如一张网,"最后之神把自身悬于这张网中,为的是不把它撕毁并且让自己终结于它的唯一性中,那神性的和罕有的,以及在一切存在者中最奇异者"②。在时间—空间中,"本有"与佛教的"空"有结构上的相似,本有本身就是演绎,就像"空"需要证悟一样,它们都时时刻刻发生在人的无规定的直接性和无外在的泰然处之之中。时间—空间只不过是真理之本现的本质展开。③只要空间与时间还没有根据时间—空间而得到理解,也即关于真理之本质的问题还没有作为哲学之基本问题的先行问题(存有如何本现?)而得到追问,那么关于时间和空间的现实性、本质性、无限性等问题依然是不可解答和不可追问的。

---

① 海德格尔:《哲学论稿》,第411—412页。
② 同上书,第277页。
③ 在物理学意义上,时间—空间从高维卷缩状态中展开,表现为时间—空间的低维化,空间在加速膨胀,宇宙在释放黑暗的"烟火",或者说物质和能量具有广延性。爱因斯坦指出:"我想说明:空间—时间未必能看作是可以脱离物质世界的真实客体而独立存在的东西。并不是物体存在于空间中,而是这些物质具有空间广延性。这样看来,关于'一无所有的空间'的概念就失去了意义。"参见赵峥、刘文彪:《广义相对论基础》,北京:清华大学出版社,2010年,第4页。

第三章 通向最后之神的路标：从现象学出发

（存有之真理）炉火的点燃（这炉火乃是最后之神的掠过的孤独场所），以及存有的一次性和唯一性的闪现。对以往世界的摧毁，作为一种自身摧毁，向着空虚把自己的凯旋叫喊出来，而存有之本质现身则把自身聚集到它最高的使命中：作为本-有过程，在其历史的一次性中，把关于诸神之神性的决断领域归本于基础和时间—游戏—空间，亦即此-在。①

柯小刚认为，海德格尔既批判科学地把时间归结为空间，也批判哲学地把空间归结为时间；既批判黑格尔的"空间是时间"，也批判柏格森的"时间是空间"。无论是"空间是时间"还是"时间是空间"，这个"是"（ist）字表明的是时间和空间的这样一种一体性（Einheit）：这种一体性的基础是建立在"根据参数测量出来的东西的不间断的和连续的序列"及其"连续统一体（Kontinuum）的表象"之上的。而海德格尔所洞察到的"如玫瑰花自行开放般的"时间与空间的同一性，即归属于"时间—游戏—空间的同一东西"的时间的"到时"和空间的"设置空间"，则是寂静之游戏，是轻柔的、温柔的、宁静的纯一性（Einfalt）。这意味着在海德格尔那里，时间与空间是不可互相归约、消解和还原的。其后期的《时间与存在》固然批判了前期《存在与时间》"把空间归结为时间的企图是站不住脚的"，但是他关于"时间—空间""时间—游戏—空间"和"瞬-间"（Augenblicksstätte）的思想也绝不是把时间归结为空间。②

---

① 海德格尔：《哲学论稿》，第238页。
② 柯小刚：《海德格尔与黑格尔时间思想比较研究》，上海：同济大学出版社，2004年，第242—243页。

"作为时间—空间,时间把历史之本质回收到自身中;但只要时间—空间是基础的离基深渊,亦即存在之真理的离基深渊,则它的历史性解释就包含着向存在本身之本质现身的指引,而对存在之本质现身的追问乃是其中唯一的努力——它既非一种历史理论也非一种历史哲学。"①历史来自历史性,历史性建基于时间性。而在《哲学论稿》中,历史必然超越单纯的时间性而建基于时间—空间,从而历史学与历史一道有了新的奠基。正是基于这种奠基和揭示,人类历史才能开启另一开端,历史性和时间性一样,成为通向最后之神的路标。

第四节　海德格尔与历史主义:误解与批评

海德格尔在《存在与时间》中,通过对此在的时间性分析来把握存在的意义,把时间性的展开描述为历史性。在《哲学论稿》中,海德格尔超越此在之时间性,把本有建基于作为"时机之所"的时间—空间,即此-在之中。这一贯穿其一生的、基于"时间和历史"的分析,很容易让人把海德格尔标识为历史主义者,列奥·施特劳斯大概是其中最具代表性的一位。施特劳斯哲学以柏拉图的理念为源头,并以政治哲学闻名于世,这种哲学以超感性事物为追求目标,反对个体的时间性和历史性,即反对个体的时间体验,追求永恒的普遍真理。施特劳斯的哲学仍然建立在柏拉图感性—超感性的二元对立的世界之上。尼采明确反对这种哲学,并把它概括为虚无主义。

---

① 海德格尔:《哲学论稿》,第37页。

第三章 通向最后之神的路标：从现象学出发

尼采说了一段著名的话："虚无主义者是这样一种人，对于如其所是地存在的世界，他断定它不应当存在；对于如其应当所是地存在的世界，他断定它并不实存。"①尼采用一种双重否定绝对地否定了柏拉图意义上的二元世界，既否定了作为感性之物的现实世界，也否定了作为超感性之物的理念世界。海德格尔继承尼采的这一思想，并把它描述为基于形而上学的虚无主义。虚无主义属于存在历史的第一开端，需要扬弃和克服。

1946年8月15日，施特劳斯在给海德格尔的学生洛维特的信中这样写道："今天需要历史的反思，我们在这一点上是一致的，只是我坚持认为，这既非进步，也不是无可奈何地承受的命运，而是克服现代性（Modernität）的一种不可避免的手段。要克服现代性，不可用现代手段，只能在我们还具有自然理智的自然本质的情况之下；但是，在我们身上，自然理智的思维手段已经丧失，像我和我这类人一样的寻常人，不可能凭借自己的手段重新得到它；我们没尝试着向古人学习。如果不能使人在前人的学说面前摈弃自以为知之更多的沉思态度，采取学习、讨教、实际的态度，'生存上的'历史研究的高谈阔论又有什么意思？我概略提出的观点与海德格尔毫无关系，因为海德格尔只是给予现代历史主义一种狡黠的诠释，使它'落脚'在'本体论'上。在海德格尔那里，'历史性'可谓使自然全然消失，这固然具有前后一贯的优点，迫使人进行思考。"②

施特劳斯认为，要克服现代性，不可用现代的手段。并且，现代人自然理智的思维手段已经丧失，因为我们现代人身处"洞穴之

---

① 转引自海德格尔：《尼采》（下），第912页。
② 施特劳斯等：《回归古典政治哲学——施特劳斯通信集》，朱雁冰、何鸿藻译，北京：华夏出版社，2006年，第325—326页。

中"①。如土耳其小说家帕慕克在其小说《黑书》中所说，人最难的是做他自己，我们总是生活在别人的故事当中，说着别人的语言。生活在洞穴之中的人只能看到投射到墙壁上的影子，而看不到真理之光。只有具有古典心性的真正的哲人才有能力走出洞穴，看到真理之光。施特劳斯更是语出惊人，人类历史非但没有走出柏拉图意义上的第一层洞穴，更是坠落到更深的第二层洞穴。"启蒙以来的哲学已经推倒了这个'自然洞穴'，把人送到了更下面的'第二层非自然洞穴'（号称的科学世界），在这第二层洞穴已经没有'哲学'的可能性。唯一可作的只有首先从第二层的非自然洞穴返回第一层的自然洞穴，而这个返回只有借助于他所谓'政治哲学史'的诠释才能展示出来，亦即只有通过艰苦的诠释工作使古典政治哲学的视野重新为人所认识才可能。"②在施特劳斯看来，海德格尔给予现代历史主义的狡黠诠释是人类坠落入第二层洞穴的标志性事件。海德格尔式的生存论上关于历史研究的高谈阔论毫无意义，现代人必须摈弃自以为"知之甚多"的沉思假象。易言之，古典需要重新阐释，现代

---

① 洞穴之喻：设想在一个地穴中有一批囚徒，他们自小待在那里，被锁链束缚，不能转头，只能看面前洞壁上的影子。在他们后上方有一堆火，有一条横贯洞穴的小道；沿小道筑有一堵矮墙，如同木偶戏的屏风。人们扛着各种器具走过墙后的小道，而火光则把透出墙的器具投影到囚徒面前的洞壁上。囚徒自然地认为影子是唯一真实的事物。如果他们中的一个碰巧获释，转过头来看到了火光与物体，他最初会感到困惑；他的眼睛会感到痛苦；他甚至会认为影子比它们的原物更真实。如果有人进一步拉他走出洞穴，来到阳光下的世界，他会更加眩目，甚至会发火。起初他只能看事物在水中的倒影，然后才能看阳光中的事物，最后甚至能看太阳自身。到那时他才处于真正的解放状态，会开始怜悯他的囚徒同伴、他原来的信仰和生活。如果他返回去拯救他的囚徒同伴，他得有一段时间去适应洞中的黑暗，并且会发现很难说服囚徒同伴跟他走出洞穴。柏拉图明确声称，囚徒与我们相像，即是说他们代表人类的状态。而囚徒被拉出洞穴的过程则类似于通过教育而获得启蒙的过程。我们可以把上升之途和对上面事物的观照解释成灵魂上升到理智世界的过程。洞穴之喻对于后来的政治和教育理论影响甚巨（引自赵敦华：《西方哲学史》，北京：北京大学出版社，2001年，第52—53页）。
② 甘阳：《政治哲人施特劳斯：古典保守主义政治哲学的复兴》，载施特劳斯：《自然权利与历史》，彭刚译，北京：生活·读书·新知三联书店，2018年，导言第70页。

第三章 通向最后之神的路标：从现象学出发

政治哲学的根本出路是回归到古典政治哲学传统。

施特劳斯认为，历史主义发端于16世纪的马基雅维利，但从哲学上把历史主义的内在理路推到尽头的是20世纪的海德格尔。"哲学从出生之日起就'无关乎历史'（ahistorical），因为，哲学追寻'永在'。而'永在'绝非通过历史来敞开。哲学的'历史化'（historicizing）意味着忘记永恒，这种遗忘来自'拒绝哲学的古典概念'。"[①] 如果从形而上学思考的角度入手，那么，历史主义会呈现为个体式的偶在论思辨。施特劳斯认为，历史主义主张一切历史现象都只能由个体自身来把握和界定，而不能成为可传承、超越时空的永恒真理。在施特劳斯看来，海德格尔哲学就是一种存在主义的历史主义观念。在这种观念中，历史根本就没有方向，更没有目标，甚至历史到底存不存在本身就是个问题，因为所谓"历史"是某个"特别时刻"（a privileged moment）的突然来临或"绽出"（ekstasis），对尼采来说是瞬间，对基督徒来说是恩典时刻，对海德格尔来说是此在的时间性。"这种'绽出'既无法预料，更没有任何因果必然性，一切都是任意的，一切都只能归结为某个体或某群体的'命运'。"[②]

在施特劳斯看来，"正是海德格尔拈出的所谓'绽出'或他后期特别喜欢用的所谓'突然发生'（Ereignis），根本地开启了以后的所有后现代哲学的思路：一切所谓的历史、世界、人，都是断裂的、破碎的、残片式的，一切都只不过是个'突然发生'的偶在而已"[③]。海德格尔的历史主义将会把西方带入最彻底的虚无主义、无政府主义，因为一切都是个体毫无征兆、无法预测的"特别时刻"，人的一

---

① 刘小枫：《海德格尔与中国》，上海：华东师范大学出版社，2017年，第200—201页。
② 甘阳：《政治哲人施特劳斯：古典保守主义政治哲学的复兴》，导言第13页。
③ 同上书，导言第14页。

切选择都毫无原则和标准,"人被免除了选择善恶与是非、好坏与对错的责任,因此'我们不可能再作为有责任的存在者而生活',这表明'虚无主义的不可避免的实践结果就是盲目的蒙昧主义(fanatical obscurantism)'"①,从而为西方激进政治主义埋下了伏笔。

1946年8月20日,在给洛维特的信中,施特劳斯借批评洛维特来批评海德格尔的历史主义,把海德格尔的历史主义界定为不是"整体的真知",并将其等同于个体的自我理解和世界观,因而是一种唯心主义。在施特劳斯看来,海德格尔的历史主义把哲学降低为基于个体的某种文化乃至心理学。"您还没有充分地从字面看待哲学的质朴内涵。哲学是以对整体的真知取代关于整体的意见的尝试。对您而言,哲学只是人的自我理解和自我解释,而非其他什么,这里的人自然是受历史限定的人,如果说不是个体的话。用柏拉图的话来说,这就是您将哲学简化为描述,即对一时(jeweilig)存在的洞穴,对随后便可不再被视为洞穴的洞穴(=历史的生存)的内部装饰描述。您始终停留在唯心主义=历史主义之中。您如此解释哲学的历史,使它证实您所主张的历史的制约或者偏见的统治地位不可避免。事实上,您将哲学与'世界观'划等号,您因此而使哲学绝对地依附于某一'文化'。"②

施特劳斯不但否定海德格尔的哲学观点,对海德格尔还充满了个人的偏见。施特劳斯在1950年2月23日致洛维特的信中谈到海德格尔的《林中路》:"关于《林中路》,我与你的一般评价一致:海德格尔是当今在世的最有实力的人物。我不愿称他是一个哲人,他本人也不再愿意做哲人了。我不知道,一个真正的哲人是否必定是一

---

① 甘阳:《政治哲人施特劳斯:古典保守主义政治哲学的复兴》,导言第15页。
② 施特劳斯等:《回归古典政治哲学——施特劳斯通信集》,第332页。

个怀有善良意志的人；可是我知道，卑劣的意志糟蹋哲学推理，而海德格尔是个卑劣的家伙；尼采举止高雅，海德格尔的天才却一副冷面，反差令人瞠目结舌。不过，说到底这完全无关紧要，事实上，最终还在于他的论据的质量。在这方面，事实上必须承认，海德格尔不容改变地完成了我们这个世纪曾有过和仍然有着的一切。问题最终只是，他对柏拉图的批评是否有道理。他对任何回归所持的教条主义—历史主义的排斥态度并不重要：关键仅仅在于，使探索存在的问题隶属于探索优先存在者的问题是否正当（legitim），或者如海氏所说，是否不正当（illegitim）。"①

刘小枫教授也认可施特劳斯对海德格尔历史主义的批判。刘小枫认为，从哲学的个体信念上讲，海德格尔从原初伦理现象中臆造出的"诗意地栖居论"堪称历史主义极品。历史主义的要义在于，现实生活的法则和现世生活的意义都来自现世自身的历史。"历史主义就意味着仅仅从现世（历史）来看待现世（历史），而非像古希腊形而上学那样从永恒理式来看待现世（历史），或像基督教信仰那样从上帝的神意来看待现世（历史）。由此可以理解，历史主义首先意味着摈弃希腊的形而上学传统和基督教神学传统的思想活动，以便人们能够从现世自身的立场看待现世，从历史自身来看待历史的'意义'。"②在刘小枫看来，海德格尔虽然看到西方哲学已经身临存在的深渊，但他在这一深渊面前不是回归到苏格拉底—柏拉图的古典哲学传统，而是以惊人的勇气和毅力把开端于马基雅维利的历史主义推进到底。"由此看来，我们的确可以说：海德格尔看似'复兴'的是古希腊的实践哲学传统，实际上是在深化马基雅维利开创的新

---

① 施特劳斯等：《回归古典政治哲学——施特劳斯通信集》，第349页。
② 刘小枫：《海德格尔与中国》，第12页。

'实践哲学传统'。"①

刘小枫认为,"对我们来说,要正确看待我们这个文明古国百年来所遭遇的令人心碎的历史偶然,首先要恢复我们的'自然知性'和'自然本性'"②。虽然海德格尔哲学和施特劳斯哲学都对"生存性"进行了分析,但海德格尔从"生存性"中找到的是"时间性"这一偶在的历史主义根基。而在施特劳斯的用法中,"生存性的"意味着热爱智慧的生活根基,热爱智慧的生活必须要超越、扬弃飘忽不定的"历史性"。"毋宁说,只有摆脱'历史性'的摆布,我们才能恢复'带自然知性的自然本性'(natürliche Wesen mit natürlichem Verstand),进而正确看待历史的偶然。"③刘小枫说,"如果中国古代哲人相信'道法自然',那么,海德格尔将'自然'彻底历史化,就不仅会毁掉西方的系于自然的哲人心性,也会毁掉中国传统哲学的品质。既然如此,海德格尔的存在哲学绝不可能是我们在现代处境中的一条'充满诗意的返乡之路'"④。

作为现代人,施特劳斯却极力主张与现代决裂而回到古典,也许这一想法本身就有问题。黑格尔在《法哲学原理》中这样写道,"就个体而言,每个人本来都是自己时代的产儿;那么,哲学也就是被把握在思想中的自己的时代。妄想一种哲学超出其现实世界,就像一个人妄想跳出自己的时代之外,跳出罗陀斯岛一样,是愚蠢的"⑤。现代人想挣脱当前时代的特征本身就是一种时代特征,它反映的是现代的问题,而不可能让思想和历史真正地回到古典。从存在

---

① 刘小枫:《海德格尔与中国》,第23页。
② 同上书,第112页。
③ 同上书,第111页。
④ 同上书,第212页。
⑤ 黑格尔:《法哲学原理》,范扬、张企泰译,北京:商务印书馆,1997年,第13页。

论的观点来看，古典作为一个过去的"世界"永远属于过去。《清明上河图》虽流传于世，但《清明上河图》所展示的那个世界永远不会显身当前。

海德格尔并不反对历史，但反对把他的哲学界定为历史主义。给海德格尔贴上"存在主义"或"历史主义"的标签恐怕都是对海德格尔的误解。在海德格尔看来，历史本身并不是人们认识的客体，不是我们的书本讨论的对象。"毋宁说，我们自身就是历史，我们在历史中承荷自身。因此，甚至那种贯穿于本己发生历史中的要向历史返回的动机，也是毫无生气的和被掩盖了的。"①海德格尔反对永恒真理，"真理本质上就具有此在式的存在方式，由于这种存在方式，一切真理都同此在的存在相关联"②。

海德格尔同样反对基于人的主体性的哲学，"在《存在与时间》一书中，根据关于存在之真理的问题，而不再是根据关于存在者之真理的问题，我已经作了一个尝试，试图从人与存在的关联、而且仅仅根据这种关联来规定人的本质；……然而，首要地，这条道路在一个关键地方中断了。这种中断的原因在于：这条已经踏上的道路和已经开始的尝试有违自身的意愿而进入那种危险之中，即：只是重新成为一种对主体性的巩固；……关于存在之为存在的问题处于主体—客体关系之外"③。

正是对主体性加强的担忧使得海德格尔放弃了对《存在与时间》的进一步写作。海德格尔的现象学方法并不是历史主义。现象学揭示的乃是事物自身，事物需要通过主体来揭示，但揭示的关键取决

---

① 海德格尔:《路标》，第39页。
② 海德格尔:《存在与时间》，第261页。
③ 海德格尔:《尼采》(下)，第825—826页。

于事物自身而不是作为主体的人。在揭示活动中，人是次要和派生的。现象以直观、形式显示的方式通达其本质。《海德格尔与中国》弁言记录了熊伟先生所讲的一段逸事：第二次世界大战期间，希特勒飞往罗马与墨索里尼会面结盟那天，海德格尔正好有课。海德格尔走进课堂，用若有所思的语调说的第一句话是：元首今天飞往罗马的历史意义，就在于那架飞机的飞（fliegen）。"飞"在这里并不是寓意哲学的"自由"，"飞"就是事件（Ereignis）自身，事件的决定性因素并不在"元首"。①形式显示的现象学方法正是基于人的主体时间性，时间性要求形式显示的方式必须是当下即刻、直观反射的，没有线性时间的起点和终点。海德格尔用了一个词"观审"（Hinschau），它是前理论的、非知识的现象学出发点。从现象学来看，时间性并不是施特劳斯所说的历史的偶然，相反它是历史的必然。存在、永恒、上帝、无限都必须以时间性为出发点。

在施特劳斯看来，激进社会政治理论以"社会或历史的正当"取代"自然的正当"，这一结论取消了高贵与卑贱、优美与丑恶、深刻与肤浅、高雅与低俗之位序。由此，"德性不再被理解为一种社会应该以其为基础的超历史的标准。现在，反而把社会的标准当作道德的尺度。……与此同时，与德性相对的私欲和激情获得了解放，它们自以为是，不再受德性的限制和调节"②。人这样的状况，被施特劳斯称为"堕落的自由主义"。施特劳斯认为，使人区别于动物的乃是语言、理性。人的自然属性和自然构成就在于有思想的、善的、有序的（in order）生活。人全部生活的意义都要建基于合理地运用、展示和放大语言以及理性的限度。人天生又是社会性的存在，汤

---

① 刘小枫：《海德格尔与中国》，第4页。
② 考夫曼：《列奥·施特劳斯论现代性危机》，邓安庆译，载《世界哲学》2004年第3期。

姆·汉克斯的荒岛余生是没有意义的。当然，海德格尔仍然会认为，荒岛也可以是此在的境域，余生也可以是时间性的。施特劳斯主张，同语言和理性一样，人的社会性也是人的自然属性和自然构成的一部分。除非和他人生活在一起，否则人就无法活下去或活得好。人的社会性不是由他个人对快乐和幸福的单纯期盼体现出来的。相反，他的快乐和幸福是从他和别人的相处中得到的，这一点在向度上与前期海德格尔绝然相反。施特劳斯说："由于人天生就是社会性的，他的自然的完善就包括了最卓越的社会品质——正义。"①

换言之，在施特劳斯看来，正义是人的自然属性和社会构成的基本要义，是人之为人的首要条件，抛开正义的历史性讨论没有任何意义，更不用说一个人绝对自由的行动和恣意妄为的沉思，否则就会陷入无政府主义、虚无主义，并最终滑向激进政治主义。邹诗鹏在《虚无主义研究》中指出，"依施特劳斯的看法，尼采以及海德格尔实际上还是从现代性的方向来批评现代性，因而实际上还是进一步巩固了现代性，并进一步暴露出现代性的危机以及西方文明的危机。而施特劳斯自己，则是将在尼采以及海德格尔那里已经开启的古典之路贯彻到底，并落实为坚持抵制自由主义与激进政治思想的保守主义政治哲学，以彻底中止现代性虚无主义"②。

在施特劳斯看来，由于人的秉性或者说德性良莠不齐，德性高的人统治德性低的人天然就是正义的。"普罗斯比罗对卡利班的统治天然就是正义的。"③为了维持一种德性的不平等和社会正义，强制乃至专制都是可以接受的。这些统治者的德性让人充满敬重之情，是

---

① 施特劳斯：《自然权利与历史》，第130页。
② 邹诗鹏：《虚无主义研究》，北京：人民出版社，2006年，第192页。
③ 施特劳斯：《自然权利与历史》，第134页。

崇高的东西。而施特劳斯所谓的古典政治哲学就是这些统治者德性得以充分展现的领域，并且在他们的精心培育下，所有形式的德性差异都会以某种方式相互依赖，和谐相处。从而，柏拉图在《理想国》中所设想的理想城邦就会到来，这些统治者就是柏拉图意义上的"哲学之王"，让德性差的人甘愿接受哲学王的统治，等待哲学王的恩典和指导。总之，让别人来决定自己的幸福，为后世层出不穷的极左思想提供了理想国模型。对古典政治而言，"单纯的最佳制度就是明智者的绝对统治；实际可行的最佳制度乃是法律之下的高尚之士的统治或者混合政制"①。而对普通民众或德性低的人来说，被统治乃是"天赋人权"，帝王天生就"天赋神权"。正如《诗经·大雅·江汉》所云："明明天子，令闻不已。"

正义就是为别人谋福利，明智的统治者就必须给每一个人分配他真正想得、应得的东西，或者对他者而言善的、有序的东西。他们只会给每个人他能够很好利用的东西，而且会从每个人那里拿走他不能很好利用的东西。每个人都被赋予一份他能够很好地履行的工作。简言之，正义就在于依据"各尽所能，按劳分配"（from everyone according to his capacity and to everyone according to his merits）的原则行事。根据施特劳斯的主张，在理想国的城邦中，真正的精英是受过古典哲学熏陶，且思想自由、道德完美之人。近现代民主国家中，所谓精英统治只能算是伪精英的自私自利，并不是真正意义上的美德政体。回归古典政治权利，绝不是奉行民主式的精英统治，而是把自由民主制提升为城邦时代的美德政体。只有全面推行以追求古典理性和自然权利为目标的自由教育，提升公众的心灵素

---

① 施特劳斯：《自然权利与历史》，第144页。

养，以确保公民中的大多数成为精英，方能实现美德政体在空间尺度上从城邦到现代国家的复制。

人类文明的进步建立在个体的解放和个体对社会发展的积极且全方位的参与之上，历史不是帝王将相个别人的历史。但是，施特劳斯仍然认为，当前文明问题的解决还是要回到柏拉图和苏格拉底的古典政治哲学中去寻找方法，一种文明的进步在于精英对民众的管教和恩赐。翻开20世纪的人类历史，这种精英的统治方式恰恰可能催生无政府主义和法西斯主义。海德格尔相反指出，未来的文明需要人类有一种全新的信仰，基于自己的有限性和抑制自身理性冲动的信仰，把沉睡的自然唤醒，让自然发声，让神再次现身。

把海德格尔的时间性理解为"断裂的、破碎的、残片式的"突然发生或偶在，恐怕是对海德格尔最简单、最粗暴的误解。这种误解都源于还未进入海德格尔的存在论差异之中，没有看到偶在背后的虚无，没有进入海德格尔的本质决断领域。从形而上学的角度来看，施特劳斯的古典政治哲学恰恰是一种历史主义，并且只能是历史主义，也许和自由主义的区别只有历史尺度的不同。只要人是一种现实性的社会性存在，施特劳斯的古典政治哲学仍然有积极的现实意义，但这种现实意义只是在存在者层次上的，而不是在存在论层次上的。

奥特（Heinrich Ott）在《从神学与哲学相遇的背景看海德格尔思想的基本特征》中这样写道："海德格尔试图把西方传统哲学思想的'立场'或道路引回到它们的基础那里，引回到每一条思想道路得以从中源起的思想家的原初经验和遭遇那里。……若人们没有认清并且严密地关注海德格尔哲学的这一起始点和这一基本特征，这种哲学的命题的此种'媒介'，也就是'双重折射'的领域，即对反思之反思，对思想之思想的领域；如若人们并不以此为出发点，也即并非总是在传统哲学的思想道路的终点处来认识海德格尔，那么，人们就无可避免地会误解海德格尔，把前期海德格尔误认为存在主义者，一个把人之生存当作课题并且经验到了其中的某些本质性东西的存在主义者，而把后期海德格尔误解为一个现代神秘主义者和特种的哲学诗人。"①

奥特明言，若没有立即理解这种历史性，我们就无法进入海德格尔的思想道路，就会把海德格尔误认为存在主义者、神秘主义者、历史主义者等等。如果从前期海德格尔思想的进路来看，把海德格尔看作虚无主义者还比较接近，但我们不能用形而上学的语言来理解他。相对于叔本华的虚无主义，海德格尔的虚无主义是积极的；相对于尼采的虚无主义，海德格尔的虚无主义是现象学的、形式显示的。

奥特在文章中指出，对于海德格尔的历史性思想加以审美化、神秘化的欣赏，或是采取恼羞成怒的拒绝态度，都不是对这位思想家的真正的哲学态度。历史主义脉络中的海德格尔，始终还只是海德格尔思想的一个侧面。海德格尔用了历史意识的方法，但他不是历史主义者。用海德格尔自己的话说，历史主义还不是他的深渊。② 施特劳斯在批评他的老师海德格尔的同时，还不忘提醒我们，"我

---

① 奥特：《从神学与哲学相遇的背景看海德格尔思想的基本特征》，孙周兴译，载刘小枫选编：《海德格尔式的现代神学》，第82—83页。
② 威廉·巴雷特（William Barrett）看清了这一点。对于黑格尔或马克思来说，人之所以是历史的，是因为他们参与了世界的巨大历史进程。世界历史就像一条浩浩荡荡的大河，其中裹挟着许多个人和民族。但是，对海德格尔而言，历史的这种意义其实源出于一个更基本的意义：人的时间性，以及基于时间性展开的历史性。参见威廉·巴雷特：《非理性的人：存在主义哲学研究》，段德智译，上海：上海译文出版社，1992年，第242页。

们时代的唯一伟大思想家是海德格尔"①。甚至施特劳斯到晚年时仍然说:"我越是理解海德格尔的意图所在,就越是觉得仍然远远没能把握他。我能想象的天下最愚蠢的事就是闭上眼睛不读海德格尔的著作。"②

　　施特劳斯对海德格尔虽有固执的偏见,但也毫不遮掩对其学识的折服。在与洛维特的来往通信中,他几乎有一半的信都谈到了海德格尔。施特劳斯非常清楚,无论他多么不喜欢海德格尔,海德格尔仍然是他那个时代自己无法超越的高山。也许我们可以这样说,海德格尔和施特劳斯的问题意识不在同一个领域,二者之间既不涉及价值判断对错,也不涉及道德伦理高低,它们根本上也不在同一个维度。这也许能帮助我们理解,为什么海德格尔对施特劳斯的批评保持了一生的沉默。

---

① 甘阳:《政治哲人施特劳斯:古典保守主义政治哲学的复兴》,导言第17页。
② 同上书,导言第73页。

第四章　从上帝之死到最后之神

海德格尔说，最后之神①完全不同于曾在的诸神，如诗人荷尔德林笔下古希腊的诸神。最后之神尤其不同于基督教的上帝，特别是奥古斯丁《上帝之城》中身处基督教历史护教学中的上帝。

所以可以非常肯定，最后之神既不可被视为海德格尔的上帝，不管它是不是最后的；也不可被视为海德格尔的基督，不管它是不是唯一的。最后之神是不可表诠的，不是因为基督教的上帝在形而上学的存在—神—逻辑学机制之中需要被解构和否定，而是因为存在历史决定了，第一开端以来的人类历史需要一次转向，向另一开端的转向，即要从存在者对存在的追问（特别是人这一特殊的存在者——此在——对存在的追问）转向另一开端②，即存有的本质在存在历史中得以充分地展现，即存有的本现，也即本有，作为"未隐蔽状态的发生"（Geschehen der Unverborgenheit）。在存有之本现中，人不再独享对存在的追问，或者说存在只是因为受到此在的追问才有意义。在追问存在的意义时，或者说在追问存有之真理时，一个人并不比一块石头更有价值；一位指挥千军万马的将军并不比一个沦落街头的娼妓更具特殊性。换言之，用中国的古话说，下下人反

---

① 海德格尔的"最后之神"概念很可能借用了谢林《神话哲学》中的神谱学思想，谢林正是在神谱学的诸神历史中提出了"最后之神"。
② 注意，不是第二开端。因为有第二就意味着还有第三、第四。历史如果重新开启，只能是另一开端。并且，这另一开端是独一无二的，它包含了第一开端。

倒可能有上上智。人屈身退而被存有居有，被最后之神掠过，从而在天、地、人、神之四重整体中默然承守自己的天命。最后之神属于另一开端的历史，而与第一开端中的基督或上帝不在一个维度。或者说，对最后之神来说，基督和上帝都太过渺小而不够充分和齐全。

海德格尔说："（最后者）乃是那个东西，它不仅需要最长久的先-行，而且本身就是（ist）（这种先-行）：不是终止，而是最深的开端，此开端伸展最广，最难被超越。"① 最后之神之所以是最后的，是因为它在到来之前需要经历最长久的迷误和最深的急难。最后的来者需要最长久的思想准备、最遥远的助跑，方能超越一切。最后者是最深的开端，是因为它要深入到思想的源头，并掀开另一开端的历史，迄今为止人类智慧中所有的理论和体系都无法想象的历史。那么，我们该如何感知和测度这最后之神？

第一节　从向死而生到上帝之死：来自虚无主义的神学否定

1. 向死而生：从《存在与时间》到《哲学论稿》

在《存在与时间》和《哲学论稿》中，死亡都被海德格尔用来论证存在的意义或存有之真理，但又有着维度上的不同。在《存在与时间》中，由于存在的意义被限定在此在对存在的追问上，作为此在的极限，死亡承担了这一追问的决定性基础。但在《哲学论稿》中，由于此在从极端主体性地位退避为天、地、人、神四重整体的一员，人的死亡在存在历史中仅仅只是一次关涉人的开抛事件。简单地说，在存在历史的展开过程中，死亡面对的空间更为广阔。或

---

① 海德格尔：《哲学论稿》，第429页。

者说，应在一个更广阔的空间中理解死亡，死亡和最后之神是相互归属的。我们将看到，死亡在《哲学论稿》中"屈服于"最后之神，为的是让人以及死亡被最后之神掠过。不是谁都可以领悟死亡，"只有当存有本身从其本质之真理而来，把人之本质归本于存有之本质时，人才能够死亡。死亡乃是在世界之诗中的存有的庇护之所"①。

在《存在与时间》中，此在的本质是它的实存，是面向可能性的存在，是面向"无"的存在，死亡就是这种最不可能的可能性。我们的时代是海德格尔眼中遗忘存在的时代。人倘若囿于计算性和表象性思维，对这种遗忘存在的状态毫无知觉，即遗忘"存在的遗忘"，人就无法纵身跃入存有真理自行发生的历史洪流之中，人能做出这一跳跃的关键是能把握到死亡的极端要义。换句话说，只有那些意识到自己"终有一死"的人，才有能力感知最后之神的到来，他也是最后之神"向之而去者"。

海德格尔说，此在始终已经是沉沦的，沉沦是此在最切近、最平常的存在可能性。此在作为常人，投身到他自己所操劳的世界中。此在整天面对世界和他人，唯独不面对自己，就像是在逃避自己。"这个'自己'当然不是常人，不是沉沦在日常世界中的非本己的此在，而是作为本己的能自己存在（selbst-sein-können）。"②

人的本质在于他的实存，而人在去实现他的本质时，可以以本真的方式，也可以以非本真的方式，即人可以本真地存在，也可以非本真地存在。对于人来说，人的生存性在于人面向未来的可能性，而人最极端的可能性是死亡。海德格尔说，死亡并非存在的终结，而是向着终结的存在。把死亡理解为存在的终结，是把死亡理解成

---

① 海德格尔：《不莱梅和弗莱堡演讲》，孙周兴、张灯译，北京：商务印书馆，2018年，第70页。
② 张汝伦：《〈存在与时间〉释义》（上），第496页。

了某种现成的现象，也就是非本真地理解死亡。人要本真地存在，就要本真地领悟死亡。本真的死亡不是现成现象，而是人的生存方式，人是向死而生的，生命的奥秘就是对死亡的悬临着的拥有。死亡是人最本己的可能性，因为任凭谁也不能从他人那里取走他的死，每个人都必须自己承担自己的死，自己向着自己的死而存在，没有任何人可以代替你的死。因此，人要想本真地存在，就必须本真地理解和面对死亡，也就是要时刻准备承担自己的死，将自己筹划到自己最本己的可能性中去。实际上，正是因为人具有死亡这种最极端的可能性，正是因为人在本质上是向死而存的存在者，所以他才能够向着死亡筹划自身，才能够生存而不是仅仅存在（活着）。用佛教的话说就是：“一粥一饭常须思来处不易，钟鸣板响常将生死挂心头。”

相反，非本真的存在状态就是不去面对死亡，或者把死亡理解成一个自然事件，譬如法律对死亡的规定。海德格尔说，在这种情况下，人就让自己消散在周围来照面的事物中，让自己混迹于常人中，就是从世界和世内存在者出发来理解自己的生活，常人做什么自己也做什么。用当下的语言来说，常人是这样的人，"他们都急于成长，然后又哀叹失去的童年。他们以健康换取金钱，不久后又想用金钱换回健康。他们对未来焦虑不已，却又漠视眼前的幸福。因此，常人既不活在当下，也不活在未来。他们活着仿佛从来都不会死亡，临死前，又感叹仿佛从未活过"[①]。常人总是逃避面对死亡，由此也逃避最本己的自身。

由于在日常生活中，常人规定了此在在世存在的一切，此在总

---

① 班超：《矛盾的人》，载《现代青年》2011年第4期。

是失去本己沉沦于世。此在只有通过把自己本己地从常人状态中拉扯回来，才能扭转沉沦于世的状况。也就是从本己的自我出发，自我决定一种可能性的存在。海德格尔的意思并不是说，人可以或者经常是在本己性和非本己性中做出选择，仿佛人可以在二者之间自由跳跃。任何一个在世存在的此在，他必然而且首先是非本己地生活，按常人的规则办事。恰恰只有本己的生活才需要去抉择，或者叫决断。非本己的生活是人天生就具备的，不由人决定。如果此在总是迷失或沉沦在常人之中，它如何能做出本己性的决断？海德格尔的意思是，此在必须首先找到自己，此在要想找到自己就需要良知的呼唤。

一谈到良知，人们会首先想到各种心理学、生理学、伦理学，乃至神学的理论和观点。① 传统的良知有两个向度的解释：一种是外在的良知，如人世间的伦理道德，外在的良知是自我的他者，在自我的对面，对自我进行道德的约束和审判；一种是内在的良知，如王阳明的心学，内在的良知是自我的属性，对自我进行道德的监督和划界。"良知"（Gewissen）这个词，在德语中并无道德或伦理学的含义，它是一个表示确定性的概念，并不承担价值区分的责任。在海德格尔看来，传统的"良知"概念，不管是内在的还是外在的，不管其形态如何丰富和多样，都被界定为一种现成在手的东西。一个人不管是否存在于世，良知都于世永存，好比我们手边的《三字经》。

诸如此类对良知的解释，在海德格尔看来，简直就"意味着把良知这种现象抹灭"②，这类流俗的良知论"都太过匆忙地跳过了良知

---

① 张汝伦：《〈存在与时间〉释义》（下），第717页。另参见余平：《海德格尔的良知之思》，载《四川大学学报（哲学社会科学版）》2002年第2期。
② 海德格尔：《存在与时间》，第309页。

现象"①。良知首先是此在的一种生存现象,而不是生理或心理现象。沉沦是此在非本己的特征,而良知恰恰是此在本己的生存方式。"在海德格尔看来,良知既不是上帝的呼声,也不是理性的体现,或情感和升华了的无意识,而是此在的生存方式。"②良知如何呼唤此在?海德格尔说,良知只是并总是以沉默的方式来呼唤此在。按照传统的良知理论,良知总是从外或从内告诉我们某些伦理道德和善恶标准。传统的良知不但可以言说,还有严格和规范的语言对其进行描述。这些对常人或此在进行规范的言说都不是海德格尔意义上良知的呼唤,而是常人的闲谈。这并不是说,常人有关良知的这些闲谈有对错,而是说,恰恰是这些流行的道德标准使人保持为常人。

作为一种生存现象,如海德格尔指出的那样,良知"只'存在'于此在的存在方式中"③。这意味着,一切在与世内存在者打交道过程中构建起来的对象性思维方式,均无法真切地通达良知这种原始的生存现象。海德格尔认为,要想通达良知这种生存现象,"首先应得把良知直追溯到其生存论基础和结构,使它作为此在的现象而明显可见"④。然而,作为生存现象的良知究竟如何呼唤此在,向我们道说?

要了解良知的呼唤,海德格尔说,此在首先要清楚自己"负有罪责"(Schuldigsein)。"罪责"同样不是一个心理学或伦理学的概念,不是传统意义上人们因为做了错事而担负罪责。在海德格尔看来,"罪责"是一个生存论的概念。"负有罪责"的意思是"对某事负有责任"。对此在而言,罪责不是自身的一种属性,如果把罪责理

---

① 海德格尔:《存在与时间》,第316页。
② 张汝伦:《〈存在与时间〉释义》(下),第734页。
③ 海德格尔:《存在与时间》,第309页。
④ 同上书,第308页。

解为此在的属性,就把此在理解为一个现成之物,把罪责理解为现成之物的属性了。这样不但误解了此在,也误解了罪责,因为此在的本质不是它的现成存在,而是它的能在、去存在。

此在的存在不是别的,乃是其去存在的种种可能性。面向未来,此在被投向种种可能性,虽然此在被投向种种可能性,但它向来只能在其中一种可能性中生存。此在一旦在生存中将自己投向了一种可能性,那么它就放弃了其他的可能性,也即不得不放弃其他可能性。它投向的一种可能性变成一种实存、一种"有",这也就是谢林所说的关于"恶"的哲学。而它不能投向的种种可能性,就变成自身无法面对的"无"。此在只能取一种可能性来实现自己,它在一种可能性中就不能在其他可能性中。海德格尔说,此在是有罪责的,此在对自己不能投向和面对的种种可能性"负有罪责"。此在愧疚于其他的种种可能性,此在不能投向的可能性要远远多于自己在现实中被投入的唯一一种可能性。此在的罪责要远远大于自己的成就。质言之,"此在为什么有罪责?因为它不能控制它本己的存在。它是它的行动的发动者,但却不是它自己的存在的发动者。它是它行动的根据,但不是它自己存在的根据"①。此在为什么不是它自己存在的发动者或是它存在的根据,因为存在的本质要比此在的生存丰富得多!

归根结底,此在是有限的。此在的生活行动可能轰轰烈烈,此在的存在意义可能无影无踪。此在在一种可能性中生存,它就要承担不能在其他可能性中存在的责任。正是由于此在的这种欠缺,它对自身的这种不能负有责任,此在本身是有罪责的。这种罪责不是

---

① 张汝伦:《〈存在与时间〉释义》(下),第770页。

道义上的，而是存在论上的。而且，此在的罪责是双重的，此在既要承担未来不能去的可能性，又要承担过去未曾去的可能性。

此在作为一个世内存在者，的确可能有许多的可能性。一个人长大，可能成为医生、老师，也可能成为军人、科学家。但人这种"可能成为什么"恰恰反映了他的本质，即人本质上不是他已经就是的什么、已经成为的什么。人之为人，即人的本质恰恰是人始终能"超出"或"先行于"他已经成为的什么，人的本质始终是看他如何超越自己、出离自身。人面向未来的筹划并具有种种丰富的可能性就是人的本质，即海德格尔所说的人的实存。一个富人的本质不在于他已经拥有的财富，而在于他的财富将要用于何种用途。

人只有首先活着，才能生存，即人不能死。但是，由于人总是已经成为什么且只能是什么，如一个人是工人就不能同时是农民，是医生就不能同时是患者，这种人只能"身兼一职"的生存实事就遮蔽着人的本质。正是这种遮蔽使得"人生存的丰富可能性"转呈为"人仅仅作为是什么的生存"，从而使得人从他的生存本质中跌落出来。人能是什么，他就不是什么。只有在面对"他不是什么"的时候，人之生存现象的本质才会原始而又真切地显现出来，就像保罗总是在自己无力和困苦时期盼基督降临一样。海德格尔以"此在"命名人，其根本意向是，人的本质不是立足于"是什么"，而根本在于他"不是什么"，从而明确人的有限性，逼出虚无，让虚无时刻在场并维持（holding）这种在场。此在的意义即在于自身如何面对这诸多不可能性，面对虚无。

在《哲学论稿》第161和第162节中，海德格尔说，在《存在与时间》的语境中，也就是在基本存在论意义上，"向死而生"这一应该得到预先思考的东西，依然无人去猜度和思索。人们把"向死而生"当作人生的法宝和自己的世界观。海德格尔说,人们"举出'向死而生'这一说法,借此编造出一种粗糙的'世界观',进而把这种'世界观'投入《存在与时间》中去,这是多么蹩脚和廉价的做法啊。表面看起来,这种计算工作开展得特别好,因为这本'书'确实也还谈论了'虚无'。因此就可能得出直截了当的结论:向死而在,也就是向虚无而在,而且这就是此在的本质!这不会是一种虚无主义罢?但要紧的其实不是把人之存在消解于死亡中,并且把它解释成单纯的虚无状态,相反地倒是:把死亡拉进此在之中,为的是掌握在其离基深渊般的广度中的此在。因而对存有之真理的现实性的基础做出完全的测定"①。

和基本存在学相比,要实行从存在的意义到存有之真理的跨越,要为存有之真理(自行遮蔽之敞开状态)建基,此在必须为存有本身所居有。《存在与时间》对死亡的阐释还是不够的,还没有把死亡拉进此在之中,更没有把死亡置入此-在之中。海德格尔说:"如果说在这里并不是在'基本存在学'意义上着眼于存有之真理的建基来思考的,那么,有种种最糟糕和最荒谬的误解潜入和蔓延开来,并且自然地弄出一种'死亡哲学',就是顺理成章的事了。"②"向死而生"就成为一种流俗的世界观,硬化为一种形而上学的概念。

在此在之将来状态(另一开端的历史)的原始联系中,死亡在此在基本存在学的本质现身中得以再一次开抛,把死亡从流俗的世界观之中拉扯出来。在《存在与时间》中,死亡仅仅在时间领域开抛,但光有时间是不够的。"所以在这里,死亡绝不能被看做对存有的否定,甚或存有之本质现身方面的'虚无',而是恰恰相反,死亡

---

① 海德格尔:《哲学论稿》,第301页。
② 同上书,第300页。

（乃是）最高的和极端的存有之见证。但这一点只能为那种人所知晓，他能够在自身存在的本真性（Eigentlichkeit）中经验此-在，并且共同为此-在建基——而此所谓'本真性'并没有道德—人格上的意思，而总是一再地仅仅在'基本存在学'意义上来讲的。"①

从罪责、良知到对死亡的领悟，"先行进入死亡并不是通常意义上的求虚无的意志，而相反地倒是至高的此-在，它把'此'之遮蔽状态一道引入真理之经受的内立性之中"②。倘若说，基督教神学把上帝定义为最具大全的存在者，是至高的实存，一切存在者都从它那里获得存在的根据和意义，那么海德格尔"最后之神"的意义恰恰与此相反，它是非存在（无）到达极致和完美的状态。正是因此，最后之神才与死亡有内在的、隐秘的亲缘关系。死亡是个体存在的消失，是个体的虚无，而最后之神是虚无的全部。③人只有领悟虚无和死亡才能领悟自己的存在。

终有一死者（die Sterblichen）乃是人类。人类之所以被叫做终有一死者，是因为他们能够赴死。赴死（Sterben）意味着：有能力承担作为死亡的死亡。只有人赴死。动物只是消亡而已。无论在它之前还是在它之后，动物都不具有作为死亡的死亡。死亡乃是无之圣殿（der Schrein des Nichts）；无在所有角度看都不是某种单纯的存在者，但它依然现身出场，甚至作为存在本身之神秘（Geheimnis）而现身出场。死亡庇护存在之本质现身于自身之内。作为无之圣殿，死亡乃是存在之庇所（das Gebirg

---

① 海德格尔：《哲学论稿》，第300—301页。
② 同上书，第345页。
③ 张灯：《海德格尔"转向"时期关于神的思考——基于〈哲学文集〉文本的考察》。参见本书绪论。

des Seins）。现在，我们把终有一死者称为终有一死者——并不是因为他们在尘世的生命会结束，而是因为他们有能力承担作为死亡的死亡。终有一死者是其所是，作为终有一死者而现身于存在之庇所中。终有一死者乃是与存在之为存在的现身着的关系。①

动物只有死，动物的死不叫死亡，因为动物不需、不会领悟存在。存在和死亡、虚无休戚相关。只有在虚无的背景之下，存在才能凸显和朗明。对人而言，只有在"尚未存在"（出生之前的无）和"已经不在"（死亡之后的无）的广阔无垠的"无"之背景中，人作为一个被抛于世的"终有一死者"，才能在面向未来（还未开始的无）的筹划中掌握自己命运的可能性和丰富性，即向死-而生，也即对死亡悬临着的拥有。

2. 对虚无主义的沉思与克服

按照海德格尔存在历史观的划分，形而上学是存在历史的第一开端。现在，人类历史需要一次转向，需要转向存在历史的另一开端。②转向并不是要完全否定第一开端的历史，形而上学的历史仍然有其自身的意义，而另一开端包含了第一开端。在另一开端中，人不再是绝对的主宰，而是作为天、地、人、神四重整体中的一员，彼此相互归属、相互成己。现今的时代就是人类历史转向的过渡期，过渡期需要人们做思想上的准备和动员，为了使彼此之间能结为同

---

① 海德格尔：《演讲与论文集》，第186—187页。
② 海德格尔关于"开端"的概念可能也借鉴了谢林的思想。谢林说："有一个开端是位于本质之外，另一开端则是包含在本质自身之内；前一种开端能够脱离、摆脱本质，后一种开端则是永恒地与本质合为一体，因为本质自己就是开端。"参见谢林：《世界时代》，先刚译，北京：北京大学出版社，2018年，第325页。

盟、共赴历史，并等待最后之神的掠过。

在海德格尔的前期思想中，无论是在前期的弗莱堡、马堡讲座，还是在其前期代表作《存在与时间》中，尼采并不是海德格尔的一个重要课题。而20世纪30年代中期以后，海德格尔对尼采的关注突然加强。1935年夏季学期，海德格尔在弗莱堡大学开设了"形而上学的基本问题"讨论课程，尼采关于存在问题的描述受到海德格尔的关注和讨论。[①]1936—1938年正是海德格尔秘密写作《哲学论稿》的时期，海德格尔在弗莱堡大学连续做了六次尼采思想专题讲座，之后又写了几篇论文讨论与尼采哲学相关的、作为存在历史的形而上学问题，特别是在存在历史中作为虚无主义的形而上学问题。

海德格尔关于尼采的讲座后来被整理成其煌煌巨作《尼采》。值得注意的是，海德格尔的《哲学论稿》和《尼采》都面临同样的思想背景：形而上学、柏拉图主义、虚无主义、上帝之死、存在历史，等等。在思想的表达上，《尼采》与《哲学论稿》是显与隐的关系，这一结构与海德格尔对存在"即开显即遮蔽"的理解高度一致。海德格尔如此热衷于讨论尼采和虚无主义，意在建立自己的存在历史观。海德格尔把超越形而上学、克服虚无主义视为其身处时代的急难。20世纪初，关于虚无主义的讨论受到欧洲人文科学领域的广泛关注。无论是被誉为"第一个在形而上学及宗教哲学领域思考虚无主义"的陀思妥耶夫斯基，还是谈论"欧洲科学的危机"的胡塞尔[②]，都没有成为海德格尔讨论虚无主义的目标，海德格尔为什么选

---

① 海德格尔:《形而上学导论》，第36—37页。
② 1936年，胡塞尔在其生前出版的最后一部哲学著作《欧洲科学危机和超验现象学》（张庆熊译，上海：上海译文出版社，2005年，第5页）中写道，在19世纪后半叶，现代人让自己的整个世界观受实证科学（逻辑）支配，并迷惑于实证科学所造就的繁荣。这种独特现象意味着，现代人漫不经心地抹去了那些对于人来说真正的至关重要的问题，只见事实的科学造就了只见事实的人。

择了尼采?

海德格尔认为,形而上学就是柏拉图主义,一部西方形而上学的历史就是一部柏拉图主义的历史,对柏拉图主义的考察就是对形而上学的考察。形而上学追问的主导问题是:什么是存在者?而在这种追问中,形而上学错失了更基本也更重要的问题:什么是存在?在形而上学追问什么是存在者的历史当中,与我们人生死攸关的存在问题被遗忘和忽略了。一部西方形而上学的历史就是一部遗忘存在的历史,找回存在就是存在历史另一开端的根本任务。

存在自身与存在者有着本质的区别,这就是海德格尔在其前期思想中指出的存在论差异。什么是存在论差异?所谓存在论差异就是存在自身与存在者之间的差异。也就是说,存在者的揭示(Entdeckung des Seienden)和存在自身的显示(Aufweisung des Seins)并不在同一个维度,存在相对于存在者有着绝对的超越性和优先性。我们决不能以对待存在者的方式去把握存在,也把握不到存在的本质。在《存在与时间》中,海德格尔在第1—4节就区分了"存在者的"(ontisch)与"存在论的"(ontologisch)。简单地说,存在者处处显示出其可见性,而存在恰恰相反,存在总是表现出其独有的遮蔽和显现的二重性。存在者只是存在的一次在场显现,是存在的片面和欠缺。

而在柏拉图之前的古希腊,情形并不是这样,柏拉图主义的核心问题是真理。在古希腊哲学家巴门尼德那里,真理不是认知的对象,而是人的体验和感悟。从柏拉图开始,真理不再是体验和感悟意义上的真理,而是被人作为认知的对象。逻辑开始成为规定真理的工具,对存在的思考不再是巴门尼德意义上的思考。自柏拉图开始,存在与思想分离而与逻辑联姻,思想也被简化为逻辑。思想对存在的思考异化为逻辑对存在者的思考,存在本真的历史变成逻辑对存在者求真的历史。在海德格尔看来，自柏拉图和亚里士多德以来，形而上学对真理的本质规定，不但支配了整个西方思想，而且根本上决定了西方人的命运。形而上学对真理的本质规定就是：真理是表象的正确性。而表象意味着，作为主体的人把存在者带到自身跟前，在自身面前拷问、拥有存在者，把自身（作为主体的人）设定为事物的意义和价值的尺度。人们从对存在者的追问中无法得到存在的意义，哲学遗忘存在和神学遗忘上帝就构成了人类精神世界的双重遗忘，并共同建构起西方虚无主义的历史。

从柏拉图到笛卡尔，从康德到黑格尔，形而上学如何构建自己的体系？形而上学关注对存在者的揭示，关注作为存在者整体的真理。海德格尔认为，形而上学这种追问真理的方式，首先是揭示存在者作为存在者是什么（Was），或者被称为"什么存在"（Was-sein）。① 就像海德格尔指出的："康德本人希望明确地把形而上学和一般哲学的基本问题归结为'人是什么？'的问题。"②

此外，形而上学必然还会追问存在者整体的存在方式（Wie），或者被称为"如此存在"（Daβ-sein）。什么存在，即拉丁文的本质（essentia）；如此存在，即拉丁文的实存（existentia）。本质对于存在者来说总是超越时空的，本质总有自己的普遍性和坚固性。实存指的是存在者总在一定的时间和空间中，实存联系着历史和境域。"本质"和"实存"构成了形而上学的两个基本范畴和路径。分门别类的形而上学都免不了在"本质"和"实存"两个范畴内相互影响和相互激荡。③ 存在者的存在就在本质和实存两个不同路径中收获自己

---

① 牟宗三先生有类似描述，可参见牟宗三：《中国哲学十九讲》，第121页。
② 海德格尔：《尼采》（下），第876页。
③ 总体而言，传统西方哲学偏向于本质主义，传统东方哲学偏向于实存主义。存在主义更接近于实存主义。客观上，本质主义着力于理性与逻辑，推动了西方近代科学的发展，丰富了人类的知识。

的真理，即真理的本质和真理的历史。实存关联时间和空间，实存创造历史。实存也需要人来实施。用海德格尔的话来说，实存需要人来安排、奠基、传达。形而上学最终表现为人在实存中变成主体，不断地探索真理的本质并创造真理的历史。①

在海德格尔看来，如果形而上学具有"本质"和"实存"两个基本范畴，作为主体的人又参与其中，探索真理的本质，创造真理的历史，那么"本质""实存""人""真理的本质""真理的历史"就构成了形而上学基本结构的五个环节，海德格尔称之为"形而上学统一本质"的"五重体"（das Fünffache）。尼采深刻把握形而上学的本质结构，并在对形而上学的解构中建构起自己的哲学体系。"强力意志""虚无主义""相同者的永恒轮回""超人""公平"是尼采哲学的五个基本词语。强力意志是表示存在者之存在本身的词语，即存在者存在之本质。相同者的永恒轮回表示存在者整体的存在方式，即存在者的实存。超人就是强力意志所需要的真正人类。公平就是作为强力意志的存在者之存在真理的本质。而虚无主义贯穿和构成了存在者之存在真理的历史。在海德格尔看来，尼采哲学的五个基本词语恰恰来源且对应于形而上学的五个环节。尼采的形而上学可以被称为"形而上学的形而上学"，从时间到空间，从本质到实存，尼采哲学都达到了形而上学的最终形态。如果和笛卡尔相比，海德格尔说，"我们就能十分清晰地认识到，尼采的形而上学如何明确地展开为笛卡尔形而上学基本立场的完成，只不过，在尼采那里，一切都从表象和意识（perceptio［知觉］）领域被移置到appetitus（欲望）或本能领域中了，而且是无条件地根据强力意志的生理学而得

---

① 参见孙周兴：《后哲学的哲学问题》，第9—11页。

到思考的"①。

在柏拉图的理念中，感性世界是我们人眼前可见的一切，它变动不居所以并不真实。而超感性世界在我们人的感性世界之外，它恒定不变且真实稳固。从柏拉图开始，这种超感性世界的具体内容只发生形式上的变化。从柏拉图的理念到基督教的上帝，从康德的物自体到黑格尔的绝对精神，真理就是我们人的意识与超感性世界的契合。简单地说，真理表示正确。

在尼采的哲学里，"强力意志"是一个价值概念。尼采从价值的角度来理解和解释自己的形而上学，强力意志构成一种价值形而上学。尼采也同意，人必须有一个彼岸世界才能忍受此岸世界。尼采的强力意志形而上学，其基本特征是像柏拉图一样构造了一个感性—超感性的二元对立世界。尼采说："虚无主义者是这样一种人，对于如其所是地存在的世界，他断定它不应当存在；对于如其应当所是地存在的世界，他断定它并不实存。"②尼采用一种双重否定绝对地否定了一切，既否定了柏拉图意义上的现存世界，同时也否定了柏拉图意义上的超感性世界，即理念。在这种双重否定的意义上，尼采才说，真理就是谬误。

在尼采看来，真正有意义的世界恰恰是传统形而上学所否定的感性世界，尤其是以感性为基础的艺术世界。所以，正是在这种意义上，尼采才说艺术高于真理。形而上学的基础从超感性的恒定世界变换到以生成变化为基础的感性世界。但是，一个变动不居的感性世界如何能够成为其形而上学的基础呢？尼采把感性世界存在者整体存在的方式构想为相同者的永恒轮回。

---

① 海德格尔:《尼采》(下)，第819页。
② 同上书，第912页。

尼采说:"虚无主义意味着什么?——最高价值的自行贬黜。"①虚无主义是以往所有时代最高价值的贬黜过程,这些价值的沦丧乃是迄今为止关于存在者整体真理的崩溃。以往最高价值的贬黜过程并不是人类许许多多历史事件中的一个事件,而是由形而上学支撑和引导的西方历史中根本性的、笼罩一切的决定性事件。由于"上帝"充当了西方历史最高精神和最高价值的代名词,对贬黜的描述必然以作为最高精神的上帝为目标,擒贼先擒王,并且以"上帝死了"作为对最高价值贬黜过程的最简洁和最坚决的描述。尼采期望通过重估一切价值,重新建立起自己的强力意志哲学。由于强力意志本身所无法抹去的形而上学特质,尼采不可避免地陷于一种新的、自身独创的形而上学。尽管尼采对虚无主义有种种深刻洞见,但尼采没有能够认识到虚无主义的隐形本质。

海德格尔认为,尼采对存在者的存在进行重新规定,把存在解释为强力意志,把虚无主义理解为最高价值的自行贬黜,又把对虚无主义的克服理解为一切价值的重建。尼采以一种新的强力意志的形而上学颠覆了西方自柏拉图以来的形而上学。在海德格尔看来,尼采对欧洲虚无主义的批判并不彻底。尼采虽然揭示了柏拉图理念世界的虚假性,问题的核心依然是重新设立一个新的最高价值。或者说,仅仅用价值的眼光来看待存在者,这已经又是虚无主义,或者说另一种形式的虚无主义。"虚无主义不只是最高价值之贬黜的过程,也不只是对这种价值的抽离。把这种价值安插入世界中,就已经是虚无主义了。"②

尼采这种根据价值来评估一切的思想源于人的意志,即人要为

---

① 海德格尔:《尼采》(下),第907页。
② 同上书,第718页。

自己谋求一种价值的意志,也即人始终是主体性的存在。但问题是,如果人所归属的世界本身并不具有某种价值、意义和目的,用海德格尔的话说,这种世界无非是一种图像,人始终还是一种主体。世界如果并不具有某种统一性和真理性,人又如何能为自己谋得一份价值?海德格尔认为,强力意志要设定一种价值,仍然要以这个世界为基础。至少,一个人的强力意志实现程度的大小,仍然要以世界为背景和尺度,仍然脱离不了世界的统一性和真理性尺度,并且是形而上学意义上的标准和法则。强力意志的本质就在于对强力之提高的预计,对各个强力等级的强势作用的计算。因此,价值作为评判的标准还不具有彻底性。

海德格尔说:"虚无主义的本质根本就不是人的事情,而倒是存在本身的事情。"①而这一点恰恰被尼采遗忘了,他没有看出"在价值概念里潜伏着一个存在概念"②。尼采的形而上学虽然完成了在他自身意义上的对传统形而上学的颠倒,但仍然达不到他自身认为的对形而上学的克服。"存在之离弃状态乃是尼采首次认识到的虚无主义的基础,因而同时也是对于虚无主义的更原始的本质规定,尼采本人以及他的力量还是多么弱小,还不足以成功地迫使西方此在走向对于虚无主义的沉思。"③尼采的形而上学乃是对虚无主义的更高形式的加强和卷入,从而落入形而上学的窠臼。

柏拉图形形色色的理念构成不了对彼岸世界重任的担当。理念是本质的、超越的,理念总是考虑存在者的问题,从来没有思考过存在问题,事实上也无力思考存在问题,理念是对人生命意义的抽

---

① 海德格尔:《尼采》(下),第994页。
② 同上书,第693页。
③ 海德格尔:《哲学论稿》,第127页。

空和剥离。而人生的价值是时间—空间的，此一时彼一时，必须根植于人脚下的大地，月是故乡明！"强力意志的形而上学的价值思想在一种极端的意义上是致命的，因为它根本就不让存在本身进入涌现中，也即进入其本质的生命力中。"①在尼采的哲学中，存在独有的显隐二重性被简化为价值的在场。如果从存在本身来看，尼采这种仅仅按照价值来思考一切的思想就是虚无主义。尼采把价值当作不言而喻的前提之愿望越强烈，其对存在本身的迷茫就越长久、越浓郁。

形而上学的终结并不意味着历史的终结，相反，这种终结预示着一个开端。尼采本人把他的哲学理解为一个新时代的开端的引子。尼采还是正确地预言了，接下来的几个世纪乃是一个新时代的开端，这个时代将产生的巨变是迄今为止我们所熟知的、过去历史上的变革都无法比拟的。在一段时间内，世界舞台的景象可能还是原来的样子，但历史上演的曲目将面目全非。以往的目标已经消失，以往的价值已遭贬黜。人们并没有把这种消失和贬黜当作一种缺陷和损失来抱怨。相反，人们把它当作一种解放来完成，当作最终的胜利来迎接，当作一种完成来欢呼！

即使今天基督教的信仰已经式微，丧失了它在现世的统治地位。"上帝"并没有随之消失。而毋宁说，在现代社会，取代上帝和教会的是技术的主宰、理性的权威、民主的幻觉、正义的全能、民族的力量、国家的意志，以尼采意义上的强力意志的名义重新各据一方，成为构成现代社会的基本力量，成为贯穿当代世界历史的形形色色的意识形态。幸好，在所有意志中，"死亡是自然大地新陈代谢不可

---

① 海德格尔:《海德格尔选集》(下)，第815页。

阻挡的最高强力意志"①。

尼采在其《强力意志》第1条（作于1885—1886年）中宣告了虚无主义的到来："虚无主义降临了：这个在所有来客中最可怕的客人是从何处走向我们的？"②海德格尔说："虚无主义是最高价值之罢黜的过程，虚无主义是这个过程的内在法则，是最高价值的沦落得以合乎其本质地进行所依据的'逻辑'。"③尼采的强力意志哲学还落在存在论的差异和区分之中。强力意志本身还是一个概念式的存在者，它无力超越传统形而上学遗忘存在的历史命运。虚无主义的问题在尼采那里并没有真正得到解决，相比于叔本华，尼采"肯定性的虚无主义"仍然是一种海德格尔所说的"遗忘存在"。在谢林的超意志哲学和尼采的意志哲学之间，海德格尔选择了谢林的超意志哲学。海德格尔意识到，谢林超意志哲学意指的"无"才是超越形而上学或克服虚无主义历史命运的关键，是建立新的"超存在论"（Metontologie）的关键，海德格尔也因此继承和发展了谢林思想中的否定神学传统。

尼采虽然把虚无主义认作历史运动，尤其是现代西方历史的运动，但因为他不能问虚无的本质，所以他就不能思考虚无的本质。而尼采之所以必然以此方式把握虚无主义，是因为他保持在西方形而上学的轨道和区域中，对西方形而上学做了一种臻于终点的思考。④

海德格尔从整个西方形而上学的历史去理解尼采及其著作。形而上学的历史就是柏拉图把"存在"解释为"理念"和"善"一直

---

① 张志扬：《西学中的夜行——隐匿在开端中的破裂》，上海：华东师范大学出版社，2010年，第38页。
② 海德格尔：《尼采》（下），第691页。
③ 同上书，第694页。
④ 同上书，第693页。

到尼采把"存在"解释为"强力意志"的历史。在海德格尔看来，尼采是最后一个，也是最具代表性的虚无主义者。在尼采身上，海德格尔看到了欧洲虚无主义在西方形而上学历史上的传承。尼采对欧洲虚无主义的批评也是对西方形而上学的整体批评。海德格尔也指出，尼采自身又是以其特有的、不能自明的方式陷于形而上学，成为最后一位形而上学家。要批判和克服形而上学，必然要在其最后的完成者尼采的哲学中找到目标。海德格尔期待通过对尼采的批判，彻底地、一劳永逸地克服西方的形而上学和虚无主义，其对尼采的批评意味着对欧洲虚无主义的彻底批评。如此，方能实现存在历史从第一开端到另一开端的转向。

3. 尼采论上帝之死

尼采在1882年出版的《快乐的科学》第3卷中，首次表达出"上帝死了"。早在1870年，尼采在笔记中写道："我相信原始日耳曼人的话：凡神必死。"[①]在海德格尔看来，尼采的"上帝死了"标志着以柏拉图主义为代表的形而上学的终结和虚无主义的开始。柏拉图对此岸世界和彼岸世界的划分，奠定了后来西方基督教世界观的基础。而尼采认为，我们生活在大地之上，时时刻刻是从某个瞬间、某个世界角落出发进行思考的。在尼采看来，人的价值就在人的现实生活或者说现实的角落当中——这是尼采哲学的精髓所在。现代人之所以实现不了自己的价值，是因为人自身出现了问题。人在长达近两千年的形而上学历史中、在其所依附的"柏拉图的理念"和"基督教的上帝"的超感性世界中丧失了自身，原因是缺乏一种强力意

---

① 海德格尔:《尼采》(上)，第314页。

志。尼采主张我们人自身掌握自身的命运，用强力意志这种主人的道德取代生命力萎缩的奴隶道德，从而找回真正的自己。

感性构成对对象的认知，超感性构成对一切领域的价值判断。超感性领域就是尼采意义上的最高价值。它可以是上帝、道德法则，也可以是正义公理或进步权威。尼采认为，传统的形而上学提供的最高价值都已经失去了对历史的构成力量和约束力量，都已经沦丧、软弱无力了。传统的真理塌陷了，连作为西方人心灵基石的上帝也死了。

对尼采所说的"上帝死了"，海德格尔认为，"如果作为超感性的根据和一切现实的目标的上帝死了，如果超感性的观念世界丧失了它的约束力，特别是它的激发力和建构力，那么，就不再有什么东西是人能够遵循和可以当作指南的了。……'上帝死了'这句话包含着以下断言：这种虚无展开自身。'虚无'在此意味着：一个超感性的、约束性的世界的不在场。虚无主义，'一切客人中最可怕的客人'，就要到来了"[①]。虚无主义导致了上帝之死，上帝之死无非是虚无主义历史当中的一个特殊事件。上帝之死无关乎信仰，只要我们把上帝之死理解为无信仰之态势，那么，我们就是在神学的教义辩护学意义上来看待这句话，我们就还没有理解尼采所要表达的意思。海德格尔说："一种与基督教的争辩绝非一定是对基督教信仰的斗争，正如一种神学批判并不就是一种对神学所解释的信仰的批判。只要人们忽视了这一本质性的差异，那么，人们就还在世界观斗争的泥坑里面打转。"[②] 上帝的权威消失了，代之而起的是良知和理性的权威，对信仰的维护被那种对于文化的创造和对于文明的扩张的热

---

① 海德格尔:《林中路》，第231页。
② 同上书，第234页。

情取代。创造在以前是《圣经》里上帝的事情，而现在成为人类行为的特征，人类的创造最终转变为商品、资本、技术、文化的交易，等等。

"虚无主义同样也不仅是个别民族的产物，即使这些个别民族的思想家和作家专门谈论了虚无主义。那些误认为自己摆脱了虚无主义的人们，也许最深刻地推动了虚无主义的展开。"① 虚无主义毋宁说是从柏拉图主义以来西方历史的基本运动，并且已经被拉进现代之权力范围中的全球诸民族的世界性历史运动。虚无主义的本质领域和发生领域乃是形而上学本身。形而上学并不是指一种学说，或者说不仅仅是指哲学这样一门学科。海德格尔说，"形而上学是这样一个历史空间，在其中命定要发生的事情是：超感性世界，即观念、上帝、道德法则、理性权威、进步、最大多数人的幸福、文化、文明等，必然丧失其构造力量并且成为虚无的。对于超感性领域的这种本质性崩塌，我们称之为超感性领域的腐烂（Verwesung）。所以，在基督教信仰学说的跌落意义上的无信仰决不是虚无主义的本质和基础，而始终只是虚无主义的一个结果；因为事情也许是，基督教本身乃是虚无主义的一个结果和构成"②。

如果基督教上帝意义上的神失去了对历史的构成力量和对人的约束力量，那么上帝曾经身处的那个位置就仍然虚位以待。这个空出的位置还需要人重新占领它，或者用别的东西代替消失的上帝。用尼采的话说，上帝死了，面临着一个一切价值需要重估的时代。尼采把虚无主义理解为那种对以往最高价值的贬黜过程，而又用强力意志重估一切价值来克服这种贬黜过程。虚无主义就植根于上帝

---

① 海德格尔：《林中路》，第233页。
② 同上书，第235页。

的统治之中，随后又崩塌于上帝之死中。尼采的到来，使虚无主义又植根于新的价值设定的可能性之中，即作为强力意志的新的价值之中。从虚无主义到上帝之死，从重估一切价值到强力意志的设定，尼采必然会重蹈虚无主义的覆辙，重新落入虚无主义的窠臼。而如今，形而上学把人类历史推进到当前之技术时代，人们把技术当作新的上帝来崇拜，技术登上上帝曾经身处的宝座，民主就充当了新型的宗教，而资本就是它们的居间，一切都庸俗化为利益的交换。

我们现在说的"技术"（technic）一词是从希腊语technē派生出来的。Technē在希腊语中指工匠和艺术家的活动。Technē引自poiēsis，poiēsis的意义又是创造和产出，即让不在场的、未显现的东西到场现身。海德格尔说，技术本质上是一种解蔽方式。一张发人深省的绘画作品本质上也不是画家的创作，而是它自身通过画笔、画纸、颜料和画家的共同招致而到场现身的。围棋对弈中惊世骇俗的妙手也不是棋手的灵感，而是由棋子、棋盘和棋手的共同招致而呈现在场的，围棋世界中还有更多的妙手等着一代代棋手去揭示。技术本质上不是人为了目的而采取的手段，也不是一般意义上的因果关系。

如果说在古希腊时代，技术的本质是一种解蔽，一般人会说这种解蔽只适合于手工技术，而不适合于现代机械时代的高速复制和生产。现代技术给人一种印象，即它是和手工技术完全不同的技术，因为它以精确且严密的数理科学为依据。在海德格尔看来，现代技术也是一种解蔽，但又是不同于古希腊思想意义上的、在手工艺领域展开的由招致到产出的解蔽。"在现代技术中起支配作用的解蔽乃是一种促逼。此种促逼向自然提出蛮横要求，要求自然提供本身能够被开采和贮藏的能量。"① 促逼意味着大大超出人自身需求地向自然索取能量。风车在风中转动，任风吹拂，风车不是现代技术，而高耸入云的风力发电机向风索取巨大电能是一种现代技术。农夫在田野里耕作、关心照料土地不是促逼耕地，而机械化的农业是在促逼耕地。海德格尔说："这种促逼之发生，乃由于自然中遮蔽着的能量被开发出来，被开发的东西被改变，被改变的东西被贮藏，被贮藏的东西又被分配，被分配的东西又重新被转换。开发、改变、贮藏、分配、转换都是解蔽之方式。"②

今天被解蔽的东西处处被订造在现代工业体系的分门别类中。原油被订造在化工工业中，煤被订造在发电工业中。被解蔽的东西不再仅仅作为对象而与我们"人"相对而立，而始终是为进一步的订造而准备的。一架停在飞机跑道上的民航飞机不再是一个简单的对象或物，作为解蔽之物，它只是作为待订造物停留在跑道上，因为它已经被订造并储存在现代航空工业体系之中。

而在现代技术中，人自身也受到促逼，并在技术的解蔽过程中处在关键位置。在现代社会，人变成生产资料或人力资源，为工业生产或现代服务业所订造。在森林中丈量木材，并且看起来就像其祖辈那样以同样的步伐行走在相同林中小路上的护林人，今天已经为木材应用工业所订造。海德格尔说，人正是通过从事技术而参与到作为解蔽方式的订造中，并被解蔽所占用。而且，唯有人所从事的才是技术，以至于在现代意义上，人只有作为如此这般被占用的东西才可能是人。"如果说人以自己的方式在无蔽状态范围内解蔽着在

---

① 海德格尔：《演讲与论文集》，第12—13页。
② 同上书，第14页。

场者，那么他也只不过是应合于无蔽状态之呼声（Zuspruch）而已。"①

所以，当人在研究和观察自然之际，他已经身不由己地为一种解蔽方式所占用，也许我们人还不知道这一点。这种解蔽方式促逼人，要求人把自然当作一个研究对象和能量攫取的对象加以进攻，直到所有的对象也变成持存之物，并不再仅仅是作为某种对象性。

海德格尔把工业革命时代这种人身不由己地被召唤入解蔽之中，并以促逼方式从自然中攫取能量的现代技术的本质叫作"集置"（Gestell）。集置在现代技术中起着支配作用，但其本身又不是什么技术因素，而人只是现代技术的一个内在因子，真正的技术使人在历史生产活动中由于促逼而失去自身。如果现代技术的本质是集置，其本身又不是什么技术因素的话，那么那些所谓用技术的进步来克服技术弊端的想法就是不可能达到目的的。"集置以向自然强索的方法来揭示自然。从培根的拷问自然到康德的理性为自然立法统统包括在其中。"②

这种强索要求人，促使人以订造方式把现实事物作为持存物而解蔽出来。作为如此这般受促逼的东西，人处在集置的本质领域之中。集置就像是一个框架结构，人类行为始终只是其中的一个环节。技术根本不是人的上手之物，人不能跳脱出技术之外，在集置框架中，人作为持存者服务于持存物。"人根本上不可能事后才接受一种与集置的关系。"③

人在集置中，被一股力量安排着、要求着强索自然。这股力量在现代技术的本质中显示出来，而它又是人自己所不能控制和摆脱的力量。"存有之开裂不能通过臆想出来的均衡、'幸福'和虚假完满性之假象而被掩埋起来；因为，所有这一切是尤其为最后之神所

---

① 海德格尔：《演讲与论文集》，第17页。
② 陈嘉映：《海德格尔哲学概论》，北京：商务印书馆，2014年，第337页。
③ 海德格尔：《演讲与论文集》，第23页。

仇视的。"① 谋制与集置，规划与控制，操纵与精确，所有现代社会所标榜的成就都意味着对最后之神的拒绝。存有之真理作为最不寻常者，也需要存在者这一最寻常的东西将其凸显出来，存有之真理需要存在者作为载体。另一开端需要第一开端的启示。没有第一开端的历史学就没有另一开端的历史。存有之开裂在现实生活中，或者说在形而上学时代，正是被臆想出来的计算式均衡、成功、圆满的假象掩盖起来。所有这一切都是最后之神所憎恨的，但憎恨并不意味着否决，而是扬弃。

> 这个世界之成为今天这个样子以及它如何成为今天这个样子，不能是通过人做到的，但也不能是没有人就做到的。这件事据我看来是和下述这件事联系在一起的：我用一个长久流传下来、含义很多而现在又遭废弃的字眼"存在"来称呼这个东西，需要人来启示它、维持它，使它成形。我认为技术的本质就在于我称为"座架"的这个东西中，这是一个常常被嘲笑而且或许也不确切的字眼。座架的作用就在于：人被座落在此，被一股力量安排着、要求着，这股力量是在技术的本质中显示出来的而又是人自己所不能控制的力量。②

上帝死了。一方面，人们把技术当作新的上帝，当作新的崇拜物；另一方面，人们幻想着自己对技术的控制，幻想着通过技术来改变命运。海德格尔说，技术控制人是我们人类无法摆脱的命运。就像海森堡所指出的，今天的人类恰恰无论在哪里都不再碰得到自

---

① 海德格尔:《哲学论稿》，第431页。
② 海德格尔:《海德格尔选集》（下），第1306—1307页。"座架"又译作"集置"。

身，亦即人的本质，人已被技术攫取、抛离他的本质并被安置在危险的边缘。只是对这种遮蔽着的危险，我们人还一无所知。作为现代技术的人工智能同样不会接受人的控制，人根本上也没有能力控制它。我们人有关人工智能的所有规划、对策都触及不到人工智能的本质。从AlphaGo到Master，再到波士顿动力Spot机械人的快速迭代，人恰恰身不由己地投身于人工智能的升级换代之中。人困于所造之物，物质异化，但我们错误地把它们当作自己的创造和胜利来欢呼。

基督教的上帝死了，技术也成不了新的上帝。存在历史从形而上学的开端以来需要一次转向，从而克服理性对人类的宰制，把人们从无家可归的状态中拉扯回来。对今天的作为理性冲动的哲学应该保持一种抑制，抑制是现今时代需要的新的哲学情调。海德格尔说："最后之神的主宰地位唯有朝向抑制才出现；抑制为主宰地位和最后之神创造了伟大的寂静。"①这一切都需要人在本有中的内立，需要最后之神的暗示，等待最后之神的掠过。没有领悟死亡的要义，没有认识到形而上学和虚无主义的本质，即存在历史的真实状况，没有领悟到上帝之死以及技术对上帝之位的占据，一切关于最后之神的知识都是不可能的。

第二节　哲学的时代变迁：从希腊诸神到最后之神

20世纪30年代，以1930年的《形而上学是什么？》为标志，海德格尔的思想发生了明显的转向，即从存在的意义转向存有之真理。如果说有一条清晰的路线——即从现象学神学到形而上学神学的解

---

① 海德格尔:《哲学论稿》,第38页。

构,从天、地、人、神到最后之神——贯穿于海德格尔的神学思想中,那么我们将会看到,平行于其神学思维的另一条线索是其关于哲学的定义和描述。这是海德格尔身为一个哲学家探索神学问题的必然进路。特别是在后期,其神学思想和哲学思想在相互调校。从某种意义上说,海德格尔在回应谢林的"大历史哲学":哲学和神学在何种意义上是可以统一的?哲学和神学是同源分流的结果吗?人类精神世界的双重遗忘是否可以得到克服?这也是为什么,在《哲学论稿》最后的"存有"章节中,海德格尔又不厌其烦地来论述"什么是哲学"。

1. 哲学的开端:源自希腊诸神时代

当我们追问"什么是哲学"时,看起来我们是站在哲学之外或者哲学之上。我们把哲学拎出来与我们自己照面。但我们追问哲学的目的恰恰是要把我们自己融入哲学,让自己沉浸于哲学中并以哲学的方式活动,让我们自己能够进行真正的哲思(philosophieren)。哲学应该能与我们的生命息息相关,在我们的本质深处深深触动着我们。按照既往的历史,人们会轻易地指出哲学的思维就是理性的思维。然而,谁规定理性已然成为哲学的主人?理性凭何有此权力?如果把哲学规定为理性值得怀疑,同样我们也应该怀疑哲学是否能被规定为非理性,因为任凭谁把哲学规定为非理性,他都是把理性作为这种划分的尺度。而且,他又把理性假定为不证自明的东西。我们要问的是,真正的哲学是不是在"理性与非理性"之外?对"什么是哲学"的追问是不是需要一种更高的视野和谨慎?

哲学在其源起处是被希腊人所独有的,"哲学在其本质的起源中就首先占用了希腊人,而且只是占用了希腊人,从而才得以展开自己"①。然而在西方或者说欧洲的历史进程中，原始地属于希腊的哲学受到中世纪基督教的干扰和控制。哲学与基督教联姻，为诸科学的诞生竭尽全力，哲学在人类历史上为基督教和诸科学的发展打上了一种特殊的印记。这种印记过于强大，以至于哲学要达到一种终结才能克服自身，回归其本质。海德格尔说，哲学"站在被称为原子时代的当代世界历史时代的生庚证明上。因此之故，唯当我们参与到一种与希腊人的思想的对话之际，我们才能来追问'这是什么——哲学？'这个问题"②。

我们如何问远处的那个东西是什么？我们也许得到一个回答：一棵树。"树"是一个并不明确的称呼。当我们进一步追问是什么类型的树时，我们就希望对"是什么"做进一步明确的界定。在哲学的不同时期，对"什么"进行界定又被人为地划分了许多的标准。在柏拉图的哲学中，这个"什么"就是所谓的相、理念。在柏拉图哲学流行的时期，人们追问"什么"便意指这个理念。而从亚里士多德到康德，从黑格尔到尼采，对"什么"的界定和划分每每都被重新规定，以至于同样的东西在不同的哲学家那里能产生不同的哲学。并且，哲学几乎每一次都被视为已经达到其本质，无须重新进行界定和划分。在黑格尔的意义上，哲学已经被无数次终结。

哲学本质上与希腊语是息息相关的，希腊语并不简单地雷同于我们所熟悉的欧洲语言。海德格尔说，希腊语而且只有希腊语才是逻各斯。在希腊语中所道说的东西以一种别具一格的方式应合它所命名的东西。倾听一个希腊词语就是领会它的直接陈述，经过希腊语陈述的东西就像径直被摆到我们眼前。希腊语具有演绎功能，而

---

① 海德格尔：《同一与差异》，第6页。
② 同上书，第7页。

不仅仅有纯粹的语词含义。用海德格尔的话说，希腊语是形式显示意义上的。

哲学在希腊语中源于"爱智慧"。在古希腊哲学家赫拉克利特看来，"爱"就是"热爱"，意味着与某物保持协调一致，以逻各斯的方式说话，应合于逻各斯，从而一物与另一物相互结合起来，并且相互支配。"智慧"说的是"一是一切"。"一切"意指所有存在者，即存在者整体。"一"意指聚集一切者。"智慧"是说一切存在者在存在中都能够被聚集、被统一。存在能把一切存在者聚集起来，这种聚集就是逻各斯。存在因为有聚集能力而使存在者成为存在者。"爱智慧"表示存在能聚集并应合存在者整体，成为存在者整体的代名词。正是存在者被聚集于存在之中，存在者能在"被聚集后"又从存在中闪现（Scheinen）让希腊人惊讶不已。海德格尔说："希腊人最早而且也唯有希腊人才惊讶于此。存在者在存在中——这对希腊人来说成了最可惊讶的事情。"①

为了防止智者知性地攻击，他们不把"存在者在存在中"弄成一个人人都能理解、可复制的简单知识，诸如赫拉克利特这样的哲学家就立志成为热爱和保护智慧的人。他们追求和努力在其他人那里唤醒对智慧的思慕，并使这种思慕保持着一种生机和活力，让"爱智慧"成为每个人生活中的本己事件，"爱智慧"在赫拉克利特的意义上就成了哲学，哲学如是就有了一个希腊式的开端。

哲学自诞生伊始，经过赫拉克利特和巴门尼德的解释，经过苏格拉底诡辩式的酝酿，最早由柏拉图完成其命名。什么是哲学？"哲学就存在者存在，去探索存在者是什么。哲学行进在通向存在者之

---

① 海德格尔：《同一与差异》，第12页。

存在的途中，也即着眼于存在而通达存在者。"① 而到了亚里士多德那里，"存在者是什么"却转变为"存在者之存在状态"，存在者之存在就在于这种存在状态（Seinendheit）。对这种存在状态，即在场，亚里士多德把它规定为实现，柏拉图把它规定为相。哲学乃是一种能胜任、观看、思考存在者的能力，"也即注视着某种东西并且将注视中所窥见的东西收入眼帘并保持在眼帘中"②。它是存在者的"第一根据和原因"。

亚里士多德对哲学的定义即使放在希腊思想的历史范围内，也仅仅是对希腊思想及其使命的一种特定解释。亚里士多德对哲学特征的描绘不能被等同于赫拉克利特和巴门尼德的思想。亚里士多德的哲学定义只是希腊早期思想及其结论的一种自由发展的结果，只是希腊思想的一个向度，是对赫拉克利特哲学定义的偏离。但我们并不是通过亚里士多德对哲学的定义，以此为参照去网罗和收集亚里士多德前前后后的哲学定义，再通过比较、抽象而获得一个适用于一切哲学的公约数式的定义，在哲学史意义上一劳永逸地解决对哲学的界定。"所有这一切实际上可以凭着伟大的博学并且借助于正确的诊断来做。这样做，我们根本用不着通过沉思哲学的本质而进入哲学中。以此方式，我们获得了多样的、彻底的甚至也是有用的知识，认识到人们是如何来表象在其历史过程中的哲学的。但在这条道路上，我们绝不能获得一个对'这是什么——哲学？'这个问题的真正的、也即合法的答案。"③

真正的答案只能通过哲思获得。唯当我们进入与哲学家的对话

---

① 海德格尔:《同一与差异》，第13—14页。
② 同上书，第14页。
③ 同上书，第16—17页。

之时，与他们一起深入讨论他们所说的东西，而不是借助于一种概念化的哲学定义，我们才能进入这种沉思。我们本身必定通过我们的沉思而与哲学向之而去的那个东西相遇，并且与之应合，这个东西就是存在者之存在。如果我们能在沉思中应合存在者之存在，我们就能领悟到什么是哲学，而无须通过任何一个哲学家对哲学的定义。这是一条悬置历史（哲学史）之路，但不是与历史的断裂，不是抛弃既往关于哲学的历史，而是要对传承下来的历史进行居有（居为己有）和转换。海德格尔说："这种对历史的居有就是我们所谓'解构'（Destruktion）的意思。'解构'一词的意义在《存在与时间》（第六节）中已得清楚的描写。解构的意思并不是摧毁，而是拆解、肃清和撤开那些关于哲学史的纯粹历史学上的陈述。解构意谓：开启我们的耳朵，静心倾听在传统中作为存在者之存在向我们劝说的东西。通过倾听这种劝说，我们便得以应合了。"①

尽管我们时时刻刻与存在者打交道，看起来我们总是随时随地与存在者之存在相应合，但我们却很少去注意存在的劝说。此种应合不是通过我们的沉思而展开的，因而不是真正的应合，或者说不是哲学的应合。哲学就是应合存在者之存在，当且仅当这种应合已经特别地实现，并因而能自行展开，并且扩散着这种展开，这种应合才是哲学。但是，"哲学从来不能直接在存在者身上建造起来，哲学为存在之真理做准备，并且借着在此开启出来的视角和视野而做好准备"②。作为沉思中的应合，应合本质上乃在一种情调（Stimmung）中。通过这种情调，我们的行为向来这样或那样地被安排。情调不是感情的音乐。柏拉图在《泰阿泰德篇》（155d）中说：

---

① 海德格尔：《同一与差异》，第18—19页。
② 海德格尔：《哲学论稿》，第49页。

"惊讶——这尤其是哲学家的一种情调;因为除此之外,哲学没有另一个决定性的开端。"① 作为情调,惊讶乃是哲学的开端。开端并不是说仅仅是开始之后的隐而不显,而是支配着、影响着开端之后的伸展。海德格尔说,惊讶的情调并非简单地停在哲学的发端处,而是"承荷着哲学,贯通并支配着哲学"②。

并不是说人们仅仅惊讶于"存在者存在"这回事以及"存在者是什么",人们是因为受到这种惊讶的驱动才开始哲思的,而一旦哲学发展起来,这种惊讶就显得多余,惊讶不再有推动哲学的能力;而是说,惊讶是上述所说的情调,是哲学最本己的特征。惊讶是哲学的开端,它贯通并支配哲学的每一个步骤,在其中希腊哲学家获得了与存在者之存在的应合。

情调不是现代心理学意义上的,情调规定着思想,时刻提醒人去沉思就存在者存在而言存在者究竟是什么,并因此开启了哲学的新时代。到了近代,在《第一哲学沉思录》中,笛卡尔试问:那个在确定之物(ens certum)意义上真实存在着的存在者是什么?对笛卡尔来说,存在者是不是作为确定之物存在,这是大可怀疑的。但是,关键是,怀疑的主题——人——的存在是毋庸置疑的。怀疑成了笛卡尔的情调,在其中回荡着确定性与不确定性的飘忽不定,确定性就成了存在者之为存在者的规定。这种确定是从"我思故我在"(Cogito ergo sum)对于人的自我(ego)的不可置疑性开始的。在笛卡尔的情调中,人对存在者之为存在者的每一次怀疑,都是基于人的不可置疑性的一次加强。自我就在这种加强中成了独具一格的主体(subjectum),人的本质因此也进入自我意义上的主体性之领域。

---

① 转引自海德格尔:《同一与差异》,第21页。
② 同上。

"从此,确定性就成了真理的决定性形式。对在任何时候都可获得的认识的绝对确定性的信念的情调就是一种pathos(情调),从而是近代哲学的开端。"①并且,理性由于主体性的发展而成为科学的基石,存在的意义变成作为主体的人的单向度笼罩事件,从而变成海德格尔所说的"世界成为图像,而人成为主体"②。

我们真正要问的是,哲学开始于惊讶,壮大于确定性,基于确定性情调的近代哲学是否终结了?这一终结是否出自其自身的声明?这一终结是由黑格尔还是由尼采完成的?关键是,这一终结是否酝酿着哲学的另一种情调?海德格尔说,如果我们坚持倾听存在之声音,思考哲学的终结和另一种情调就是在考虑哲学的未来本质。未来的哲学奠基于何种情调也许还是隐而不显的,我们今天的思想还没有能力看到未来清晰的道路,"我们所碰到的不过是思想的各种情调。一方面是怀疑和失望,另一方面是对那些未经检验的原则的盲目醉心,这两方面相互对立着。怕和畏交织着希望和信心"③。

2. 形而上学的终结与哲思的开始:在两个开端之间的回荡

在漫长的形而上学传统以及由此传统所形成的思维习惯中,逻辑作为探问存在者过程的一个衍生物,仍然被看作一个不可动摇、不证自明、绝对的思想法庭。逻辑是无边无际的尺度。海德格尔说,形而上学着眼于存在中的存在者共属一体来思考存在者整体,思考世界、上帝和人类。形而上学以论证性、表象性的思维方式来思考存在者之为存在者。因此,从哲学的第一开端以来,即从形而上学

---

① 海德格尔:《同一与差异》,第23页。
② 海德格尔:《林中路》,第94页。
③ 海德格尔:《同一与差异》,第24页。

以来，存在者在存在中生成、消亡和持存，存在就把自身显示为所有存在者的根据、本原、基础和原理。

存在者就因为存在、依据存在而成为某种可感知、被处理和被制作的东西，成为某种对象之物，存在就一次次把存在者带入当下在场。没有存在，存在者就无法现身。存在者显示自身为在场状态（Anwesenheit），在场状态就成为康德意义上的对象之对象性得以成立的先验可能性，成为黑格尔的绝对精神运动和马克思的历史生产过程的辩证中介，成为尼采的那种作为价值设定的强力意志。

自柏拉图以来，哲学即形而上学。形而上学从存在者的在场状态出发去把握、表象存在者，真正的存在却被人遗忘了。伴随着存在的遗忘，形而上学聚集到其最极端的可能性中去，哲学也进入其终结阶段。哲学之终结，并不是说哲学会终止或不再继续发展，甚至被人为地理解为颓废和无能。"相反地，关于哲学之终结的谈论却意味着形而上学的完成（Vollendung）。"① 所谓"完成"并不是说形而上学臻于完美，而是说形而上学穷尽了其一切可能性。任何一种作为形而上学的哲学都只有时代的差异，本质上一成不变。所以，我们无法拥有一种尺度，去评判一个阶段的哲学是否优越于另一个阶段的哲学。"柏拉图的思想并不比巴门尼德的思想更见完满。黑格尔的哲学也并不比康德的哲学更见完满。哲学的每一阶段都有其本己的必然性。"② 也因为如此，我们无权偏爱一种哲学而不要另一种哲学。当然，形而上学之哲学进入终结阶段，人们还可以构造出纷繁复杂的哲学理论体系，还在努力尝试各种哲学思维，"这种思维也只

---

① 海德格尔：《面向思的事情》，第79页。
② 同上书，第80页。

能达到一种模仿性的复兴及其变种而已"①。这种复兴和变种要么依附于柏拉图,要么依附于尼采,本质上还都在形而上学的范畴之中。

1964年,海德格尔在法国发表他的著名演讲《哲学的终结与思的任务》。在近代以来的欧洲,首先是自然科学和社会科学等经验实证科学逐渐从哲学中分离出去,发展成独立自主的科学门类和科学领域。"哲学因此就沉沦于实证主义中了。"②原先属于哲学的诸多课题领域,现在已经被各门科学分割和占领了,哲学已经失去了自己原来的边界和领地。"它看似哲学的纯粹解体,其实恰恰是哲学之完成。"③

哲学的终结伴随着形而上学的完成,形而上学聚集到其最极端的可能性中去,即对象性、表象性的思维方式。这种历史进程如今在一切存在者领域中正处于鼎盛时期,科学就处在这种鼎盛时期,譬如当下的人工智能。海德格尔说:"早在希腊哲学时代,哲学的一个决定性特征就已经显露出来了:这就是科学在由哲学开启出来的视界内的发展。科学之发展同时即科学从哲学那里分离出来和科学的独立性的建立。"④科学能取得今天的成就,看似是科学的胜利和哲学的解体,其实恰恰是哲学之完成,即哲学在形而上学时代已经羽化为科学。如果从人的视角出发,哲学转变为关于人的经验科学,转变为关于一切能够为人所经验到的、作为技术对象的东西之科学。人正是通过投身于技术之中,也就是在集置之中,以多种多样的方式制作和加工自然,因而把自身确立在世界之中。"所有这一切的实现在任何地方都是以科学对具体存在者领域的开拓为根据和尺度

---

① 海德格尔:《面向思的事情》,第80页。
② 海德格尔:《路标》,第408—409页。
③ 海德格尔:《面向思的事情》,第81页。
④ 同上。

的。"①区别仅仅在于,是以自然科学还是以社会科学的名义。

哲学在现时代正走向终结,它已经在人类各种科学方式的社会行动中找到自己的痕迹,任何一门科学都仅仅依赖于范畴的划分来界定自己的对象领域。哲学在其历史进程中关于存在者之不同领域(自然、历史、道德、艺术)的存在论,现在被诸科学当作自己的任务接管过去,形成了分门别类的科学之体系。哲学消解于被技术化、数字化的各门科学,消解于心理学、逻辑学、政治学之类的特殊科学中了。诸科学在其区域性范畴中依然谈论着存在者之存在,而且只谈论存在者之存在。诸科学尽管否认自己的哲学来源,并试图把自己与哲学等同起来,但这并不改变科学来源于哲学的事实。"因为在诸科学的科学方式中,关于诸科学出自哲学的诞生的证物依然在说话。哲学之终结显示为一个科学技术世界以及相应于这个世界的社会秩序的可控制的设置的胜利。哲学之终结就意味着植根于西方—欧洲思维的世界文明之开端。"②哲学失去其原有边界的过程,亦即哲学在完成意义上达乎终结的过程,是技术工业成为全球人类的共同命运的过程。"科学在今天就还处于其最佳的开始阶段。"③

哲学在现时代正走向终结,哲学的终结只有空间形态的不同,而没有时间历史的变化。哲学的终结意味着"从此一终结到彼一终结""从此一位置到彼一位置""从此一形态到彼一形态"。哲学需要新的战场,以形而上学为终结点。或者说哲学需要新的开端、另一开端。"一旦——哲学找到了回到其原初本质的道路(在另一开端中),有关存有之真理的问题成了有所建基的中心,则哲学的离基

---

① 海德格尔:《面向思的事情》,第81页。
② 同上书,第83页。
③ 海德格尔:《哲学论稿》,第164页。

深渊特征就将自行显露出来——这种哲学必须回到开端之中,方能把开裂和逾越、奇异和始终异乎寻常的东西带入其沉思的自由之境中。"①

海德格尔说,如果情形真是这样,那么在哲学从开端到终结的历史中,想必还有一项任务隐而不显地预留给了思想。思想必然是一种跳跃入存有之真理中的沉思,沉思"必然地是自身-沉思(Selbst-besinnung)"②。沉思作为自身-沉思,"正如它在此基于存有之本质现身的追问而变得必然的那样,是远离于那种使ego(自我)升起并且变得确定的clara et distincta perceptio(清楚明白的知觉)的"③。思想的这一任务既不是亦不能为形而上学的哲学所达到,更不是起源于哲学的诸科学可以奢望的。因此我们不禁要问,哲学终结之际为思想留下了何种任务?

有一种既不是形而上学又不是科学的思想吗?我们能断言,哲学从来没有达到真正的思想之高度,从而只是完成了一部迄今为止纯粹颓败的形而上学历史吗?这样一种断言是否能避免成为一种企图凌驾于诸如柏拉图、康德、黑格尔、尼采等伟大哲学家之上的傲慢自大?

这种疑问在所难免。任何想对真正的思想有所猜度和洞见的尝试,都避免不了依赖于对既往整个哲学史的回溯,质疑者企图在其中找到自己的共鸣和相似的佐证。正因为这样,我们于此猜度的思想,必然不危及既往哲学家(譬如康德)的伟大。真正的思想逊色于哲学。之所以如此是因为,相比于在工业时代把哲学当作可传授

---

① 海德格尔:《哲学论稿》,第46页。
② 同上书,第48页。
③ 同上书,第57页。

和复制的知识，真正的思想所具有的直接或间接的效果要远远逊色于学院哲学。要紧的是，这恰恰是思想真正的要害。为此，我们所猜度的思想要保持一份谦逊乃至无用，首先是因为它的任务只具有预备性，而不具有任何创设和构造的特性。思想并不想亦不能架构为理论体系。"'体系'时代已经过去了。"① 海德格尔说："它满足于唤起人们对一种可能性的期待，而这种可能性的轮廓还是模糊不清的，它的到来还是不确定的。"②

思想唤起人们何种可能性的期待？"我们所思的是这样一种可能性：眼下刚刚发端的世界文明终有一天会克服那种作为人类之世界栖留的唯一尺度的技术—科学—工业之特征。"③尽管这种克服不会出于自身或通过自身而发生，对技术文明的克服不会自然而然地发生，但借助于人对真正思想的猜度，借助于人对一种使命的期备，不论人们倾听与否，这种使命总是在人未经裁定的天命中说话了。我们同样不能确定，人类的未来是否会因为技术文明的高度发达而突然遭到毁灭，譬如我们人类对自然的粗暴干涉唤醒了一种沉睡亿年的致命病毒；或者它可以长期地稳定下来，却又不是滞留于一种持久不变的持存之中，而是把自身建立在常新的、绵延不断的变化之中。毁灭或是长存，这一切都是不确定的，思想对其只能保持开放。至少，我们对人类技术文明的未来不能只有简单的乐观。

我们所猜度的预备性的思想并不想预见将来，并且它也不能预见将来。它不过是尝试对现在有所道说，道说某种很久以

---

① 海德格尔：《哲学论稿》，第4页。
② 海德格尔：《面向思的事情》，第84页。
③ 同上。

前恰恰就在哲学开端之际并且为了这一开端已经被道出的而又未曾得到明确的思想的东西。就眼下而言，以适当的简洁指出这一点，想必就足够了。为此，我们求助于一个由哲学提供出来的路标。①

当我们去追问思想的任务之际，就意味着要在哲学的领域内规定思想所关涉的事情，即"面向思的事情"。近代以来，哲学明确而主动地召唤"面向思的事情"，成为思想的一种表达和尝试，黑格尔和胡塞尔都曾为此奋身一搏。在黑格尔1807年出版的《科学的体系》的前言中，我们可以听到这种呼声。在黑格尔那里，为了避免对哲学之目标的空洞谈论和对哲学思维之结论的肤浅报告，哲学"面向思的事情"，且唯有在一种变易中才显示出来。这种变易在"面向思的事情"的展开着、伸展着的表现（Dar-stellung）中进行，在表现中，主题与方法成为同一。黑格尔把这种在其（面向思的事情）意义上的同一性称为"观念"，也称之为"精神"。凭此观念或精神，哲学之"面向思的事情"才达乎显现，哲学才达乎黑格尔意义上的终结，并且历史也随之终结。黑格尔说，有了笛卡尔的"我思故我在"，哲学才首次找到了自己坚固的基石，在那里哲学才能有自己的家园。质言之，在黑格尔"面向思的事情"的哲学思维中，主体乃是唯一的、真实的在场者，是被转移到人的意识中的唯一根据，也就是在亚里士多德哲学中被称为"实体"的那个东西，并进而发展为理性和逻辑，成为科学和技术的基石。

黑格尔在《科学的体系》的前言中宣称："（哲学的）真理不仅

---

① 海德格尔：《面向思的事情》，第85页。

应被理解和表述为实体,而且同样应被理解和表述为主体。"① 在黑格尔的哲学中,这就意味着存在者之存在,或者说存在者之在场状态,只有当它在绝对理念中作为自身自为地现身当前时,才是明显的、完全的在场状态,绝对理念作为黑格尔的哲学思维就僭越了思想。海德格尔说:"自笛卡尔以降,理念即意谓知觉(perceptio)。存在向它本身的生成是在思辨辩证法中进行的。只有观念的运动,即方法,才是事情本身。'面向事情本身'的呼声要求的是合乎事情的哲学方法。但哲学之事情是什么,这自始就被认为是确定了的。作为形而上学的哲学之事情乃是存在者之存在,乃是以实体性和主体性为形态的存在者之在场状态。"② 在黑格尔那里,思想的事情异化为哲学的事情,"面对思"异化为"面对哲学"。

一百年后,哲学应该重新"面向思的事情"的呼声重新出现在胡塞尔的《作为严格科学的哲学》中。对胡塞尔和黑格尔而言,哲学研究都依于同一个传统,就是意识的主体性。胡塞尔无非指向了与黑格尔不同的另一个方向。对胡塞尔来说,哲学既要反对自然主义心理学,因为这种方法自始就阻挡着通向意向性意识的道路,即自然主义心理学不具有意向性,而只有随意性;同时也要反对历史主义,因为历史主义在关于哲学观点的讨论和对哲学世界观类型的划分中丧失了自身。所谓"丧失自身"指的是,历史主义无非是对陈旧思想的堆积和排序,就像施特劳斯对海德格尔的批判是一种丧失自身的批判。胡塞尔说,"一切原则的原则"首先不是内容的原则,而是方法的原则。"一切原则的原则"要求绝对主体性作为哲学之事情,这一原则决定了方法优先,而不是事情本身优先。

---

① 转引自海德格尔:《面向思的事情》,第86页。
② 同上书,第87页。

所以，从黑格尔和胡塞尔的观点来看，哲学之事情就是主体性。对这种呼声而言，有争议的东西并非是事情本身，而是事情本身在主体性中的表现。通过这种表现和投影，事情本身才成为现身当前的。黑格尔的辩证法和胡塞尔的意向性，两种方法尽管看起来大相径庭，但二者要表达的事情本身是同一个东西，即主体性只是以不同的方式被经验到。然而，讨论黑格尔和胡塞尔对我们洞察思的任务又有何益？就在作为历史主义的哲学把其事情带到了绝对知识和终极明证性的地方，如何隐藏着不再可能是哲学之事情的有待思的东西？在哲学之事情及其方法中未曾被思的到底是什么？

黑格尔的思辨辩证法是一种哲学之事情如何从自身而来，并且自为地达乎显现，并因此成为现身当前（Gegenwart）的方式。这种显现必然借助于某种光亮才能现身，光亮是显现的根基和前提。"但从光亮方面来说，光亮却又植根于某个敞开之境，某个自由之境（Freien）；后者能在这里那里，此时彼时使光亮启明出来。光亮在敞开之境（Offenen）中游戏运作，并在那里与黑暗相冲突。无论是在一个在场者遭遇另一个在场者的地方，或者一个在场者仅仅只是在另一个在场者近旁逗留的地方，即便在像黑格尔所认为的一个在场者思辨地在另一个在场者中反映自身的地方，都已有敞开性（Offenheit）在起支配作用，都已有自由的区域在游戏运作。只有这一敞开性也才允诺思辨思维的道路通达它所思的东西。"①

海德格尔把这种允诺某种可能，并让其显现和显示的敞开性命名为"澄明"（Lichtung），澄明才使得黑格尔的辩证法和胡塞尔的意向性成为可能。用佛教的话说，只有它才使得辩证法和意向性凭

---

① 海德格尔：《面向思的事情》，第90页。

空而起。澄明意指照亮，照亮某物意谓：使某物轻柔，使某物自由，使某物敞开。譬如森林的某处本没有树木，没有树木之处原初地、自由地、轻柔地让树木和花丛生长出来，这样的自由之境就是澄明。光可以涌入澄明之境并且让光亮与黑暗交互运作，但绝不是光亮创造了澄明，澄明必须比光更为根本。光倒是以澄明为前提的，甚至黑暗也要以澄明为前提，光明和黑暗只是穿越澄明而已。澄明就像是佛教所说的空性、如来藏。澄明是万事万物的林中空地，万事万物因之而始。用歌德的话来说，它就是"原现象"（Urphänomen）、"原事情"（Ur-sache）。海德格尔说："在这种东西中，纯粹的空间和绽出的时间以及一切在时空中的在场者和不在场者才具有了聚集一切和庇护一切的位置。"① 澄明作为空性的境域，也可以是境域的空性。

所有明确地或不明确地响应"面向事情本身"的哲学思想，都已经在其理论和方法中进入澄明的自由之境中，从笛卡尔到康德，从黑格尔到尼采，概莫能外。然而，哲学（形而上学）对这种澄明却一无所知。哲学虽谈论理性之光，但却没有关注到存在之澄明，哲学与存在之间还有层级上的差异。唯有敞开之境才照亮理性之光，理性之光并不足以构成澄明。以至于我们不如说，理性之光只是为了能够照耀在澄明中的在场者才需要这种澄明。这不光是哲学之方法的真实情形，也是哲学之事情（即在场者之在场状态）的真实情形，澄明真正决定着哲学。"不论在场者是否被经验，被掌握或被表象，作为逗留入敞开之境中的在场性始终依赖于已然起着支配作用的澄明。即便不在场者，除非它在澄明之自由之境中在场着，否则

---

① 海德格尔：《面向思的事情》，第91页。

也不能成其为不在场者。"①

　　一切形而上学都说着柏拉图的语言,形而上学即柏拉图主义。形而上学思想的基本词语,也就是形而上学表达存在者之存在的基本词语,就是相或理念,是存在者作为这样一个存在者在其中显示自身的那个外观(Aussehen)。外观是一种在场方式。没有光就没有外观,但是没有澄明,就没有光,也没有光的穿越和照射,也没有光明和黑暗的交互运作。然而在哲学中,这种在存在中起支配和决定作用的澄明本身依然是未曾被思的。尽管哲学在开端之际、在苏格拉底之前也谈论过澄明,作为一种自然而发的涌现,作为巴门尼德所说的"无蔽"。哲学无视、无能于某种东西,哲学把某种东西耽搁了,因此哲学患有某种根本性的缺陷。我们指出在哲学中未曾被思的东西,并不构成对哲学的批判,也不是作为一种批判的批判,而倒是在哲学终结之际愈发催促思的开始。哲学需要另一种情调、另一开端。"第一开端的基本情调乃是惊奇,惊奇于存在者存在,惊奇于人本身存在着,在人所不是的存在者中存在着。另一开端的基本情调乃是惊恐。在存在之离弃状态中的惊恐与在植根于这样一种创造性的惊恐中的抑制。"②哲学如今就飘荡在这两个开端之间。

　　有一点十分明确,追问无蔽本身并不是追问真理。把澄明意义上的无蔽命名为真理,就把澄明弄成一个概念和目标。关于存有之真理,只有在哲学的讨论中才恰如其分。在黑格尔的《逻辑学》中,真理意味着绝对知识的确定性。和胡塞尔一样,黑格尔也没有追问存在之为存在,亦即没有追问在场状态背后的澄明问题,而只追问被视为在场状态的存在者的存在问题,即使黑格尔的"精神"看起

---

① 海德格尔:《面向思的事情》,第93页。
② 海德格尔:《哲学论稿》,第51页。

来已足够抽象。真理可以作为表象和陈述的正确性来经验，而无蔽或澄明正是这种正确性的根据和可能性之来源，就像海德格尔所说的，"无论是诗人还是日常语言使用，甚或哲学，都没有设想自己面对这样一个追问任务：追问真理即陈述的正确性如何只有在在场状态之澄明的因素中才被允诺而出现"①。人们只经验和思考澄明所允诺的东西（譬如光），而澄明本身还未经思索。并且，澄明并不只是关联在场状态的单纯澄明，而且是关联自身遮蔽着的在场状态之澄明，以及自身遮蔽着的庇护之澄明。

形而上学哲学只是澄明的单纯在场状态。在哲学的帮助下，支配着现代性的科技理性日复一日、愈来愈夸张地用它的巨大成就来证明自身的正确性。但这种证明丝毫没有道说澄明之允诺的丰富性和可敞开性。也许，我们需要一种转变，需要一种新思想，姑且可以把它叫作哲思，以区别于形而上学化的哲学。

这种哲思，"比理性化过程之势不可挡的狂乱和控制论的摄人心魄的魔力要清醒些。也许恰恰这种摄人心魄的狂乱醉态倒是最极端的非理性呢！"②真正的哲思超出了传统的理性与非理性的思维，它比科学更加清醒。也许它不是科学意义上的有用，但依然有自身存在的必然性。"真正的思维把自己限制在存在的显露上。它没有任何实际目标。它不像科学一样提供知识，或像传统哲学一样力图解决终极的宇宙之迹，它也不为生活提供智慧或为行为提供指南。真正的思维'抛弃'了这种实用主义，它坚持把自己仅仅理解为存在的显露。这种思想是存在本身所唤起的，因此思想具有负荷着命运的

---

① 海德格尔：《面向思的事情》，第99页。
② 同上书，第101页。

特征。"① 那么哲思就超越了既往哲学的全部使命，不再限制于"存在与时间"或"思维与存在"，而是"澄明和遮蔽"。用海德格尔的话说："那么，思的任务就应该是：放弃以往的思想，而去规定思的事情。"②

高宣扬认为，从20世纪初开始，西方哲学经历了对形而上学的不断批判，经过从新康德主义到逻辑实证主义的批判；经过狄尔泰等人的历史诠释学批判；经过尼采生活哲学的批判；又经过从舍勒到普列斯纳（Helmut Plessner）的哲学人类学重建，以及在这种重建中对形而上学的批判；使得传统的形而上学"无处藏身"。正是在这样一个背景下，以现象学方法论为基础的存在主义，特别是海德格尔的存在主义，才有可能和有意愿去探讨重新建构一种新的"形而上学"。③

3. 朝向最后之神的哲学：最后之哲学

对哲学的本质性把握必然是一种历史性的把握，而不是一种历史学上的把握，对历史学的把握是哲学史的任务。在最后之神将要降临的时代，对哲学的历史性把握预示着哲学的最后形态，也许可以称之为最后之哲学。所谓"历史性的（geschichtlich）把握"指的是，真理归属于存有之本质现身，被契合于存有之真理的急难之中，因而也蕴涵着那种根本上支配着历史之本质及其本现的决断之必然性。据此看来，哲学当前的任务是要为真正的哲思做准备工作。我们的时代是过渡时代，在哲学之准备中，荷尔德林的诗句通过此一

---

① 罗宾逊：《后期海德格尔与奥特神学》，第145页。
② 海德格尔：《面向思的事情》，第103页。
③ 高宣扬：《德国哲学的发展》，第833页。

在(新的时机之所)而得到了解读,并且在这种解读中获得建基而成为将来者的语言。唯如此,人才能踏上那条通向存有的短促而从容的羊肠小道。海德格尔说:"荷尔德林在存有历史上的唯一性是必须首先得到建基的,一切'文学'史和诗歌史上的比较,一切'审美'判断和享受,一切'政治上的'评价,都是必须被克服掉的,方能使得那些'创造者'的时机获得自己的'时间'。"①

当前哲学的历史性使命即在于认识到荷尔德林诗歌的必然性,质言之,把荷尔德林诗歌的真理建基于"将来此-在于其中回荡"的沉思和情调之中。对哲学本质的历史性刻画就是把哲学把握为存有之思想。这种思想绝不会让哲学重新蹈入任何一种存在者的形态中,哲学再也不能踏上形而上学的道路。"存有之思想完全不同于任何一种对对象的依循,必定归属于有待思想者本身,因为存有不能容忍把自己的真理当做附加物和被提供之物,相反,它本身就'是'真理之本质现身。"②

尽管哲学乃是对存在的追问,在贯穿阿那克西曼德到尼采的漫长历史中,对存在的追问都是基于对存在者的追问,并构成形而上学的主导问题。形而上学的主导问题由人(此在)指向作为被问及者的存在者,探问存在者是什么,为此表现出惊讶。存在者的本质被规定为一切存在者所共同的东西,存在因而具有了存在状态的特征。"这种追问追随存在者,从存在者而来、又返回到存在者进行追问。"③

存在状态作为一切存在者中最持久、最稳固的在场者,因而最具有存在性,向来也比个别的存在者更早存在。马要比白马早,琴

---

① 海德格尔:《哲学论稿》,第445页。
② 同上书,第446页。
③ 同上书,第448页。

要比钢琴早,诸如此类。一旦存在状态在惊讶和探问中被把握为表象之对象,而表象变成主体意义上的于自身面前的摆置(vor-sich-stellen),则更早先的存在(früher Sein)就获得秩序上的优先性和先天性。不管先天性是客观的还是主观的,自笛卡尔直至康德、尼采,所有这些主观抑或客观的区分都不能掩盖这种对存在的追问的简单和乏味。"这种关于存在的问题的历史乃是形而上学的历史,乃是那种从存在者而来、并且向存在者而去把存在思考为存在者之存在的思想的历史。"[1]

表面看起来,黑格尔的绝对唯心论倒是克服了存在者之优先地位。通过对绝对知识的扬弃,存在者的对象性似乎消失了。但其实,存在者的对象性只是被移植到主体的自我意识和理性的对象性之中了,即存在状态本身奠基于绝对主体性之中。客体消融于主体之中,主体"作为一切于自身面前的摆置的关联中心(Bezugsmitte),决定了存在状态及其可能包含的东西,决定了被表象状态的本质形式和层次"[2]。人(类)就是在此意义上自诩为宇宙的中心,或者把自身说成是万物的尺度。

但是现在,对存在的追问变成对存有之真理的追问。真理之本质被把握为自行遮蔽者的澄明,被把握为归属于存有之本质现身。存有,这个必须在其真理中被启思的存有,并不是那种先天性的普遍者,更遑论其客观性或主观性。存有之启思使存有作为"之间"而跃起,在这个"之间"自行澄明的本现中,诸神与人类相互照面,相互归属。也即,它们的归属状态得到了决断,历史性地得到了决断。

---

[1] 海德格尔:《哲学论稿》,第449页。
[2] 同上书,第450页。

在从存在的主导问题向基础问题的过渡中，我们必须根据过渡来思想和追问。因此就必须排除一种形而上学式的判断，更不必说孰强孰弱，孰主孰次。对存有之真理而言，我们也不能牺牲前一种追问来证明后一种真理的伟大，因为对存有之真理做这样一种证明违背了这种追问的本质。过渡期间的思想和追问必须是历史性的。原因在于，"在这种追问中，存有本身之历史作为最具离基深渊特性的唯一历史基础的历史变成了本有"①。根本上，人们不能通过某种暴力攻击来摆脱形而上学的习惯，必须经常返身踏上形而上学的思想道路。返回不是为了重复，而是另有所悟。"唯有思想之勇敢的冷峻和追问之迷误的黑夜，才赋予存有之火以灼热和光明。"②

存在问题中的区分必然是某种历史性区分，并且把形而上学的历史与将来的思想区分开来。这种区分在其最初的实行中把过渡标识出来。人类现今的历史就处在第一开端向另一开端的过渡之中，哲学就回荡在两个开端之间。这种区分并不是以类比的方式把某个过去之物与将来之物连接起来，把某种流逝的历史与即将到来的历史联结起来，而是把西方（世界）历史两个根本不同的深度进程分离开来。形而上学的历史趋于终结，但这不是说，形而上学的合理的、正确的、逻辑的思想要被根除掉。相反，这意味着，"现在，形而上学的思想把它根深蒂固的习惯搬弄到世界观和对日常活动的日益增长的科学化过程的领域里了，就如同它已然在基督教组织中得到了固定，并且借助于后者过渡到基督教的'世俗化'"③。形式上的形而上学的历史不会终止，只是它现在过渡到无历史之物中，并且

---

① 海德格尔：《哲学论稿》，第453页。
② 同上书，第454页。
③ 同上。

依然可以在历史上有所抑制地光芒四射。

反过来,另一种追问存在的历史性思想也还没有进入光明之中。"它依然在本己的深处遮蔽着,但现在,它不再像从西方思想的第一开端以来、在形而上学历史范围内那样,遮蔽于对它在未打开的本源中的锁闭状态的掩蔽,而是遮蔽于一种浓重黑暗的清明,即那种自知的,并且在沉思中形成的深度所具有的浓重黑暗的清明。"①

形而上学思想在其作品中呈现出来的历史,依然只是历史学上研究和传授的对象。这种历史必须首先成为历史(过去),之后才是过渡。倘若存在的历史还不想成为历史,那么存有本身就必须为自己居有思想。但是,没有人知道将来存在者的形态。真正的过渡包含着对过去之物的宽容和给予新鲜之物的自由。古老之物并非如陈旧之物需要舍弃,一旦原初伟大之物(属于前苏格拉底时代)陷入形而上学历史学上的传统和决断之中,伟大之物就不可避免地扩散开来并变成陈旧之物。古老之物,也就是在本质上任凭任何年轻之物都不能超越的东西,唯有对历史性才敞开自身。新鲜之物也不是现代摩登之物,后者总是在当今社会主流形态中获得尊重和喜爱,并且保持为毫无决断的昏聩无能。新鲜之物指的是另一开端之原初状态的鲜活生猛,它敢于冒险,勇于决断,深入到第一开端隐蔽的将来之中。新鲜之物"根本上不可能是'新'的,而是必定比古老之物更老的"②。

任何一种基于存在之思的哲学,从来都不能被事实所证实,即不能被存在者所证实,所谓的实证主义哲学是不存在的。哲学"使

---

① 海德格尔:《哲学论稿》,第455页。
② 同上书,第458页。

自己变得可理解，此乃哲学的自杀"①。哲学如今为科学奠基，为文化做解释，为意识形态服务，为世界观效力。哲学需要从形而上学的桎梏中解脱出来，这种解脱只能在另一开端中才有可能。另一开端乃哲学的隐蔽本质。哲学本身乃起源于存有之本质现身，也即本有，如此方能踏上沉思之路。哲学再也不是体系，也不是宏大叙事，而是像偶尔从某个采石场上坠落的石块，石块也许变成马路的路基，也许变成桥梁的笨重基石。

海德格尔说，体系的时代已经过去了，这一点和谢林、黑格尔全然不同。黑格尔在其《精神现象学》的前言中明确地指出，"知识只有作为智慧或者体系才是真实的，才能够被表述出来"②。这也是整个德国唯心主义的基本信条，任何脱离体系的对个别问题的探讨都是不充分和没有意义的。而对谢林来说，体系不但是必需的，而且要追求作为最高本原的绝对者与其现实现象的圆满统一。这个绝对者必须是完全自由的，其自身既不需要根据，也不需要前提。"哲学必须从无条件者出发。……所有哲学的最高本原就是纯粹的、绝对的自我，即那个单纯的，根本不以客体为条件，而是通过自由被设定的自身。所有哲学的开端和终结都是自由。"③对谢林而言，体系一直都在那里，并且不以人的意志为转移。人们既不可能为此发明，也不可能为此构想，世界本身就是一个体系。用华严宗的话说，世界本身就是一个完整的法界。

在另一开端中，哲学以探问存有之真理的方式来进行追问。第一开端的历史是形而上学及其从存在者中来、到存在者中去的历史。

---

① 海德格尔:《哲学论稿》，第459页。
② 转引自先刚:《永恒与时间：谢林哲学研究》，第49页。
③ 同上书，第13页。

另一开端对存有历史性思想的追问必然表现出一种简单或者说粗暴的倒转（Umkehrung）。倒转同时是决断，用佛教的话说，是断离和顿悟。人唯有投身于存有历史性的思想之中，才能领悟这种单纯倒转的本质。知道这种倒转并不意味着克服什么，根本上也无须克服什么。倒转不是建基于存在者，也不是为了存在者。"在此倒转中，唯有被倒转者才取得了权力，并且获得了它前所未有的加强和完备。"① 唯如此，存有历史性的思想才是可能和可及的。

在第一开端的历史中，上帝必定被表象为最具存在性者，是其余所有存在者存在的第一根据和原因，是所有存在者的绝对他者和无条件的依附者。所有这些规定都并非起源于上帝本身内在的神性，而是起源于存在者之为存在者的表象，"存在者，作为持久在场者、对象性的东西，是全然自在地被思考的，并且在表-象性的说明中作为最清晰者而被归于上帝这个对-象"②。

存有是什么？没有人关心存有。相反，人人关注的、思想所及的都是存在者。人们也许能够关心存有，但在这种关心之中，存有也只是那个不需要人们关心的"存在者"。如果人们最终还是承认，存在是对存在者的超越，存在不是存在者，那么实际上，存在仍然还是一个空洞的"表象"。存在被看作一个不是存在者的存在者，是一种不知所指的表象活动。这种表象活动，在任何时候、任何地点都可能对立于每个存在者，也必然对立于每个存在者。没有存在者就没有存在，就好比道家所说的，"有"与"无"既相生亦相克。

哲学到此终结。"哲学将不能引起世界现状的任何直接变化。不仅哲学不能，而且所有一切只要是人的思索和图谋都不能做到。只

---

① 海德格尔：《哲学论稿》，第460页。
② 同上书，第461—462页。

还有一个上帝能救渡我们。留给我们的唯一可能是，在思想与诗歌中为上帝之出现准备或者为在没落中上帝之不出现作准备；我们瞻望着不出现的上帝而没落。"①哲学也许只有朝向最后之神才是可能的，也许那就是最后之哲学。哲学才可能摆脱形而上学而开启另一个新的开端。在最后之神的暗示中，哲学"不可能是被言说的东西，作为'学说'和'体系'以及诸如此类的被言说之物，而是必要之物（das Gemußte），它只向那些本身具有离基深渊般起源的、归属于被强制者的人们开启自己"②。

第三节　本有、存有与最后之神

1. 本有中的转向与最后之神的暗示

基于对死亡的领悟、对存有之真理的追问、对此-在的重新建基，存在历史需要一次转向，从形而上学时代向本有时代的转向。在所有的转向中，本有之转向是所有其他依附性转向、循环和回转的最隐蔽基础，有其最内在的显现和最广阔的蔓延。

《关于人道主义的书信》中有一段注脚，海德格尔在此清晰地说明了自己思想转向的开始："这里所说的东西不只是在记录成文字时才臆想出来的，而是基于一条道路的行进，这条道路在1936年就开始了，那是在一种要质朴地道说存在之真理的尝试的'瞬间'。——这封书信始终还说着形而上学的语言，而且是蓄意地。另一种语言还隐而不露。"③

---

① 海德格尔：《海德格尔选集》（下），第1306页。
② 海德格尔：《哲学论稿》，第441页。
③ 海德格尔：《路标》，第366页脚注。

这条新的道路，就是海德格尔1936年开始写作《哲学论稿》时所开辟的、从存在的意义转向存有之真理的新道路。海德格尔后期思想的新思考都可以在《哲学论稿》中找到端倪。《哲学论稿》成为海德格尔后期思想的纲领和蓝图著作，是通向其后期思想的路标。

冯·海尔曼指出，对《海德格尔全集》第二部分讲座稿的研究乃是理解《哲学论稿》的必要前提，尤其是《全集》第45卷《哲学的基本问题："逻辑学问题"选讲》。在这个讲座中，海德格尔把真理问题当作有关存有的先行问题展开出来，由此以一种讲座的方式把《哲学论稿》的重要思想面貌传达出来。因此，对《全集》第45卷的研究，"乃是为理解《哲学论稿》所做的最直接、因而也最重要的准备"①。

《哲学论稿》是《存在与时间》之后海德格尔最重要的著作，在海德格尔的思想转折中起着决定性的作用。《哲学论稿》把存在历史区分为第一开端和另一开端。传统形而上学属于存在历史的第一开端，甚至《存在与时间》也还是第一开端的提问方式，从而还是不究竟、成问题的。海德格尔在《关于人道主义的书信》中这样写道："诚然，对这另一种离弃了主体性的思想作充分的补充实行和共同实行，现在已变得困难了，这是由于在出版《存在与时间》时，第一部之第三篇'时间与存在'含而未发（参见《存在与时间》，第39页）。②在这里，事情整个就倒转过来了。这个成问题的第三篇之所

---

① 海德格尔：《哲学论稿》，第543页。
② 根据海德格尔的构想，《存在与时间》分为两部，每部各三篇。1927年仅发表了第一部的前两篇（第一篇《准备性的此在分析》和第二篇《此在与时间性》），第一部第三篇《时间与存在》未能完成。海德格尔在此是要说明，由于其思想的转向，使得它未能完成。1962年，海德格尔另做题为《时间与存在》的演讲，收入《海德格尔全集》第14卷《面向思的事情》，但他明言此演讲已不再是《存在与时间》原来计划的第一部第三篇。总而言之，思想根本上已经发生了转向。

以含而未发，是因为思想在对这一转向（Kehre）的充分道说方面失灵了，而借助于形而上学的语言亦行之不通。"①

赖贤宗认为，传统形而上学追问存在者存在和存在者之为存在者的最普遍特征，从而把存在理解为存在性。《哲学论稿》则探讨存在历史的另一开端。存在现在不再基于存在者的存在性来被理解，而是从它根本的存在化来被理解。存在如何存在化是另一开端的根本问题。对此，海德格尔在《哲学论稿》中的回答是"存有作为本有"。从而，《哲学论稿》所说的"本有中的转向"就是从第一开端转向另一开端，从存在的意义转向存有之真理。②

在《哲学论稿》第10和第11节中，海德格尔把"本有的转向"作为贯通其前后期思想的重要线索。"关于作为本有的存有的思想乃是开端性的思想，作为与第一开端的争辩，它为另一开端做准备。"③所以，真正的海德格尔思想的转向是基于存在历史的，是基于开端的转向，即从第一开端转向另一开端。

这样我们才能理解，"在本有中本质性地现身的转向，乃是所有其他转向、循环和圆圈的隐蔽基础"④，因为其他转向是依附性的，是第一开端内的转向。海德格尔说："存有（作为本有）需要存在者，方使得存有本质性现身。"⑤第一开端也包含于另一开端。第一开端只把存在思考为在场状态，其依据是那种呈现为一种存有之本现的首次闪亮的在场化。另一开端包含了第一开端，存在历史才能展示其独有的丰富和充盈。"存在者则并不同样地需要存有。存在者依然能

---

① 海德格尔：《路标》，第384—385页。
② 赖贤宗：《道家禅宗与海德格的交涉》，第181页。
③ 海德格尔：《哲学论稿》，第35页。
④ 同上书，第431页。
⑤ 同上书，第34页。

够在存在之离弃状态中'存在',在这种存在之离弃状态的统治下,直接的可把握性、可用性以及任何种类的有用性(例如,一切须为人民服务),明显地决定了什么存在以及什么不存在。"① 这也能说明,另一开端与第一开端不是并列关系。所以,另一开端不是第二个开端,它包含着第一开端。

海德格尔在《哲学论稿》第43节"存有与决断"中对《存在与时间》做了反思,阐释了《存在与时间》被误读为人类学的原因,即人们"是在这个'实存论的'—'人类学的'方向上误解《存在与时间》,从伦理学上所指的决心的角度来看待决心—真理—此在的联系,而不是反过来从此-在的支配性基础出发,把真理把握为敞开状态,把决-心把握为存有之时间—游戏—空间的到时和空间设置"②。

海德格尔在给理查森(Richardson)的信中也指出,其思想转向并不是简单向度的转变,即以此在的时间性为出发点转以存有为出发点,而是发生在存有自身之中的。在以存有"即开显即遮蔽"为出发点的转向中,"存有的开显"即"在场",而存有开显之时的遮蔽就是"无",是与在场同时的不在场。③赖贤宗认为,海德格尔的"无"是存在和思想的中介。④思想通过表象不能达到存在,只有通过"无"才能达到,存在和思想因此得以"共同隶属"(Zusammengehörigkeit),这和老子的"有无玄同"的思想结构异曲同工。

因此,本有的转向必然意味着从此在的时间性转向"最后之神

---

① 海德格尔:《哲学论稿》,第34页。
② 同上书,第96页。
③ 海德格尔:《同一与差异》,第145页。
④ 赖贤宗:《道家禅宗与海德格的交涉》,第187页。

的时代"①的必然性，因为另一开端时代的存有之真理同时是在场和不在场，而《存在与时间》中的时间性只把握到在场的存在的意义，它是海德格尔所说的"存有之本现的首次闪亮的在场化"②。通过此在的时间性不能通达存有之真理的不在场，因而这是欠缺。《存在与时间》虽然已经通过"向死而生"来间接地阐释"无"，但是《存在与时间》还不能从"无"本身来思考"无"，它还需要以"死亡"的在场、到场来思考"无"。死亡还是一个根据、基础，而不是存有之"离基深渊"。

作为原始的本有中的转向，唯有存有之突发作为"此"之开裂，存有被居有为本有过程，才能把此-在，即时间—空间，内立地带向其被建基的真理之庇护。这种真理被建基于存在者之中。存在者在存有之开裂中方能找到自己的场所，并将其作为时间—空间的时机之所。在时机之所中，存在者方能获得新生，从陈旧之物变为古老之物。在转向中，唯有此-在之建基，亦即准备那种对于进入存有之真理中的时间时间化、空间空间化的期备状态，即在时机之所中，人方能领悟本有过程暗示的东西。海德格尔说："在转向中：本有必定需要此在，在需要此在之际，本有把此在置入呼唤中，并且因此使此在直面最后之神的掠过。"③此在需要内立于本有之中承担这种转向，此在作为将来者才能等待最后之神的暗示，经受最后之神的掠过。

转向在呼唤与被呼唤、归属与被归属之间本质性地现身。转向乃是完全的反转，反转不是无关痛痒的修修补补，反转才可能带来

---

① 海德格尔:《哲学论稿》，第96页。
② 同上书，第35页。
③ 同上书，第432页。

彻底的改变。在转向中运作的乃是最后之神的暗示,作为诸神之逃遁和到达及其主宰场所的突发和缺失,诸神遁入虚无,退出其统领主宰之地。暗示才契合伟大之寂静和本有之沉默。在这种暗示中,最后之神的最高法则得到了宣告——那此-在(时机之所)中的伟大个性化法则,存在者向最后之神"献祭"的孤独法则(每一种献祭必定都是唯一的、本己的),向本有之迸发和内立的最短和最陡峭道路选择的唯一性法则。

在形而上学时代,人总是以惊讶面对存在者,质问"这是什么"。最后之神时代需要人保持抑制的情调,抑制自己追问的冲动,以维持、等待最后之神掠过时的寂静。寂静是由于,最后之神代表的是存在自我隐匿的一面,是存在者的反面和不,是全部存在者背后的无。表现在语言上就是沉默而非滔滔不绝,更不用说理论体系的建构;表现在行动上就是持守而非僭越。沉默、持守、抑制、寂静是存在历史另一开端的基本情调,是未来文明的样态。"抑制和隐瞒将成为最后之神最亲密的庆典。"①

转向在此表明,最后之神和人之间的关系是相互归属、相互信赖的。这种相互归属的关系不是那种单纯的线性关系,而是共属一体地、柔和地在圆环中周转。最后之神需要存有,人则属于存有。在转向中,最后之神需要人在此-在这一时机之所中为它的到来奠基。倘若没有此-在(之间)作为存有之开裂的场所,就不会有昏聩中的澄明,存在将隐匿在彻底的晦暗不明之中,隐匿将成为绝对的非存在。然而,被呼唤的人已经立身于澄明之境,也就是说,已经属于存在自我开启的一部分。而人之所以在众多存在者之中成为

---

① 海德格尔:《哲学论稿》,第426页。

被呼唤去奠基的那一个，正是由于只有人才能意识到自己的有限性，意识到自己的死亡，而不仅仅只是死去。人可以把握死亡的要义，从而能够感知最后之神的暗示。人在与最后之神的关系中获得归属的自由。人为最后之神的掠过开启了此－在，开启了澄明的时间—空间。海德格尔坚决反对基督教所约定的人与神的救赎关系。救赎根本上是对人的贬低，完全是神单向度的恩赐。神居高临下，人是无能为力、屈膝感恩的被动者。在回转中发生的只有"上帝对自身及其伟大性毫不宽恕的承认，即承认需要存有"①。

最后之神的暗示，最隐蔽寂静的本有过程，它们是否依然敞开地发生？还是在窘迫中沉默无语？一切裁决还悬而未决。倘若呼唤得以发生，它是否能被听闻？是否跳入此－在抑或从后来者的真理中跳出（再次逃避存有之真理）？转向依然不明。海德格尔说，所有这一切都悬而未决并决定着人类的未来。还有几百年，在科学和理性的帮助下，人类将以自己的谋制强暴和毁灭这个星球，使之荒芜。"人们从来不愿意质疑人，也就是质疑自己。"②这种谋制和体验活动的强大和异化会发展到不可想象的地步，而且会取得一种表面上的严格性，变成荒芜的法则。而存有之伟大性依然隐而不显，因为再也不能做出一种关于真理与非真理以及它们的本质的决断。真理是不可能到场现身的，所有事情只剩下对谋制之成功和失败的计算。这种计算扩展为一种虚妄的永恒性——其实并不是一种永恒性，而只是极其荒芜且极易流逝的无尽延续，一切都沦落为过去之物的单调重复。

---

① 海德格尔:《哲学论稿》，第439页。
② 同上书，第99页。

2. 存有之真理与最后之神

从诸神来把握存有思想,一方面,如果把诸神当作具有神性的东西,仿佛这种神性的东西是事先被给定和判决的,并且每个人对于这种神性已然达成思想上的一致;另一方面,如果人们从诸神出发,把一种多神论设定为其处世哲学的出发点,则从诸神来把握存有思想就还是异想天开,也是绝对不可能的。只要诸神是作为神性的在场,那么一切就还都停留在形而上学的轨道上,而最后之神舍弃这种在场不变的神性。

换言之,从存有来看,一切关于诸神的讨论并不是指对诸神的杂多和对神性的现成存在的明确断言,而是对诸神之当前存在的不完全状态、不确定状态的暗示。无论是对于一神论还是对于多神论,这种不确定性才是真正值得追问的状态,也即值得一问:"诸如存在这样的东西究竟是否可以在不毁坏全部神性的情况下被赋予诸神?哪一位神以及一位神是否会在极端急难中再度复活,对于何种人类之本质以及以何种方式复活——这种不确定状态已经用'诸神'之名而得命名了。"①

存有之真理时代的诸神身处一种不确定的状态,完全不同于形而上学时代对诸神的判定。这种不确定状态并没有仅仅被表象为决断的空洞可能性,而在思想中预先被把握为一种存有式决断。被决断者的不完全的决断状态正是在这存有式决断中取得自己的本源的。完全的决断状态是形而上学式的思维。这种预先思想,作为进入这种不确定状态的决断之中的先行植入,并不会把某些诸神当作现成在场或必须受到崇拜的,而是勇于冒险一试,进入那最值得追问的

---

① 海德格尔:《哲学论稿》,第461页。

领域。对于这个领域来说，答案只能来自这个值得追问者本身，而绝不能来自追问者，包括人。同时，答案只能是暗示不能是陈述，我们不能说诸神是什么，不管它们是来自日耳曼的黑森林还是来自古老的东方。

只有在这种先行植人的思想之中，存有先行被拒绝给予诸神。也就是说，一切关于诸神之存在和本质的陈述，不仅对诸神亦即那些有待决断者没有说出什么本质，而且在形而上学时代还被僵化为一个个对象性的东西，火神、海神、太阳神等，万世不变。如此，一切真正的思想在这里（形而上学）都破灭了。

> 上帝必须被表象为最具存在性者、存在者的第一根据和原因、无条件者、无-限者和绝对者。所有这些规定都并非源起于上帝的神性，而是源起于存在者之为存在者的本质——只要存在者，作为持久在场者、对象性的东西，是全然自在地被思考的，并且在表-象性的说明中作为最清晰者而被归于上帝这个对-象。①

如果诸神被表象为古希腊神庙里的雕像，上帝被表象为十字架上的耶稣，那么从海德格尔的存有之真理思想中就可以得出结论，任何被具体和表象化的诸神和上帝，乃至寺庙中的佛祖、恒河岸边的梵天神，都离真正的神性差得很远。"起于一种由'形而上学'规定的对存在者的态度，我们将只可能艰难而缓慢地知道另一点，即：无论在'个人的'还是在'群体的''体验'中，上帝都还不会显

---

① 海德格尔:《哲学论稿》，第461—462页。

现,相反地,上帝唯一地只显现于存有本身的离基深渊般的'空间'中。所有迄今为止的'礼拜'和'教堂'以及诸如此类的东西,都根本不可能成为对于上帝与人在存有之中心中的碰撞的根本性准备。因为存有之真理本身必须首先得到建基,而且为了这样一项任务,一切创造都必须取得另一开端。"①

和真正的上帝相比,形而上学时代的上帝、寄寓于西方已有历史中的上帝都还太过渺小和偏颇。海德格尔的这一思想和佛教中的"呵佛骂祖"非常相似。禅宗说,"凡有相者,皆是虚妄"。诸神和上帝都是存在者,是禅宗所说的"相者"。禅宗为启悟弟子破除执着,常有呵骂佛陀、祖师以及斧劈佛像的做法。呵佛骂祖是为教导弟子悟道。

《碧岩录》中记录有禅宗公案。僧问赵州:"万法归一,一归何处?"州云:"我在青州作一领布衫,重七斤。"又一日,僧问赵州:"如何是祖师西来意?"州云:"庭前柏树子。"②此禅宗公案无非是要说明,真正的佛法是任何"相者"都无法直接说明的,所以有所领悟的赵州只能从逻辑上看完全"不着边际"地答复僧的问题,因为问题、答案和真相之间不能亦不应建立一种逻辑关联。

佛经《楞严经》卷二曰:"佛告阿难,汝等尚以缘心听法,此法亦缘,非得法性。如人以手指月示人,彼人因指,当应看月。若复观指,以为月体;此人岂唯亡失月轮,亦亡其指,何以故?以所标指,为明月故。岂唯亡指,亦复不识明之与暗,何以故?即以指体,为月明性,明、暗二性,无所了故。汝亦如是!"又有,《楞严经》卷二曰:"一切众生,从无始来,迷己为物,失于本心,为物所转,

---

① 海德格尔:《哲学论稿》,第442页。
② 圜悟克勤:《碧岩录》,尚之煜校注,郑州:中州古籍出版社,2011年,第241—242页。

故于是中，观大观小；若能转物，则同如来，身性圆明，不动道场，于一毛端，遍能含受十方国土。"①

佛说法因言悟道，借教明心。在此，"手指"是相者，是我们手边的佛经和在庙宇中看到的佛像。"月"寓意"明心见性"，是"佛法"。人若以缘心分别，以指当月，岂能悟道。所以彼人因指，应当见月，如众生应当因教观心，悟证明心见性。今则众生以缘心听法，执着于教理、教义之文字差别，痴迷于营宇立像之功，好比是以指当月，不能悟道。

所以海德格尔说，剥夺和否定诸神在形而上学上的实存意义，只是意味着：存在并不凌驾于诸神之上，存在并不大于诸神，诸神也不凌驾于存在之上。站在形而上学的立场上，存在者和诸神都是概念化的相者，本质上都在同一个维度和同一个历史空间之中。但是，在本有之中，诸神需要存有，并非以之为自己的所有物，从而在存有中为自己找到一个位置。"诸神需要存有，为的是通过这个不属于诸神的存有而归属于自身。存有乃是为诸神所需要者；存有是诸神之急难（Not），而且存有之急需（Notschaft）所命名的是存有之本现，即为'诸神'所需要者，但绝非可引发者和可制约者。"②

诸神需要存有，存有不再像形而上学时代的存在那样对诸神进行引发和制约。存有不是为了统摄诸神，存有不对诸神承担决定性的责任。诸神需要存有，为的是把自身推移到离基深渊的自由之中，并且拒绝对其所有的论证和证明。诸神本质上是所有论证和证明的背景，是论证和证明的不可说明性和不可触及处。不论存有之急需

---

① 转引自《乾隆大藏经》第47册，第442部大乘单译经部，《大佛顶如来密因修证了义诸菩萨万行首楞严经》。
② 海德格尔：《哲学论稿》，第462页。

对于真正的思想来说多么晦涩，它都会为诸神给出最初的依据，支持我们人把诸神沉思为那些需要存有的东西。据此，我们才能迈出存有历史（存在历史的另一开端）的最初步伐，存有历史性的思想因此才可以掀开序幕。"而想把这个开端中所言说者强行转变为一种惯常的可理解状态的任何努力，都是徒劳无益的，并且首要地是反对这种思想的。"①可理解和可确定的状态属于形而上学时代，属于存在历史的第一开端，这个时代恰恰是我们需要超越的时代。

如果存有是诸神之急需，而存有本身只能在沉思中找到其真理，而这一思想就是真正的哲思，那么，诸神就需要存有历史性的思想，也即需要哲思。诸神需要哲思，并不是说仿佛诸神为了自己的神化之故而必须沉思；而不如说，诸神需要重新进入存有之决断中。决断不是形而上学时代非此即彼的选择，而是深刻领悟自己不确定性的本质。如果诸神进入决断之中，而历史要放弃历史学的手段重新获得其本质根据，那么作为哲思的哲学、思索"无"的哲学必须存在。

> 从诸神而来，存有历史性的思想被规定为那种存有之思想，这种思想把存有之急需的离基深渊把握为首要之物，并且绝不在作为据说最具存在性者的神性本身中寻找存有之本质现身。存有历史性的思想处于一切神学之外，但也不知道什么无神论，在某种"世界观"或者以某种其他方式形成的学说意义上的无神论。②

---

① 海德格尔:《哲学论稿》，第462页。
② 同上。

从诸神来把握存有思想，即把握存有之急需的离基深渊，一切形而上学时代以之为基础的概念、理性、权威、法则都要被舍弃。这种把握就应当被置入必然性和前提性之中，即为存有建立真理的必然性和前提性。没有存有之真理的必然和前提，一切关于诸神的决断都是不可能的，即使有也是一种无关痛痒、惯常的可理解状态，是一种新型的虚无主义。只有通过这种必然性，一切存有之思想才可以避免任何人类的主观意识之诉求活动，历史才不会沉沦于历史学的简单和单调之中。

从人出发对存有历史性思想的把握与从诸神而来指明对这种思想本质的尝试，这二者是同一回事。但是，没有一种人类现行（形而上学时代）和惯常的理解可以充当这一出发点。人本身必须有一种本质转向，因为人和诸神一样需要存有，以便把人类本身推移到离基深渊的自由之中，并且拒绝由其主观意识发动的如其在第一开端中开创的宏大叙事。

如果我们足够明确地思考人之本质，哪怕是站在人作为理性动物（animal rationale）这个几千年以来人们习以为常的范畴之中，那种已经变得单调和乏味的人与存在的关联仍还有一定的保存意义。即使这种关联依然是在人这个生命体中作为"存在与思想"的理想状态被意指和强求的，这种关联也还需要一种与人类本质之转向的同时作用，即从形而上学到存有时代既需要一种传承，也需要一种本质转向。存有之真理不再决定于主体（人）的诠释。

当然，在本质性的转向之前，人类还有可能走上一段弯路。在虚无主义和形而上学时代，在面对快速增长和蔓延的理性之本质所表现出的束手无策中，人类可以逃避到尼采的哲学之中，将其作为转向之途中的一个临时避难所，即把理性化身到个体的生命那里，用不言自明的精神（这种精神可能是黑格尔式的）对生命加以装饰和强化，以此获得一种暂时性的容光焕发，把理性表征为生命单向度的精神发散，把理性冒充为一个个生命现实事后追加和点缀的附加品。人们因此能够促成这种思想方式（生命中的理性）概无例外地变成一种普遍表象中的流行状态。这种状态可以传承、复制、宣扬、封锁，这一切丝毫不改变存在者之存在的、知觉意义上的、作为理性和来自理性的本质主义。尼采的生命哲学也是一种不彻底的反形而上学主义，是一种反虚无主义的虚无主义，是一种前不着村后不着店的"半拉子"哲学。

就尼采所标榜的生命之意义而言，只要生命还是理性的概念、价值的根本、来源的优先，则生命本身也不足以承担和全盘支配人的本质。生命还处在存在者中间，并且与这些存在者之为存在者相对等。海德格尔说："它是一个存在者，实即那种现代的规定在'主体'意义上所把握的'这个'存在者，那么，'生命'的所有那些优先地位本身，就都落入虚无之中倒塌了。无论上面这个规定后来多么经常地求助于'生命'，但它依然是最强大的、只不过相应地变得越来越盲目的对形而上学上的人之本质的证明——所有'生命'之活动和任何'世界'之设置，都力求遗忘这种本质，并且保持在遗忘状态中。"①

从人来把握存有思想，如果存在能赋予理性之本质以基础，而不是相反，理性企图赋予存在之本质以基础；如果存在，此时也即存有本身，可能在其本质现身中从根基上要求着人；如果人能在另一开端、另一种原始状态中再度赢回其本质；如果这种本质的赢

---

① 海德格尔：《哲学论稿》，第463—464页。

取必定被存有之本现所要求；如果存有本身也只有在这样一种人之本质转变中，才能为其本质现身的真理建基，而一种原始的存有之思想能够冒险一试这种转变；那么，从人出发就昭示出一种真正的存有之思想。同样要说明的是，这种从人出发的存有思想之规定绝不意指过去作为主体的人，而是意指历史性的人。这种人的历史性显然对我们仍然是蔽而不显的，尽管历史学上的"古今将相"光芒四射。

存有中的"不"之亲密性首先归属于它的本现，本有是"不"所开启的存有中的争执之本源。"不"之亲密性与存有中的争执之本源，这难道不就是黑格尔的否定性吗？黑格尔道出了世界作为精神的"秘密"，否定的东西具有无比强大的力量。"精神是这样的力量，不是因为它作为肯定的东西对否定的东西根本不加理睬，犹如我们平常对某种否定的东西只说这是虚无的或虚假的就算了事而随即转身它向不再闻问的那样，相反，精神所以是这种力量，乃是因为它敢于面对面地正视否定的东西并停留在那里。"① 黑格尔虽然经验到了本质性的东西，但却在绝对知识中把它扬弃了。否定性只是一味地为了让存在者消失，并且使精神的扬弃运动保持通畅。

所以，存有中的"不"之亲密性与黑格尔的否定性是不同的。前者属于存有历史时代，后者属于形而上学时代。因为对黑格尔来说，存在依然根据存在状态（不在场的现实性）来被思想。要紧的不是思考存在状态，而是思考有所庇护、建基于真理的内立状态，它作为"之间"之本现的争执，并非像黑格尔一样让否定者像肯定者一样起作用。存有中的不"乃是人类迄今为止的西方历史的基础，

---

① 转引自海德格尔:《尼采》（上），第65—66页。

也许历史的本质依然必定隐藏在这种西方历史中；所以，这个'不'也不是什么单纯的虚无"①。

存有中的"不"之亲密性从何而来？关键是在作为本有的存有当中，我们把自己托付并转交给存有，自身守持于真理中是我们人的启程（Aufbruch）和我们出乎自身急难的意志。我们人在开启之际经受自身，在自身中隐蔽地开启自己。归根结底，我们人并不是本有的起点，而不如说我们在存有本现（即本有）中是被遭受和被安置的，人不能诠释本有。用佛教的话说，就是要"空掉自己""破除我执"。如此，本有才可以如此这般地进入自身性（Selbstheit）之中并闪耀出来，其中就包含对"不"之亲密性的指引。我们也能愈加原始地成为我们自身。

唯当对亲密性之追问在此取得出发点，亲密性之基础才得以敞开。这个出发点具有一种决断特性。存有并非人的东西或人的制作物，存有根本不是人的对象物。不过存有之本现需要此-在，即"之间"，因而也需要此在即人的内立状态。人越是具有非存在特性，越少固执于他认为自己所是的存在者，人就越能切近于存在。

在整个形而上学历史中，虚无始终被把握为非存在者，因而也被把握为否定性。人们常常把虚无设为目标，由此诞生了诸如悲观主义、虚无主义的哲学。所有病态的虚无主义都找到了自己的根据和同盟，人们追问存在者的全部无力都在虚无主义中找到了寄托。海德格尔说："我对虚无的追问起于存有之真理的问题，与上面讲的一切毫无共同之处。虚无既非否定也不是一个'目标'，而不如说，它是存有本身的本质性颤动，因而比任何存在者更具存在性。"②

---

① 海德格尔：《哲学论稿》，第477页。
② 同上书，第280页。

最后之神并不是终结，而是我们历史不可估量的可能性的另一开端。海德格尔说："为它之故，迄今为止的历史就不会完蛋，而倒是必定被带向其终结。我们必须提供出对其本质性的基本态度的转型，使之进入过渡和期备之中。"① 迄今为止的历史作为曾在的过去，必须重新被带回到它的开端处，并以一种全新的面貌向未来开放。为了迎接最后之神的到来，存有之真理必须做出极端的冒险，而唯有借助于这一真理的冒险，人才可能在折返的途中使存在者复原。当本有作为踌躇着的自我抑制被提升到拒予时，最后之神的最伟大临近才得以发生。拒绝本质上与纯粹的不在场根本不同，作为归属于本有的拒予，我们只能根据存有具有更为原始本质的基础加以经验，如其在另一开端思想中闪烁时那样。

一个人是否能强大到足够承担二者？何二者？承担作为拒予的本有之回响以及存在者在折返中自由建基的过渡之传送，"以达到那种基于大地之拯救而进行对世界的更新"②。谁能决断和知道这一点？在拒予中，最后之神的极端遥远乃是一种独特的临近，这是一种绝无可能通过形而上学的辩证法来扭曲和消除的关系。基于对存在之离弃状态的急难的经验，最后之神的临近在本有之回响中逼近。不过，这经验就像是第一次穿越暴风雨似地突入此-在的狂飙（Sturm）之中，在暴风雨中反转，接受存有之开裂的冲力。这是因为，唯有人出身于这种急难，才能使那些必然性闪现出来，而只有借这些必然性，才将那种归属的自由带入存有的欢呼之中。但是，"那些为这样一种历史及其建基殚精竭虑的人们始终还是相互分离的，犹如遥

---

① 海德格尔：《哲学论稿》，第436页。
② 同上书，第437页。

遥相隔的山巅"①。

存在之离弃状态在它最确定地隐蔽自身的地方表现得最为强大。这种情况发生在存在者已经变成,而且必定变成最通常和最熟悉的东西之际。而首先,存在者之离弃就发生在基督教及其教义学之中。基督教从本源角度把除自身之外的一切存在者说成上帝的受造物。在那里,上帝作为创造者具有毋庸置疑的确定性,而一切存在者都是这个最具存在性者的结果。在形而上学时代,在存在之离弃状态中,原因—结果关系乃是最普遍、最粗糙和最切近的东西。"人类所有的计算以及在存在者身上的迷失,都是以这种关系作依靠的,用它来说明某物,亦即把某物推移入普遍和熟悉之物的清晰性之中。"②

然而存有实际上是最不寻常的东西,所以在存在之离弃状态中,存有已经完全隐匿了,已经离弃了存在者。存在者首先在基督教意义上仅仅成为上帝的制作品,基督教的上帝作为一切存在者之根据接管、替代了存有之本质。这种曾经由造物主上帝制作出来的存在者,进而在笛卡尔之后成为人作为其主体的制作物。"现在存在者仅仅在其对象性中被看待和被控制。存在者之存在状态渐渐褪色,变成一种'逻辑形式',变成一种本身未经奠基的思想的可思之物。"③

存有离弃存在者,把存在者委诸其自身,让存在者成为逻辑谋制的对象。这一切并非存在者的沉沦,而是存有本身的原初历史。换句话说,形而上学的历史是存有本身的原初历史,是其第一历史,来源于第一开端。形而上学的历史本身无关乎优劣,它是人类命运的开端。海德格尔说:"即便这种遗留和落后,也不是某种单纯'否

---

① 海德格尔:《哲学论稿》,第437页。
② 同上书,第117页。
③ 同上。

定性的东西'，而不如说，它在其终结之处首先使存在之离弃状态显露出来——假如从另一开端而来，关于存有之真理的问题已经被提了出来，并且因此开始了与第一开端的遭遇。"① 所以，我们人就必须把存在之离弃状态经验为急难，这种急难才可以让人置身于存在历史从第一开端向另一开端的过渡之中，为了应合本有之转向。

存在之被遗忘状态不知道它真正的自己，它误以为自己（即存在）寓于作为现实之物的存在者之中，误以为自己通过存在者来体验和把握自己。但是，在这样一种存在者的在场方式中，存在者已经被存在离弃。存在之离弃状态乃是存在之被遗忘状态的基础。不过，存在者之存在的离弃状态却在存在者面前担负着一个假象，仿佛存在者本身现在已经得到了把握和利用。事实上，存在之离弃状态是对本有的排除和阻挡。在本有的排除和阻挡中，存在者自身也不可能得到本质的把握，除了被异化，它的新生意味着它的终结。

存有并不是最空洞和最普遍者，而是最丰富和最高者。存有唯在那种本有过程中才本质性地现身，即存有本现。正是借助于这种本有过程，此-在方得以把存有之真理建基于由存在者造成的庇护之中。在存在之离弃状态中，诸神逃逸，上帝已死，这种无根的但却被臆想为人类文明的全面繁荣和全新开始，被现代性（计算、快速、巨量之暴动）所掩盖。这种掩盖在现实中通过科技的进步、政治的民主、文化的多元、经济的繁荣而得到美化和增强。一切都脱落于开端的伟大，沦落为谋制和体验，连根拔起是对急难的最深掩盖。形而上学时代是时时、处处群雄并起的时代。人类争先恐后，前赴后继，无力于沉思，无力于真理，不断进步，不断强化存在之

---

① 海德格尔：《哲学论稿》，第118页。

离弃状态。"存在之离弃状态的所有这些标志预示着那个时代的开始,即所有事物和所有谋制的完全无疑问状态的时代的开始。"①

唯有过于短视的思想,不管其是何种意义、何种程度上的当代哲学和思想,以及没有真正沉思的人,仍然拘执于一种压制和否定,就像黑格尔的绝对否定,囿于其中并萌生绝望的动因。这一切恰恰证明我们还没有测度到本有的完全转向,也不能从中找出此-在的尺度。唯有从此-在这个时机之所而来,我们才可以测度,作为那种强制的本有领域,存有必须重建存在者,让存在者从陈旧之物变成古老之物。对存在者的这种控制必须重新树立对上帝(不再是基督教意义上的上帝)的尊重,即有限者对无限者的尊重。

一切存在者,不管它们如何尽其所能地以持久、唯一、自发、至上的方式,向既失去神性又野蛮粗俗的计算和喧闹活动显现出来,它们都只不过是向本有的站立和进入。在这种站立和进入中,神掠过之地和人之守护谋求一种持存化,以便为本有的发生做好准备,并且不抵制存有。而这实际上针对的是既往存在者在既往真理中所做的全部。包括在既往历史中得以传承和统治的思想和意识形态,甚至辉煌的、地域性的民族历史和国家意志,都还需要等待这种进入本有的站立,以谋求自身的持存化和神之掠过。

真理问题的必然性起源于存在之离弃状态的急难。随着本有中的转向,本质现身的真理才首先得到规定。因此从这一规定开始,人们就不能追寻和要求某种正确性的"本质"概念,即一种人人都能立即通达的"本质"概念,这种"本质"概念只还属于形而上学时代。它能在千差万别的个体之间传承和发扬,自身保持稳定不变。

---

① 海德格尔:《哲学论稿》,第131页。

而毋宁说，在存有历史时代，人们可追求的本现之真理是一种更高的东西。由此而来，也就必然性而言，真理自身就被移置入某种转移状态之中，从形而上学时代向存有时代转变。

人是历史性的，而且只要人是历史性的，则这种转移状态就总是以某种方式要求着历史。只不过在当前，基于存在之离弃状态，这种转移状态仍然被遮蔽起来。表现在当前的真理本质上仍然受正确性的支配，即真理成为确信。依照这种正确性，人立即就置身于一种对立之中，在一种对立中发现自己（作为"我思"的主体），从而获得自我满足。真理几乎不会在这种正确性中发出声响，本质的真理依然保持沉默，因为作为正确性的真理始终还是未经建基的。正确性把人带入优先地位，并且因而把他带入主体—客体的关系中。"因为正确性之统治地位已经有了长久的历史，所以，它的渊源以及某个它者的可能性，只可能艰难而迟缓地被收入眼帘。"① 陈述成为真理的唯一描述，这本身就是真理历史上最让人诧异的事情，尽管这在我们的时代已经非常流行，而且流传甚广。只要身处主体—客体的关系中，这种人就不断面对"我是谁"的问题。

另一开端的哲学本质上是历史性的。从此角度看来，我们也必定得出一种更为原始的对第一开端历史的回忆。要紧的问题依然是，真理之本质现身的何种基本运动及其解释条件承担了西方历史，并且还将继续承担西方历史？是作为正确性之真理吗？

最后和最有激情追问真理的人是尼采，尼采为此做了纵身一跃的跳入。尼采一方面说在上帝的时代我们不拥有真理，另一方面说真理只有作为价值才有意义。海德格尔说："不过，尼采并没有原始

---

① 海德格尔：《哲学论稿》，第382页。

地追问真理。因为以（'真理'）这个词，尼采几乎总是意指'真实者'，而且，凡在尼采追问真实者的本质之际，这个真实者都不免与传统纠缠在一起，而并非如此这般地来自一种原始的沉思，使得这种沉思同时也可被把握为对于'真实者'的本质性决断。"①

尼采把真理与生命、价值联系在一起，生命、价值仍然建基于形而上学，所有这些传承下来、未经追问的东西阻碍了一种关于真理之本质的原始追问。使尼采最本己的思想变得十分艰难的乃是一种洞见："真理之本质现身意味着此-在。"②真理只能建基于时间时间化、空间空间化的时机之所中，亦即置身于自行遮蔽者之澄明中，而且从中汲取人之存在的基础和力量。"存在的历史既不是人和人类的历史，也不是人与存在者和存在的关联的历史。存在历史乃是存在本身，而且只是存在本身。"③

唯有在神之掠过中，人类被授权的必然性凸显出来。人被授权做什么？被授权内立于本有之中，作为天、地、人、神四重整体中的一员去演绎历史。因而，在人的归属与神性的不可或缺之间的转向中，本有由此也得以彰显。人需要克制住自身的犹豫不决，因而使自己在开裂中朝向自由的纵身一跃成为存有的基础（作为"此"之建基）。只有此时，关于存有真理的独特性思想才能蓬发出来。

最后之神乃是在最短促通道中的最长久历史的开端。为了最后之神掠过的伟大时刻，需要长久的准备。对于这一伟大时刻的准备来说，民族和国家都太过渺小了。也就是说，它们都早已被带出一切生长，自身只被交付给谋制和确信。只有那些伟大的、神秘的

---

① 海德格尔：《哲学论稿》，第385—386页。
② 同上书，第387页。
③ 海德格尔：《尼采》（下），第1143页。

个体将为最后之神的掠过创造寂静，并且在他们自身中为那些已做好准备的人（将来者）缄默齐鸣。这一历史性时机不是一个理想状况，所谓"理想状况"还只是一个形而上学的概念，因为后者永远与历史的本真格格不入。相反，这一时机乃是基于转向的本-有发生，即存有之真理达乎真理之存有，而这是因为神需要存有，并且人（作为此在）必定建基于对存有的归属。

然而，一直到这个无法计算的，亦不可作为肤浅目标的时机之所到来之前，都还有一段漫长的、经常复发而又非常隐蔽的历史。历史的创造者必须时刻保持一种对理性的抑制，为自身在神掠过之时机之所时的操劳和守护做好准备。对此的沉思始终是独一无二的。并且，沉思只能是一条小路。在这条小路上，不能预先得到思考的东西反而得到了思考。也就是说，人与存有真理的关系的转变得以开始。

所谓"必要之物"只不过是本有的不可计算性和不可制作性，换言之，即存有之真理。谁若得以落入存有之开裂的不幸，从而被应允成为一个聆听者，去聆听那些孤独者的始终开端性的对话，他就是幸运的人。在这个对话中，最后之神的暗示达乎自身，因为通过这一对话，最后之神在它的掠过中也给予人暗示。

存有之真理需要存有之启思（Erdenken）。存有之启思源起于存有之本质现身，因此始终归属于存有之本质现身，而不是把存有转交给过去的和历史学上已经确定的东西。在另一开端的历史中，哲学的本质必须在双重意义上保持对存在的追问，即作为主导问题的存在者之存在问题和作为基础问题的存有之真理问题。唯有基于这种双重意义上的追问，存有之启思才可能是无条件的，也即并不是由在它之外（包括由其派生）的任何一个存在者来制约和规定（人不能，上帝亦不能），而是唯一地由在它之中有待思的东西，即存有本身来规定。而存有本身不是什么最高的绝对者，存有也不谋求这种绝对和统摄，这种存有之启思才能构成一种朝向最后之神的哲学，也就是最后之哲学。

从现在开始，任何一种思想，任何一种从存在者（人、上帝、生命）出发又离开存在者而意指存在状态的思想，都还在这种本真的历史和哲学之外。在这种历史中，作为本有的存有自身居有思想，不依于任何存在者。为了存有来拯救其历史的唯一性，此乃思想的真正使命。再也不能使思想的本质蒸发到含糊不清的范畴的普遍性之中。因此之故，鉴于第一开端思想历史之漫长，在那种过渡时期、期备状态的存有之真理的建基意义上，对这种存有之启思的历史准备将是十分漫长的，并且远远还没有得到当前人类的认识，也许还需要几代人的努力。

存有之真理要求人向此-在的一种完全的转变。时间—空间通过存有而被开启出来。这个时间—空间使一种新的存在者之建造和建基成为必需。存有作为神与人的"之间"而本质性地现身。海德格尔说："那是这样一个'之间'，它向其河岸奔腾，由于这一奔腾才首先让河岸成为河岸，它总是归属于本-有之河流，总是遮蔽于神和人的丰富可能性中，总是那些不可穷尽的关联的此岸和彼岸——在这些关联的澄明中，世界得以接合和沉没，大地得以展开自身并且忍受毁灭。"①

借作为本有的存有之开抛，历史的本质得以展开。"历史并不是人类的权利，而是存有本身的本质现身。历史唯一地在诸神与人类

---

① 海德格尔：《哲学论稿》，第503页。

之对峙的'之间'（作为世界与大地之争执的基础）中运作；历史无非是这个'之间'的本有过程。所以，历史学从来都够不着历史。"①

另一开端中的思想既不知道存在者对存在的说明，也不知道存有对存在者的规定，设定和想象二者的区分还属于形而上学的思想。这种区分始终只能使存有像存在一样被物化（僵化）为存在者，为的是进而又一次以理想和价值为形式给予存在者以一种提高。不论存有以何种方式被提升为一种条件，存有在被提升中又被贬低为存在者的奴仆和无关痛痒的增补。存有乃是有所争执的本有过程，它原始地把它所居有的（人之此-在）与它所拒予的（上帝）聚集于"之间"的离-基深渊中。

依据流传的形而上学思想来看，从单个存在者的本质到作为存在者整体的上帝，它们都是被"根据原理"所支配和贯穿的，都是原因与结果、现象与本质的结合。所谓"根据律"就是，"没有什么是没有根据的"，一切东西都有根据。"根据律的有效性领域包括了所有存在着的东西直至其最初的存在着的原因（seiner ersten seienden Ursache）。"②为了克服这种"一切东西都有基础和根据"的思想，需要一种离-基深渊。基础和根据是真理之本质，"基础乃是自行掩蔽—接纳，因为它是一种承荷，而且这种承荷乃是有待奠基者的贯通和耸立"③。离-基深渊乃是基础的原始本现，是为了去基础、去根据。"离-基深渊（即）离失；作为自行遮蔽中的基础，它是一种以基础之拒绝为方式的自行遮蔽。然而，所谓拒绝并非一无所有，而倒是一种别具一格的、原始的'让未充满''让空虚'的方式；因而

---

① 海德格尔:《哲学论稿》，第506页。
② 海德格尔:《根据律》，第55页。
③ 海德格尔:《哲学论稿》，第405页。

是一种别具一格的开启方式。"①

在离-基深渊对基础的拒绝中，原始的空虚自行开放，原始的澄明发生出来。这种拒绝乃是一种暗示。在此暗示中，此-在得到了召唤，"而且，这就是呼唤与归属状态之间的转向之颤动，即之本-有过程、存有本身"②。这种暗示带来了存在的一种消息，根据这种消息，存在绝不能被人的表象活动所设置。作为建立着根据的东西，存在自身没有根据，也不需要根据，存在静置于离-基深渊。"存在作为'离开根据'而游戏着那种游戏，这种游戏作为天命置送向我们传递了（zuspielt）存在与根据。"③西方思想的历史就静置于存在之天命置送（ruht im Geschick des Seins）中，当然，这种静置现在还晦暗不明，还需要一种更确切的规定。这种规定"绝非只是把像一种更深之层面的这类东西推到思想之历史后面去了，以至于人们可以像通过转换操纵杆那样不假思索地用对'存在历史'的谈论来取代对'哲学'的谈论似的"④。

莱曼指出，对海德格尔而言，"存在不只是存在者之存在。思想的原始方式要追问存在之为存在。思想本身应合存在之呼声。存在本身以一种十分彻底的方式是历史性的，比《存在与时间》所猜测的还更彻底得多。'存在'本就是一个发生事件（Geschehen），它于自身中包含着它本己的迷误，于自身中庇护着它的丰富性并且以不同的方式抑制自己。尽管如此，若没有人就没有存在存在。存在始终是一种终极的直接性，这种直接性不能够被中介化，因为它本身在一种严格的意义上作为中介化首先让每一存在者进入其本质之

---

① 海德格尔：《哲学论稿》，第405页。
② 同上书，第406页。
③ 海德格尔：《根据律》，第243—244页。
④ 同上书，第158页。

中。如果说这一敞开的领域本身作为这样一个领域可以用一个词语或'概念'来说明，那么，后期海德格尔就以'命运'或'存在之命运'来表示"①。

对于我们而言，存在之天命置送之所以如此难以认识，是因为思想之历史的表达已经在各式各样的层次上被传递给我们，并强加给我们诸多的解释，作为根据或者是根据的根据。这就导致了，在关于哲学史的观念和意见中产生了无可救药的混乱。由此人们就不难发现，在历史学中被传颂和复制的每一种哲学解释都是短视和片面的，平庸的知性只是在这些片面性中打转，仅此而已。

3.最后之神与人类精神世界的双重遗忘

尼采说，上帝死了。在海德格尔看来，上帝之死并不是无神论和虚无主义盛行的开始，而是恰恰把虚无主义的本质暴露出来。"最可怕的欢呼必定是一个上帝的垂死。唯有人才'拥有'这样一种别具一格的地位，即能够置身于死亡面前，因为人内立于存有之中：死亡（乃是）存有的最高见证。"②人类历史的虚无主义本质经过上帝之死更加清晰可见。第一开端的形而上学历史本质上就是虚无主义，它既不思存在，也不让诸神降临。虚无主义的本质被基督教的上帝所掩盖，而上帝之死将这种虚无主义完全暴露出来。"虚无主义毋宁说是欧洲历史的基本运动。这种基本运动表明这样一种思想深度，即，它的展开只不过还可能引起世界灾难。"③虚无主义是被欧洲所决定的世界历史基本运动，是西方民族命运中不为人所知的推动力。

---

① 莱曼：《基督教的历史经验与早期海德格尔的存在论问题》，第146页。
② 海德格尔：《哲学论稿》，第240页。
③ 海德格尔：《林中路》，第232页。

"以虚无主义为其本质的形而上学注定发生超感性世界的崩塌,包括上帝、道德法则、理性权威、文明、文化等的崩塌。对基督教上帝的信仰丧失,只是其中一个结果。"①

上帝死后,上帝的权威被人类自己的理性和良知所替代,被现代技术所替代。超感性领域的理念、真理被历史进步所替代,永恒幸福的彼岸目标被尘世的物质幸福所替代,似乎一种新的思想模式取代了旧的神创论模式。质言之,作为主体的人取代了上帝,把握起自己的命运,拥有了自己的自由,但实际上这一切都没有摆脱旧的形而上学体系。"在西方形而上学的开端处,柏拉图就确立了这个泛希腊的—泛犹太的世界的基本结构。"②

形而上学体系中的上帝的位置没有缺失,而是被主体所替代。形而上学的存在—神—逻辑学机制也没有随着上帝之死而消失,主体性的本质在于,"表象着的主体保证其自身,并且始终也保证它所表象的东西本身"③。从笛卡尔"我思故我在"的主体觉醒开始,真理成了符合论,确定性具有可靠性特征,可靠性依据数理的清晰性。海德格尔把量的统治(rule of quantum)视为现代性的决定性维度。这一量的统治法则体现在现代性的三个主要特征之中:"计算、快速和巨量之暴动。"④在这种计算性、控制性思维的形而上学背景下,"没有任何东西是不可消解的,而且消解只关乎时间、空间和力量的数量大小"⑤。海德格尔说:"'世界'变得越来越小,绝不只是在量的

---

① 朱清华:《最后的神的面目》,载《现代哲学》2018年第1期。
② 海德格尔:《林中路》,第234页。
③ 同上书,第257页。
④ 海德格尔:《哲学论稿》,第128—129页。
⑤ 同上书,第131页。

意义上，而是在形而上学的意义上。"①

在以计算与谋制为特征的现代，真理不再思存在的本质。海德格尔断言：还有几百年，人类将以谋制洗劫这个星球，使之荒芜。正是为了改变地球正在被人类荒芜化这一现实，最后之神的到来才有他的意义，但他不再是荷尔德林意义上的诸神，他是独一无二的。

在《关于人道主义的书信》中，海德格尔关于诸神、神圣者、神性有一段重要的话："唯从存在之真理而来才能思神圣者（das Heilige）之本质。唯从神圣者之本质而来才能思神性（Gottheit）之本质。唯从神性之本质的光亮才能思、才能说'上帝'（Gott）一词所要命名的东西。"②基督教的上帝属于西方传统形而上学的神学体系。在形而上学的背景下，存在—神—逻辑学属于同一机制。用形而上学去探讨存在者的最普遍本质和用理性去论证上帝作为第一因，都属于存在的遗忘。人类精神世界发生了双重遗忘，哲学遗忘了真正的存在，神学遗忘了真正的上帝。哲学要重新发端于存在论差异，神学要重新开启于神学差异。神学差异就是要找出真正的神（最后之神）与我们人类所臆想出的神之间的差异。基督教的上帝还属于存在之被遗忘领域。神圣者、神性和最后之神才属于存有之真理领域。神圣者的本质只有从作为"即开显即遮蔽"的存有之真理出发才能被思索。

1966年，海德格尔在接受《明镜》周刊采访时曾说，"只还有一个上帝能救渡我们"③。这里的"上帝"不再是传统哲学中用理性去论证其存在的上帝。作为真正的上帝存在，"人既不能向这个上帝祷告，也不能向这个上帝献祭。人既不能由于畏惧而跪倒在这个自因

---

① 海德格尔：《哲学论稿》，第523页。
② 海德格尔：《路标》，第414页。
③ 海德格尔：《只还有一个上帝能救渡我们》，第1306页。

面前,也不能在这个上帝面前而亦歌亦舞。因此,那种必须背弃哲学的上帝、作为自因的上帝的失去神性的思想,也许更切近于神性的上帝"①。这样我们才能够理解,说上帝需要祷告和论证本质上是对上帝的亵渎。

朱清华认为,最后之神和诸神在神性上没有差别,但海德格尔按照存在历史给予了分属他们的不同的历史阶段。按照他的存在历史观,第一开端及其作为形而上学的历史已经到达终结状态,人类历史需要开启另一开端。现今时代是过渡阶段,即从对形而上学的克服向另一开端的过渡阶段。第一开端处有希腊的诸神,伴随着形而上学历史的展开并走向终结,理性桎梏,诸神逃遁。人类历史进入无神状态(Götterlosigkeit)。无神状态表面上是人摆脱神权的约束后获得自由和解放,作为主体的自由把人带入最深沉的存在遗忘状态,无家可归成了全人类的命运。人有待开启存在历史的另一开端。在第一开端向另一开端的过渡时代,只有最后之神的暗示让人出离其存在遗忘的困境,人从而有机会内立于本有之中。最后之神在过渡阶段是独一无二的,因为这是存有通过最后之神而有的"独一无二的切近"。在过渡阶段,作为神性的曾在者,荷尔德林诗中的诸神虽然已经不再在场,但这同时也是他们的神性之"未被耗尽的本质的隐蔽的到来"的一种尚未。质言之,诸神仍然有到场的意义。如果是这样,那么对曾在诸神的重演就是对未来最后之神的接近。②

在最后之神的暗示中,存有最内在的"不"(作为尚未和不再)在这里得到了揭示。通过存有的本质现身,在突入和缺失的游戏当中,"不"的真理自身(也就是"无")拥有不同的形态,但它又不

---

① 海德格尔:《同一与差异》,第85页。
② 朱清华:《最后的神的面目》。

完全是佛教的"空"和静态的"绝对无"。倘若仅仅是对被视为客观现实之物的存在者的否定做一番逻辑计算,并且肤浅地在字面上做出说明,就像黑格尔所做的一样,换言之,如果关于"无"的追问还停留在形而上学时代,还完全没有进入存有之真正问题的领域,那么,对虚无问题的一切反驳就都是纯粹的无稽之谈和不得要领的,因而也就被剥夺了任何渗入存有的最本质问题领域的可能性。真正的"无"只能被领悟,不可被陈述和计算。

如果我们在此把最后之神当作计算性思维,当作神之历史序列中最后的来者,把"最后"看作终止或终结,而不是把他看作关于至高者(das Höchste)的决断,那么我们一切关于最后之神的认知都是不可能的。最后者逃避和拒绝一切计算性思维,逃避第一开端以来的形而上学历史,不但能够忍受形而上学时代一切最嘈杂和最常见的误解,而且本质上是要把人引领向存有的真理之路。同时,最后之神也不是什么终极之神,"最后"不具有形而上学的时间历史和空间形态。而毋宁说,"最后"所要表达的是唯一的、独特的东西,不可用逻辑思维计数的、不可替代和不可超越的东西。

> 拒予乃是一种最高贵的赠予和自行遮蔽的基本特征,这种自行遮蔽的敞开状态构成存有之真理的原始本质现身。唯有这样,存有才成为奇异化(Befremdung)本身,即最后之神的掠过的寂静。[①]

接受崇拜乃是形而上学时代诸神统一性的基本特征,诸神总是

---

① 海德格尔:《哲学论稿》,第430页。

与人照面，为此停留。拒予乃是最后之神终极性的内在要求，拒予表示最后之神不会停留，只能是掠过。最后之神不单独眷顾任何一个人，拒予在此意义上乃是一种最高贵的赠予。最后之神在掠过之际，寂静无声，不留一丝神迹，并静待存有之真理的本质现身。君特·菲加尔认为："诸神的逃逸指明了曾在，上帝的姗姗未至指明了未来。首先可以确定的是，这一点对于海德格尔至关重要，诸神和上帝是曾在和未来的密码。"①

在最后之神掠过的寂静中，诸神进入其逃遁和到达的决断的时间—空间之中，进入"此"之中。诸神生发自身的"即开显即遮蔽"。逃遁和到达，开显和遮蔽，任何一方都不能独善其身成为一个将来的生发事件，任何一方也不能占有将来成为一种可预见的期待（诸如神会若干年后再次惠临大地）。存有时代的诸神既不只是逃遁，也不只是到达，更不是逃遁后的到达。诸神的逃遁和到达必须是同时到场，共同担负决断过程。据此，存有才可能在其真理中被把握为本有过程。存有之允诺的丰富性即来源于此，未来文明的本源将建基于此。现在，诸神之逃遁和到达一道返回到曾在者之中，并且抽离于过去之物，抽离于对过去之物的统摄、威临和理性计算。曾在者可以在这种抽离中变身为将来之物，将来之物作为拒予的存有之真理，其自身中蕴涵着伟大性之保证（the ensuring of greatness）。这种伟大不同于形而上学时代上帝之宏大和永恒，而是存有时代之简洁和明快的决断之当前。

最后之神有其最独特的独特性，并且置身于计算性的规定，即诸如"一－神论""泛－神论""无－神论"的计算性规定之外。一神

---

① 君特·菲加尔（Günter Figal）：《海德格尔》，鲁路、洪佩郁译，北京：中国人民大学出版社，2010年，第167页。

论和所有其他形式的有神论都根植于犹太教—基督教的护教学,而护教学又以形而上学为其思想前提。随着这个上帝的死去(如尼采所言),所有有神论也就崩溃了。而诸神的复多并不是数字统计意义上的。相反,它意味着,在最后之神暗示的闪耀和隐匿的时机之所中,诸神自身朝向离基深渊的内在丰富性。

诸神和最后之神的区分并不是传统意义上一神论与多神论的区分,譬如犹太教与古希腊诸神教。在现代技术性社会,诸神并未被历史遗忘。相反,基督教的上帝已死。上帝已死不是说上帝不再存在,而是说上帝从人的生存意义的决定性维度滑落了,上帝无法担当其对人原初的允诺。诸神未被历史遗忘,恰恰是诸神在已有的人类历史中,特别是在西方主导的技术文明的历史中,由于基督教的强势得以或不得不隐匿自身,避免被彻底地计算而纳入某种理论体系中,从而会被荷尔德林这样的诗人中的诗人唤醒和吟唱,得以时而显现。"诸神并非来自'宗教';并非作为现成之物;并非作为人类的权宜之计;而毋宁说,它们来自存有,作为存有之决断,它们以最后者之唯一性而成为将来的。"[1]

现在,诸神之逃遁和到达一道进入存在者之中。诸神过去要么隐匿要么显现,而在另一开端的历史中,诸神的隐匿和显现是同时到场的,并且诸神的本质变得不单单是让人去崇拜。诸神的逃遁和到达是某种我们人应该投身于其中的东西——神期待着我们人的投入。诸神之逃遁和到达需要人的投身和决断,诸神也因为人的投身和决断而收获自身的意义,人和诸神是内在地相互需要的。决断并不是说在做一番权衡比较之后,舍弃某些诸神,而选择最后之神作

---

[1] 海德格尔:《哲学论稿》,第537页。

为我们人独有的信仰对象。

权衡和比较还都是计算性思维,决断意味着"将神本体的唯一性的本质提升到至高境界"①。如果用禅宗的话说,决断在此只需要顿悟,顿悟才是"最短之轨道的保证"②。最后之神的到来不等同于对以往诸神的遗忘和舍弃。毋宁说,以往诸神在神的唯一性本质中重新得到思考,其在形而上学时代被赋予的僵硬性被扬弃,而最后之神带来的是存有真理的充盈性和丰富性。诸神也同样需要存有。

最后之神并不代表历史的终结,他开启的是一个包括无尽可能性的开端。不同于古希腊哲学和犹太一神教开启的形而上学时代,它是不同于第一开端的另一开端。开端也不再是与终点相对的那个开端,而是从一开始就包含了整个历史的所有可能性的开端,是没有终点的开端。另一开端并不是完全舍弃第一开端从零开始,而是沉思第一开端中未曾被思的东西,并包含了第一开端。

海德格尔用"掠过"来描述最后之神的到场,最后之神的最伟大切近乃是"拒予"。"掠过"和"拒予"都表示,最后之神是所有存在者的"无",是不可见、不可说的神秘,其到场就不会也不能是跟人面面相觑的对视。最后之神的暗示不是现成的在场,而是"无"之掠过。波尔特指出,海德格尔"掠过"的说法的来源是《旧约》,即神在其荣光中掠过摩西,但摩西不能直接看神的面容,因为那意味着死亡。③摩西在山上对神说:"求你显出你的荣耀给我看。"神却回答说:"你不能看见我的面,因为人见我的面不能存活。……我的荣耀经过的时候,我必将你放在磐石穴中,用我的手遮掩你,等我

---

① 海德格尔:《哲学论稿》,第431页。
② 同上书,第430页。
③ 波尔特:《存在的急迫:论海德格尔的〈对哲学的献文〉》,第301页。

过去。"(《出埃及记》33:18-22)神只能让摩西看见他少许的荣耀。

作为另一开端的开端性思想，思想也能够进入最后之神的遥远的切近之中。思想进入那种遥远的切近之中，通过这个上帝自行建基的历史，并且在这种历史中，但从来不以一种结果的形态，一种把上帝带向庇护的有所生产的表－象方式。所有这些表面上最高的要求其实都是低下的，是一种对存有的贬降！①

最后之神并不希求拯救人类，拯救是对人的贬黜和压制。相反，最后之神微风轻拂般地掠过人、给予人，并凸显人需要被给予的必然性和充盈性。因为人归根结底是有限的，人需要最后之神使自己完善，或者使他们被相互需要。最后之神不是基督教的上帝，也不是希腊神话里的诸神。最后之神不是一个终点，而是开端于自身中的回荡。最后之神避免成为一切形式的约束和限定，从而也是最高形式的拒予。因为开端性的东西逃避对其一切形式的约束，并且只本质性地耸立在对所有存在者的超越之中。这些东西作为未来之物亦被纳入开端之中，并已被交付给那决定性的力量。

神期待着存有之真理的奠基，期待开裂，期待着人朝向此－在纵身一跃。知道这一点的人是多么少啊！相反，情形看起来好像是，人将等待并且不得不等待神，等待神的拯救。也许这就是我们这个时代最深刻的无神论的最棘手的状况，人们会因为痴迷于神而忽视了真正的神。

奥托·珀格勒是少数在海德格尔生前读过《哲学论稿》的人。

---

① 海德格尔:《哲学论稿》，第276页。

第四章 从上帝之死到最后之神

珀格勒在其《海德格尔的思想之路》中指出，神的问题一开始就处在海德格尔的思想道路上。这条道路开始于一种形而上学式的存在思想，返回到作为最终根据的神（最后之神），因而从某种意义上讲，海德格尔的神学思想也终结于一种思辨。海德格尔在第一次世界大战后所做的讲座中反对一种形而上学的神学，即反对一种存在—神—逻辑学机制。形而上学试图理解和把握并作为其思想基础的神不是真正信仰中的神，不是自由和历史的神，而是外加给人的神，因而是人类的精神世界对真正的神的遗忘。《存在与时间》不再建立在思辨的神学上，而毋宁说，《存在与时间》想把基督教神学的残余从哲学中彻底驱逐出去。但是，人与神的关系不应该就此得到否定，而应该被置于在马丁·路德的意义上、在改革的神学中开辟出的领域。在其1927年的报告《现象学与神学》中，海德格尔把基督教信仰的本质归结为一个普遍的宗教哲学原则，归结为作为宗教的先验性和内在性的精神价值，所有这些与人的本己性相关的本质都被现实中的基督教拒绝了。

不管尼采的"上帝死了"所意指的是什么，对海德格尔来讲，上帝死了，不是神死了。上帝只是形而上学对真正的神的硬化和表象。上帝之死是指，形而上学的西方历史中所裁定的上帝死了，尼采的"上帝死了"实际上只是指道德化的神被反驳了。这对一种沉思的思想来说意味着：被指明为价值或最高价值的神不是真正的神。因此，神不会死，因为神的神性还活着，即使在西方的历史中，从犹太一神教开始，神被描绘成创世的上帝或拥有道德上的最高审判权的上帝。尼采之所以要宣告上帝之死，是因为在尼采看来，道德化的神是一种人的失策，这种人否认自身和真实的生命。如果这种人被克服了，那么他的失策和他所敬仰的道德神也被反驳了。形而上学的思想需要神作为其最终的根据和最高的价值,但是在这种思想中,神的真正本质恰恰没有被了解。只有在克服形而上学并获得真理的本质时,思想才能找到神的本质。只有思想放弃形而上学的神时,它才向"神圣的神"敞开。所有在场的神,不管其为概念、形象、权威、根据、价值,都是形而上学的神。海德格尔之所以能够重新提出神的问题,是因为他意识到,不是神的神性,而只是形而上学所谈及的神遮蔽了神的本质。阿伦特的说法有道理,海德格尔不是反对基督教,他只是反对形而上学,反对基督教只是其反对形而上学的附带品。而诗人荷尔德林以其独有的方式保留了对前形而上学时代的神的追思,保留了真正神性的可能性,这种神学(荷尔德林的神学)即使在神撤离的时代仍然知道自己被置于神性的要求下。

所以,海德格尔在《哲学论稿》的六个"关节"中以"最后之神"作结,从某种程度上说是一种必然。存在被思索为其本身(即本有)而不再仅仅局限于存在者。海德格尔在《哲学论稿》中以一种含混且不确定的方式讨论神和神性,避免进入一种形而上学的概念化思维模式。"他不承认神灵具有存在,虽然神就像不可以被考虑为'存在的'那样,也不可以被考虑为'不存在'。"①

赖贤宗认为,"如果要谈海德格所关心的守候'神圣者'乃至'最后的神',首先要由天、地、诸神、有死者的四方来作为守候的境域。其次是这样的守候要通过'林中空地',透过'无自无',以开启'另一个开端',通过这样的'开端'才能有从存有而来的真正的'建基',乃至于通达存有的真理,以创造未来,如此才能以类似

---

① 珀格勒:《海德格尔的思想之路》,第287页。

于埃克哈特的否定神学的方式守候'最后的神'"①。

不承认神具有存在性，神就不会被思考为最具存在性者并进而掩盖其真正的神性本质。如果神的本质从存有之真理（亦即本有）方面被了解了，那么其本质就被提高到它的最后的和最高的境域。而人，用海德格尔的话说，在本有中对神的本质进行了解的人是等待最后之神掠过的将来者，"将来者乃为最后之神所规－定"②。

---

① 赖贤宗:《海德格存有思想之道》,第327—328页。
② 海德格尔:《哲学论稿》,第422页。

结　语

海德格尔在《沉思》中写道："神从来不是人有时通过这种知识有时又通过另一种知识知道的某个存在；神也从来不是人在不同距离中可以接近的存在者。倒不如说，神和他们的神性是从存有的真理中产生的。"① 这表明他坚定地反对基督教的神学思想。海德格尔反对基督教神学只是他反对形而上学的附带品，理解了这一点，才能理解他的神学立场和神学思想，同时也才能理解他反犹太的政治立场。但是我们能说，海德格尔意在创立一种新的神学吗？显然，站在解构传统形而上学的立场上，海德格尔反对任何一种新的神学，特别是新的基督教神学，可以说海德格尔并非想通过"最后之神"去建构一种新的神学。但是海德格尔哲学与基督教神学又相互影响，这些影响是20世纪的欧洲思想运动的重要特征之一。回顾这些影响，对理解、印证海德格尔的神学思想，特别是"最后之神"思想十分必要。

20世纪基督教神学经历了四次革命性的思想运动，其代表人物主要有卡尔·巴特、布尔特曼、卡尔·拉纳、朋霍费尔（Dietrich Bonhoeffer）和莫尔特曼（Jürgen Moltmann）。其中巴特、布尔特曼、拉纳与海德格尔都有直接的交集。云格尔在《与上帝相宜的缄默——海德格尔的邻近思的神学》中写道："巴特证实他的神学活动

---

① Heidegger, *Mindfulness*, p. 209.

对人们的启迪有现象学的渊源,虽然他也表示从未阅读过胡塞尔和其他人的作品。"①而布尔特曼在其对《新约全书》存在主义式的论述中表达了对海德格尔的谢意,特别提到海德格尔关于基本存在论的分析给予自己的极大帮助。布尔特曼在其《信仰与理解》第1卷的献词中写道:谨以此书献给海德格尔,感谢地思念在马堡共度的时光。海德格尔礼尚往来,1970年在其《现象学与神学》单行本初版时,献词写给了布尔特曼②,纪念1923—1928年他们在马堡的友情。拉纳1934—1936年就读于弗莱堡大学,并从学于海德格尔。拉纳曾说过:"我愿指出,海德格尔是唯一的老师,是我必须如学徒在大师面前表达崇敬之意的大师。"③研究20世纪基督教神学思想运动与海德格尔的交涉,对了解海德格尔哲学及其前后期神学思想的变化无疑具有重要意义。

第一节　20世纪基督教神学思想运动

20世纪的第一场基督教神学运动,即辩证神学运动,缘起于巴特《〈罗马书〉释义》④的发表。辩证神学针对的是18、19世纪的自由神学。巴特在20世纪神学中的地位,相当于海德格尔在20世纪哲学中的地位。⑤在辩证神学运动之前,巴特是自由神学大师赫尔曼(Wilhelm Herrmann)的学生。自由神学和18世纪的启蒙运动、法国

---

① 云格尔:《与上帝相宜的缄默——海德格尔的邻近思的神学》,林克译,载刘小枫选编:《海德格尔式的现代神学》,第222页。
② 1958年5月,经海德格尔介绍,正在德国访问的日本哲学家久松真一与辻村公一访问了布尔特曼,辻村公一也是日文版《海德格尔全集》的主要编者。
③ 赖贤宗:《海德格存有思想之道》,第294页。
④ 巴特:《〈罗马书〉释义》,魏育青译,上海:华东师范大学出版社,2005年。
⑤ 海德格尔承认自己曾受到巴特神学思想的影响。参见林子淳:《接着海德格尔思神学》,香港:道风书社,2019年,第175页。

结　语

大革命以及19世纪初的德国浪漫主义都与古典唯心主义息息相关。这期间的哲学思想和社会思潮深深地影响着教会内外，引发了一股强调个体信仰自由、反对教会传统的社会浪潮。1914年第一次世界大战爆发，自由神学大师哈纳克介入政治，为德国威廉皇帝起草告全国人民书，号召民众支持德国参战。哈纳克的行为使自由神学彻底走下神坛，自由神学变身为战争神学。战争的邪恶不是出于人类的无知，而恰恰是理性的决断。

巴特幡然意识到，神学必须从"人之自由"重新回归到"上帝之道"，回归到以"上帝、《圣经》、教会"为根本的正统之路。巴特宣告，《圣经》里的上帝不能与经人投射和阐释的上帝相混淆。言下之意，经人投射和阐释的上帝已经异化，不是《圣经》里真正的上帝。巴特的思想已经接近于否定神学思想，即人必须无条件地接受《圣经》宣讲的上帝和耶稣。巴特以《〈罗马书〉释义》宣告与自由神学决裂，与作为自由神学家的自己告别。巴特捍卫基督教神学上帝启示之道的基础，明确反对布尔特曼对神学进行存在主义式的解读。在巴特看来，神学和哲学根本上是相互冲突而且是相互分离的。

张旭通过解读巴特神学认为，"只有重新返回和重新阐释基督教自身的根基，即上帝的启示、耶稣基督、《圣经》和教会，只有站在基督教自身博大精深的思想传统、社会传统和文化传统之中，基督教才能在变动不居的世界之中拼得自身生存和发展的空间。立身于基督教自身的根基之上，为基督教会和神学重新奠基，这就是巴特神学的使命。也正因为如此，巴特神学乃是整个20世纪基督教神学无可争议的核心"[①]。

[①] 张旭：《上帝死了，神学何为？——20世纪基督教神学基本问题》，北京：中国人民大学出版社，2010年，前言第7页。

20世纪基督教神学的第二场运动是以布尔特曼为代表的生存神学的崛起。布尔特曼师从过巴特，曾作为辩证神学的一员参与抵制自由神学。张旭认为，"辩证神学家戈嘉腾、布尔特曼、蒂里希和布龙纳等人都深受克尔凯郭尔或海德格尔的存在主义的影响，他们不仅强调上帝之道作为基督教神学的根本任务，而且更强调'上帝之道'在人的信任生存中与人的相遇，因此，他们要求在辩证神学的'上帝之道'的转折之后，再进一步实现'人类学转折'"[1]。神学人类学的转折，强调在信仰事件中上帝与人同时到场的重要性。换个角度讲，巴特的视角是外向的，他看到上帝的无限性，而布尔特曼的视角是内向的，他看到人在信仰事件中必须在场的重要性。简言之，没有人，上帝的存在也是没有意义的。海德格尔同样认为，人和上帝的关系是相互的，且二者必须通过本有作为居间而关联。

　　布尔特曼的解神话化、戈嘉腾（Friedrich Gogarten）的世俗化神学、蒂里希的存在主义神学和拉纳的先验神学都是这场神学运动（即生存神学）的主要组成部分。巴特抵制这场运动，认为这是向自由神学的倒退。而布尔特曼认为，没有神学的人类学转向，或者说没有人的在场，就不能解决上帝之道如何被信仰和认识的问题。对于神学的人类学转向，潘能伯格在其《神学与哲学》中写道："被视为对理解世界和人类社会来说奠基性的，不再是上帝或绝对者，而是人本身。在这里，问题不仅仅在于人是关于上帝的意识的出发点，而且还在于上帝被还原为是人的一种思想。"[2] 同时，"这里完成的转向构成了哲学在后来的发展的出发点，20世纪既由狄尔泰也由克尔凯郭尔和尼采所激起的存在哲学就属于这些发展"[3]。

---

[1] 张旭：《上帝死了，神学何为？——20世纪基督教神学基本问题》，前言第11页。
[2] 潘能伯格：《神学与哲学》，李秋零译，北京：商务印书馆，2014年，第347页。
[3] 同上书，第350页。

结 语

20世纪基督教神学的第三场革命运动是由神学家朋霍费尔主导的"非宗教的基督教"思想运动。[1] 朋霍费尔既是伟大的神学家，又是20世纪最著名的、以身殉教的基督徒。1939年6月，为了躲避纳粹的迫害，朋霍费尔被他的朋友救渡到美国。但他很快发现，自己的良心使他无法在美国安心。一个月后他从美国返回德国，并秘密参与刺杀希特勒的地下抵抗运动。1943年4月5日，朋霍费尔因帮助犹太人逃离德国而被捕，后被关押在布赫瓦尔德（Buchenwald）集中营。两年后的1945年4月9日，在盟军解放布赫瓦尔德集中营的前一天，朋霍费尔被纳粹转移，并在弗罗森贝格（Flossenbürg）被杀害。朋霍费尔受难时年仅39岁，他留给世界的最后一句话是："这就是终点。对我来说，这是生命的开端。"[2]

"二战"期间发生在奥斯维辛集中营的犹太人大屠杀事件，是基督教历史上乃至人类历史上最黑暗的一页。奥斯维辛的邪恶和苦难，使基督教对"上帝爱人"的宣扬显得苦涩和苍白无力。尼采所呼吁的"上帝死了"在奥斯维辛获得了实证。奥斯维辛大屠杀之后，谁还像以前一样谈论上帝，谁就必须先蹚过奥斯维辛这条"火溪"（Feuerbach）[3]。就像阿多诺宣称的，"奥斯维辛之后不复有诗"（Nach Auschwitz kann es keine Dichtung mehr geben）。[4] 海德格尔在战后的1949年给雅斯贝尔斯的信中写道："对德意志的灾难及其与世界史、近代史相互交织的争论，这将成为贯穿我们余生的事件！……如果人类的本质还应当保持一条进入救赎的道路的话，那么根源的存在

---

[1] 朋霍费尔的教授资格论文《行动与存在》（Akt und Sein）就深受海德格尔《存在与时间》的影响。参见林子淳：《接着海德格尔思神学》，第199页。
[2] 张旭：《上帝死了，神学何为？——20世纪基督教神学基本问题》，第146页。
[3] "火溪"与"费尔巴哈"在德语中是同一词。
[4] 张旭：《上帝死了，神学何为？——20世纪基督教神学基本问题》，第28页。

（Seyn）也许必须首先从柏拉图主义中转换过来，这当然是粗略的说法。"[1]基督教必须重新反思何以是"十字架上受难的上帝"重返《圣经》里的上帝，而不是基督教会所宣扬的上帝。朋霍费尔开启的"非宗教的基督教"思想运动，正是基于大屠杀历史事件的背景展开的。从某种程度上说，朋霍费尔的"非宗教的基督教"也是向巴特"辩证神学"的回归。

在20世纪的第一场神学革命中，辩证神学反对自由神学，巴特倡导返回到《圣经》的世界，寻求那个作为全能相异者的上帝。全能相异者不是教会所宣扬的上帝。毋宁说，他是不能被宣扬和标榜的。布尔特曼强调，信仰乃是关涉人的生存论事件，从而实现了神学向人类学的转向。布尔特曼强调人在信仰中的重要性，没有人的参与，再伟大的上帝也不构成生命的意义。朋霍费尔基于大屠杀事件，重新思考何为"十字架上受难的上帝"。综合巴特、布尔特曼和朋霍费尔的深刻洞见，莫尔特曼将"上帝之死"解释为"三位一体的上帝之死"，并倡导一种"希望神学"（Theologie der Hoffnung）。莫尔特曼认为，上帝是时间过程的一部分，并不是绝对不变的，而是正迈向未来。2014年，莫尔特曼在北京大学的演讲中表示，耶稣复活是否为历史上的真实事件并不重要，重要的是，这个事件为人们提供了对末世复活的希望，而希望是信仰的关键。很多人害怕末世论（Eschatologie），而其实，末世不是终结，而是新事物、新生命被创造的开始。旧的事物最终会灭亡，新的事物又会再诞生。莫尔特曼强调，基督教不能还纠结于耶稣受难是历史事件还是信仰事件，

---

[1] 瓦尔特·比默尔、汉斯·萨纳尔编：《海德格尔与雅斯贝尔斯往复书简（1920—1963年）》，李雪涛译，上海：上海人民出版社，2012年，第255页。Seyn一般译作"存有"，以区别于前期海德格尔常用的Sein（存在）。

而应该把目光投射到耶稣基督的复活和上帝应许的弥赛亚上，投射到期盼上帝之国的降临上。没有这些期盼，在历史沉重的往事和现实巨大的邪恶面前，信徒就无法摆脱悲观的宿命论和卑微的犬儒主义。莫尔特曼希望神学能帮助基督教走出信仰危机，并使人积极地参与社会实践。

20世纪的基督教神学运动呈现出两条清晰的路径，一条是传统意义上强调顺从的本质主义神学之路，以巴特、朋霍费尔为代表。巴特强调，神学必须从"人之自由"重新回归到"上帝之道"，回归到以"上帝、《圣经》、教会"为根本的正统之路。巴特的辩证神学实质上背离了自由神学与法国大革命、德国浪漫主义的结盟。另一条是当下意义上强调个体自我的实存主义神学之路，以布尔特曼的生存神学和拉纳的先验神学为代表。前一种神学往往由教会所主导，实际上是一种代理主义宗教，对应本质主义哲学；后一种神学崇尚个体信仰至上，继承了16世纪马丁·路德开创的宗教改革思想，对应实存主义哲学。生存神学和先验神学无一例外地都深受海德格尔存在主义哲学的影响。

第二节　海德格尔与20世纪基督教神学

作为生存神学的代表，布尔特曼与海德格尔的关系最紧密。巴特和布尔特曼主导了20世纪基督教神学研究的两大方向。巴特是最伟大的教义学家，而布尔特曼是伟大的新约学家，他们曾经在辩证神学运动中并肩作战，以抵抗自由神学运动。但布尔特曼很快从辩证神学运动中转向，以创立自己的生存神学，这其中很重要的原因是他受到了来自海德格尔的影响。在辩证神学时期，布尔特曼赞同巴特主张的重返上帝之道，反对自由神学大师特洛尔奇的历史主义。布尔特曼认为，自由神学的历史批判法只提供历史事实，却忘记了信仰在基督教中的根本地位。"但与此同时他也坚持认为，不能像巴特那样简单地宣称作为'实事'的上帝之道，还必须在全能相异者的上帝与人的信仰的生存的'相遇'中进一步理解和解释上帝之道。没有生存论上解神话化这一解释学步骤，就不可能真正领悟上帝之道之于我们生存的意义。"①

1923—1928年，海德格尔与布尔特曼共同在马堡大学执教。1925年，布尔特曼在其《言说上帝意味着什么?》中提出，神学不应该形而上学地言说、思辨上帝及其概念，而要在个体实际的信仰生存中言说上帝之道，对信仰生存的理解和阐释就是真正的上帝之道。在《存在与时间》中，海德格尔基于时间性对此在做生存论分析。两人不约而同地将哲学和神学建基和立足于人的实际生活。布尔特曼的神学建基于"信仰式"生存，海德格尔的哲学建基于"操心式"生存，可见这种影响是相互的。这同时能说明两人观点和兴趣上的一致性，甚至很难说谁在主导着这种相互影响。

海德格尔的哲学思想成了布尔特曼神学思想的佐证，布尔特曼由此也拉开了与巴特辩证神学的距离。张旭认为，"海德格尔的生存主义强化了他（指布尔特曼。——引注）对客观性范畴的历史性以及新康德主义的各种'宗教先验'的批判性立场，推进了他从赫尔曼那里学到的'从信仰出发、通过信仰、回到信仰'的路数"②。1925年，在海德格尔的陪同下，布尔特曼在巴特所在的哥廷根大学发表《〈新约〉的神学解经问题》，明确地提出了解释上帝话语的生存论

---

① 张旭:《上帝死了,神学何为?——20世纪基督教神学基本问题》,第93—94页。
② 同上书,第94页。

模式。在1926年的《耶稣》一书的导言中，布尔特曼提出的"信仰中的本己生存"概念清楚地显示出其哲学与海德格尔哲学的相似性。随后的《辩证神学对于〈新约〉科学的意义》（1928）和《〈约翰福音〉中的末世论》（1928）也清楚地显示，布尔特曼理解的辩证神学已经不同于巴特意义上的辩证神学。1941年，布尔特曼在其《〈新约〉与神话学：〈新约〉宣道的解神话化问题》中提出著名的"解神话化"神学纲领，"确立了以生存论解释学批判《圣经》中的古典宇宙论和《圣经》研究中的现代历史主义形而上学的现代神学路线"①。在1951年的《耶稣基督与神话学》中，布尔特曼又进一步澄清了"解神话化"，并提出了关于"历史的耶稣"的观点。布尔特曼的生存神学成为20世纪基督教神学的现代范式之一。

布尔特曼在《〈新约〉与神话学：〈新约〉宣道的解神话化问题》中说，所谓"解神话化"，即"人们不可能在使用电灯、收音机、接受现代医学和临床医疗手段治病的同时，还信仰《新约》中的神灵世界和奇迹世界。而且，谁若认为他能为自己仍然信仰这些的话，他也必须清楚地认识到，当他宣称这样做是为了保持基督教信仰时，实际上他已经使基督教的宣道在当代无人理解，不再可能。……若要《新约》的宣道仍然有效，舍'解神话化'外别无他途"②。布尔特曼认为，当我们现代人谈论上帝时，这绝不是说上帝在我们人生活的时空之外，我们应就自己的实际生活经验和处境来谈论上帝。上帝能时时刻刻从我们的生存处境中"涌现"出来，我们应在上帝与人之生存信仰的相遇中谈论"与人相遇的上帝"。"在人的生存之中

---

① 张旭：《上帝死了，神学何为？——20世纪基督教神学基本问题》，第95页。
② 同上书，第96页。

谈论上帝与我们生存的相遇，就是聆听上帝之道。"① 就像赫拉克利特说的，"只要人是人的话，人就居住在神之近处"②。"解神话化"是要显明神话的真实意图。《圣经》并不试图提供一个科学的世界图景，而是通过拟人的上帝形象和彼岸世界的神话意象，表达上帝的启示的超越性及其对人的生存的意义。《新约》中那些超自然的奇迹和神魔的神话象征性地指明，人并非世界和自己生活的主宰，生活世界的目的恰恰应该在它之外的某种神秘的力量那里。"③

从神学历史上看，巴特和布尔特曼的神学其实并没有高低、新旧、对错之分。一方面，毋宁说，辩证神学与生存神学都只是在强调信仰事件的某个侧面。信仰事件由上帝和人构成，巴特强调上帝的重要性，布尔特曼强调人的重要性，二者只有向度而不是维度上的差异。另一方面，很难说海德格尔对布尔特曼的生存神学有着决定性的影响。布尔特曼有自己的神学背景④，其"解神话化"的神学关切本身就来自自由神学家赫尔曼，我们只能说布尔特曼和海德格尔之间是相互受益的。但是，认为布尔特曼"不言自明地认可了历史主义的基本预设"⑤，这也是值得商榷的。这种预设有三个指向：指向一，历史主义必然会进化为一种激进历史主义，进而成为激进政治的理论依据；指向二，像列奥·施特劳斯那样，把海德格尔思想

---

① 张旭：《上帝死了，神学何为？——20世纪基督教神学基本问题》，第98页。
② 转引自海德格尔：《路标》，第418页。
③ 张旭：《上帝死了，神学何为？——20世纪基督教神学基本问题》，第97页。
④ 与布尔特曼类似，蒂里希也将《圣经》和神学的语言翻译成海德格尔式的哲学概念。他将"人"翻译成"追问存在的意义的存在者"，将"上帝"翻译成"存在""存在本身""存在的力量""存在的根基和意义""存在的深度""绝对的存在""无条件的存在"，将"基督"翻译成"新的存在"，将"称义"翻译成"存在的勇气"，将"上帝与人之间的关系"翻译成"中介""综合""关系本身""相互关联"。参见 Paul Tillich, *Systematic Theology*, 3 volumes, Chicago: University of Chicago Press, 1955–1963；蒂里希：《系统神学（选译）》，载何光沪选编：《蒂里希选集》（下），上海：上海三联书店，1999年。
⑤ 张旭：《上帝死了，神学何为？——20世纪基督教神学基本问题》，第96页。

理解成一种实实在在的历史主义；指向三，布尔特曼的生存神学或者说"解神话化"深受海德格尔哲学的影响，并且会随着海德格尔滑向"激进历史主义"。这些预设高估了海德格尔对布尔特曼的影响，也低估了布尔特曼自己的神学根基。

卡尔·拉纳是德国著名天主教神学家，曾师从海德格尔，主要著作有《圣言的倾听者》（1936）和《世界中的精神》（1939）。认识论作为哲学乃至神学的基本领域，主要讨论人如何认识精神、上帝、理念与世界之本质。拉纳认为，海德格尔关于此在时间性的分析与康德的先验方法是一致的，康德探讨的只是"先验知识"，拉纳把这种"先验方法"从哲学领域延伸到神学领域，探讨一种"先验神学"。赖贤宗认为，拉纳综合了托马斯的认识论和康德的先验方法，并借鉴了海德格尔基本存在论的哲学观点，从而由"先验托马斯主义"发展成"先验的神学人类学"，并建构起自己的基本神学（Fundamentaltheologie）。刘小枫认为，巴特与海德格尔的不约而同之处也发人深思，这就是人与上帝之间的无限距离问题。巴特指出，人与上帝的鸿沟是无限的，上帝是绝对的他者。海德格尔的"Dasein"和巴特的"Dransein"的确异词同工。①

《世界中的精神》是拉纳1936年在弗莱堡大学完成的博士学位论文，其副标题是"论托马斯·阿奎那的有限认知的形而上学"。康德在他的道德神学中否认了认识论对上帝认知的可能性。但在伦理学上，康德认为上帝应该作为一个道德的假设而存在。拉纳之所以选择了托马斯，是因为"正是在阿奎那那里，关于终极认识的形上学探索为神学大厦奠定了坚实的基础，而拉纳藉先验托马斯主义的知

---

① 刘小枫：《这一代人的怕与爱》，北京：华夏出版社，2012年，第100页。

识论的形上学，探索了神学知识的可能基础，并批判了康德知识论的自我设限"①。拉纳对托马斯认识论的解释带有不可磨灭的海德格尔哲学的痕迹。拉纳不仅由此尝试解决上帝既在世界之外（彼岸）又在世界之内（此岸）的既内在又超越的悖论，而且在海德格尔式的基本存在论之中，确立了人"在世存在"的结构与上帝之关系，拉纳从而称他自己所构造的神学是基本神学。在《现象学与神学》中，海德格尔认为，作为现象学的哲学比神学更根本，因为对上帝的信仰也只是此在的生活方式之一，信仰和烦、忧没有实质性差异。此在生存的本质无非就是先验地超越自己，面对"空""无"，神学也不例外。用海德格尔的话说，哲学能对神学进行一种基于形式显示的调校。"拉纳同意海德格尔对康德的批判，康德的认知范畴只能在客观知识的认识论域中运用，如果要认识人存在的本身，就需要另一截然不同的先验范畴：存在性特质。拉纳认为：正是从这另一种先验范畴（存在性特质）才可以究明人倾听神圣传言的能力。"②

先验方法不是研究客体表象在我们认知的感官面前所实际发生的现象，而是研究使这些现象可能发生的先天条件。海德格尔通过重新阐释康德的先验方法，建立起自己的基本存在论。拉纳通过改善康德的先验方法，重新为神学找到根基。拉纳跟康德之间最显著的差异在于，康德把自然神学置于超越的、不可认识的地位，或者让渡给道德的上帝。拉纳却把自然神学放回到先验的可认知的领域。基于康德道德神学的道德是伦理学形式主义的道德，虽然它等同于最高的善，但仍然不是真正的上帝。

拉纳实际上否定了康德的道德神学。而拉纳和海德格尔都认可，

---

① 赖贤宗：《海德格存有思想之道》，第297页。
② 同上书，第304页。

人的认知结构当中包含了对存在和上帝的前理解和前认识。这种前理解和前认识才使得海德格尔的基本存在论和拉纳的基本神学成为可能，并构成与康德的认识论的互补。康德的认识论指向了有限，而拉纳和海德格尔的认识论指向了无限。从这个意义上说，拉纳批判"康德的先验哲学是未完成的先验论"确实是合理的。

拉纳的人类学概念和费尔巴哈的哲学人类学思想也有关。费尔巴哈的立场是唯物论的哲学人类学，而拉纳则是基本存在论与基本神学观点之下的哲学人类学。1839年，费尔巴哈在其《黑格尔哲学批评》中提出，人的具体的、有血有肉的感性存在必须在哲学中被肯定为思维的基础。两年后，他在《基督教的本质》一书中提出了一种从这一视角出发构思的人类学，以之作为宗教观念的基础和来源。费尔巴哈把上帝观念当作人自我意识的异化形态，因而将其作为人自己真实的（无限的）自我的表象投射在一个虚构的天国之上的结果，这样就产生了一个据说与人不同的神灵的表象。在这一论证中，费尔巴哈作为黑格尔的学生足以知道，宗教上向上帝的提升，意味着人超出自身的有限性而提升为无限者的思想。但是，人从自身出发，应当从哪里得到无限者的思想呢？费尔巴哈的回答是，人虽然作为个别的人是有限的，但作为类却是无限的。如果人们在自己的自我意识中具有他们自己是类之存在者的意识，那么，从人类作为类的无限性与一个跟人完全不同的无限存在者（虚无）的混同中就产生出"上帝"的观念。①

拉纳如何从海德格尔的基本存在论来建构自己的先验神学或基本神学？拉纳认为，海德格尔对存在的追问的结构有两个要素：认

---

① 潘能伯格：《神学与哲学》，第357页。

知这种差异的人和存在与存在者之间的差异本身。人对存在进行追问的结构与人在信仰中受上帝启示的结构是一致的。人在此岸，而存在和上帝都在彼岸。哪里是人与基督相遇之处？在《圣言的倾听者》中的《自由福音的地点》一篇的末尾，拉纳说："我们要问的是和可能自我启示的上帝相遇的地点。这地点是在人的特性当中的人的超越性，我们要问的正是这种特殊的超越性。"①

拉纳认为，信仰中的这种特殊性就是人对于圣言的接纳性，并且重要的是这种接纳是"在历史中的接纳"。"人是作为历史存有者的精神，他的超越性的地点永远也是历史性的地点，所以，一个可能启示的地点永远而且必然是历史的地点，而且上帝可能发出的启示的地点，即人对存有一般的开放性，便必然在人的历史之中。"②人倾听圣言的先验可能性条件已经而且必然仍会在人类历史中得到证明。拉纳说："当人的主体在发问中倾听到上帝的传言这一点为人类历史所证明，这就表明作为主体的人的认知结构中对神圣传言有一个先验的把握或前领悟。"③这种对神圣传言的前把握必须经过人类在历史中的不断验证。对拉纳来说，每个人先验地拥有接受神圣传言的可能性是基督教神学的根基和前提。这种可能性已经在人类历史中得到证实。赖贤宗指出："这种从下而上的基督学和对救恩史的了解，在拉纳来说，就是'先验的神学的人类学'。它刚好与从上而下的传统教义学中的基督学相对，后者认为上帝降身为人相遇，相遇之处即是耶稣基督的生、死、复活。而先验神学的人类学则从人出发，从人对启示的前把握和前理解，和从启示在历史中的前结构出

---

① 转引自赖贤宗：《海德格存有思想之道》，第317页。
② 转引自同上书，第318页。
③ 转引自同上。

发,来把握基督。"①莫尔特曼基于对上帝的降临期盼的希望神学,正是继承和发扬了拉纳的"先验的神学的人类学"。

拉纳之所以强调这种特殊性,就是要强调他的先验神学是一种自下而上的神学,以区别于巴特的自上而下的神学。上帝在巴特的神学当中是"他力大能"(如佛教净土宗),而人在拉纳的神学当中是"自力接纳"。对于信仰之启示来说,这是同一个事件,但是又有向度上的绝然不同。中世纪神学的核心是基督福音"信、望、爱"中的"爱",源自《约翰福音》所强调的为了彰显"神之爱人"而有耶稣基督之"道成肉身"。路德新教神学的核心是"信","因信称义"的神学源自《罗马书》中对于罪与人之有限性的强调。而现代神学的核心则强调的是"望",因而也是一种希望神学。②希望神学在莫尔特曼的苦难神学中达到巅峰,耶稣基督为了替世人受罪,甘愿被钉死在十字架之上。耶稣向天父祈求:"求你将这杯撤去。然而不要从我的意思,只要从你的意思。"(《马可福音》14:36)耶稣当然明白自己的痛苦,但他仍然在受难时刻满怀对"神再次降临"的希望。

可以看出,拉纳的先验神学或基本神学与海德格尔的基本存在论关系更为紧密,这主要是基于拉纳对海德格尔的存在问题的结构性理解,并契合了自己的神学思想。从这一点上看,相比于布尔特曼,拉纳与海德格尔走得更近。

奥特是最先试图集中且系统地阐释海德格尔思想之神学意蕴的神学家。奥特1929年出生于瑞士的巴塞尔,他在是大学预科生时就

---

① 赖贤宗:《海德格存有思想之道》,第319页。
② "信、望、爱"应该被理解为基督教的三个不同侧面,如此才能对基督教有全局性和结构性的把握。

开始阅读巴特和海德格尔的著作。奥特先后师从辩证神学大师巴特和生存神学大师布尔特曼，并成为巴特的博士生。但他在其博士学位论文《历史与布尔特曼神学中的"救恩史"》中，对布尔特曼进行了积极和建设性的批判。四年后，奥特出版了论海德格尔的专著《思想与存在》，从而创立了一种更地道的海德格尔式的现代神学。奥特试图证明，"布尔特曼只是在非常有限的程度上才能合理地借鉴海德格尔"[①]。如果布尔特曼对海德格尔的借鉴只是有限的，那么布尔特曼的追随者就会和巴特的追随者一样最终脱离海德格尔，而不是和奥特一起去提倡一种与后期海德格尔思想相一致的神学。

  奥特的《思想与存在》出版后不久，巴特在其一篇论哲学与神学之关系的著作中承认，哲学和神学可以关注同一问题。"神学家把这个问题描述为造物主与造物的关系，而哲学家则以各种各样的术语对这一问题进行了论述。"[②]巴特认为，"哲学一直倾向于强调存在的优先性，反之，神学则必须强调上帝的优先性"[③]。海德格尔的思想转向后，其在存在历史观中给予存在绝对的优先性，后期海德格尔的哲学似乎正是巴特所指的哲学。海德格尔和奥特都看到了神学与哲学内在和深层的关联性和统一性。关于存在与上帝的关系，海德格尔在《关于人道主义的书信》中这样描述，"唯从存在之真理而来才能思神圣者（das Heilige）之本质。唯从神圣者之本质而来才能思神性（Gottheit）之本质。唯在神性之本质的光亮中才能思、才能说'上帝'（Gott）一词所要命名的东西。或者，并且只有当我们作为人（也即作为生存的生物）应当可以经验上帝与人的关联时，我们

[①] 转引自罗宾逊：《后期海德格尔与奥特神学》，第134页。
[②] 转引自同上书，第135页。
[③] 转引自同上。

才必然能够细心地理解和倾听所有这些话么?……而如果存在之敞开域没有被澄明而且在存在之澄明中切近于人的话,那么这个神圣者的维度作为维度甚至就依然被锁闭着。也许这个世界时代的特征就在于美妙者之维度的被锁闭状态中。也许这就是唯一的不妙"①。

奥特认为,海德格尔哲学关注现实的人,神学和哲学一样面临生存问题,神学也必须关心和追问现实中人的本质。"神学其实也处处关注生存,关注在其特殊的、独一无二的存在方式中的人之此在;也许这种神学能够从海德格尔的生存论分析中学到某些东西。"②神学应把生存问题当作自己未完成的任务,而不是把它当作哲学早已解决的事情抛在身后。生存问题在神学与哲学之间构成一种实际的亲缘关系,它们都关心有限的人与无限的存在和上帝之间的关系。奥特说:"生存哲学以及由之激发出来的生存神学始于这样一个观念:对于人之生存,我们不能对之作类似于其他存在者的描写,当我们把它搞成单纯的对象时,它决没有得到真正的理解,而毋宁说,它乃是一个在最本己的决断中实现自己的自我(Selbst)。"③

把个体生存与世界性的存在划分开来,以及把"决断"概念设定为个体生存的本质特征,毫无疑问具有历史性意义。奥特强调,我们不能把个体生存的本质当作完成了的学说来对待,即当作教条来对待,而必须把它当作开端,每个个体必然有不同的开端。每个个体在生存论上的解释在某种程度上必须与个体生存状态的现实性保持匹配,决断只在乎个人。用佛教的话说,只能是"缘起性空",而不能说"性空缘起",性空不是一个完成的、可以成册的学说。在

---

① 海德格尔:《路标》,第414页。
② 奥特:《从神学与哲学相遇的背景看海德格尔思想的基本特征》,第98页。
③ 同上书,第91页。

海德格尔的哲学中，任何存在者都不能承担超越的维度，包括"启示之上帝"，只有"虚无"作为真正的此在之超越才可以取代上帝的地位。奥特同意海德格尔关于此在的基本存在论分析。

在我们把神学与哲学加以对照的语境中，虚无观念具有这样一种作用，就是把我们从哲学、从海德格尔的这条确定的哲学思路，拉到神学那里；由此出发，我们进而要进行反问，希望哲学的思想，那种已经突进到这一界限并且遵守这一界限而没有在仓促的答案和结论中锁闭自己的哲学思想，也对神学所面临的问题开放。……我们如何可以把这种虚无（nihil）与作为海德格尔的彻底问题的最后音符的虚无（Nichts）放在一起加以思考呢？但这个问题却在海德格尔哲学方面以及神学方面架起了通向存在问题的桥梁。①

从存在论的角度来看，上帝也仅仅是一个存在者。作为最高的存在者，上帝已经被哲学彻底的追问超越了。"哲学的追问在这里变得如此彻底化，以至于它不再在任何一个存在者面前停留，不能把任何一个存在者设定为主要基础，设定为此在之超越者（Transzendenz）。人必须'最终放弃力图把自己建立在一个至高存在者的基础之上的努力，因为任何一个这样的至高存在者都会通过人类的把捉活动而被贬为主要基础，而且此外就始终只剩下了人，这个人建立和论证这种关系，他本身就是至高存在者了'。"②这样就不再剩下任何一个存在者可成为此在的超越者，人亦不能成为超越存

---

① 奥特：《从神学与哲学相遇的背景看海德格尔思想的基本特征》，第87页。
② 同上书，第74页。

在者的此在。换言之，此在的唯一超越者、还经得起哲学彻底追问的唯一超越者就是虚无，就像京都学派的"绝对无"。奥特意识到，"恰恰因为在海德格尔思想表面上的无神论中，显示出形而上学道路的终结和一条全新的道路的可能开端，也就是说，恰恰因为我们必然在海德格尔那里认识到哲学史的一个转折点，故海德格尔的思想对神学家来说就变得重要了。海德格尔就成为神学的一个卓越的哲学上的对话伙伴"①。

在海德格尔哲学中，基础性和主导性的概念是"存在"，对"存在"的理解不依赖它与思想的相互关系，存在身处前思想和前理论的先验视域之中。海德格尔在关于存在之意义的追问过程中，展示了存在的三重视域，即语言、时间、世界。奥特认为，神学也是一种思想，这种思想的对象是上帝之启示。"上帝之启示赢获语言；它在时间中成其大事；它关涉到世界，在世界之空间中发生，并且获得世间肉身性。上帝之启示本身具有一个语言维度、一个时间维度和一个世界维度。"②奥特通过对生存性、超越性以及信仰之启示视域的论述，创立了一种更地道的海德格尔式的现代神学。巴特的系统神学强调上帝的超越性，布尔特曼的生存神学强调了信仰的现实性，奥特综合了巴特的系统神学和布尔特曼的生存神学。可以认为，奥特实际上领悟到了海德格尔所说的现象学对神学的调校和指引。

海德格尔的存在主义对生存神学的影响，在于其强调在信仰事件中上帝与人同时到场的重要性，强调人和上帝的关系是相互的，强调上帝时时刻刻可从我们人的生存处境中"涌现"出来。哲学与神学都应以人的实际生活经验为出发点，生存神学建基于"信仰式"

---

① 奥特：《从神学与哲学相遇的背景看海德格尔思想的基本特征》，第77—78页。
② 同上书，第95—96页。

生存，存在主义哲学建基于"操心式"生存。在对存在意义的追问以及上帝信仰的启示过程中，哲学与神学具有相同的结构。就像海德格尔在《现象学与神学》演讲中指出的，哲学与神学的关系，亦即现象学与神学的关系，可以表达为：哲学与现象学是存在论层次上的，而神学则属于存在者层次上的实证科学。存在论层次上的哲学（现象学）可以对神学进行调校，神学能从哲学（现象学）中获得自己的动力和方向。在1927年之后的约半个世纪里，这种调校在布尔特曼、拉纳、奥特的神学思想中得到了佐证，同时也为"最后之神"思想奠定了现象学基础。

第三节　最后之神：一种朝向未来的神学思想

"最后之神"思想，从哲学方法来看是形式显示的现象学，海德格尔用"时间性""历史性""时间—空间"等概念对其做了充分的展开，并与上帝的"恩典时刻"、康德的"先验直观"、尼采的"永恒瞬间"做了横向的对比；从思想来源上看，"最后之神"思想传承和借鉴了从埃克哈特到谢林、尼采的否定神学思想。最早把否定神学思想从神学引入哲学的是谢林，谢林倡导创立一种"哲学宗教"。从否定神学这个向度上，谢林看到了哲学与宗教统一的可能性（神学家奥特也意识到了这一点）。海德格尔继承了谢林"哲学宗教"这一"大历史哲学"观。海德格尔对谢林的超越是把谢林的"大历史哲学"与近代哲学进行了比较，并适时地把现象学方法置入其中。海德格尔和谢林都同意，自柏拉图以来，人类的精神世界中发生了双重遗忘，即哲学忘记了存在，基督教忘记了上帝，作为根源的存有必须首先从柏拉图主义中倒转过来。哲学和宗教（神学）唯一的出路在于真正地置身于"无"之中。从东西方文化交流的角度来看，谢林的"大历史哲学"可能是通过莱布尼茨借鉴了东方的老子思想。海德格尔也尝试过与萧师毅合作翻译《道德经》。更重要的是，海德格尔通过与京都学派的交往，有意无意地借鉴了禅宗和佛教来印证自己关于"无"的思想。这种"无"的思想在海德格尔不同时期的文本中表现为"形而上学的基础问题""黑夜与白昼""存有作为静默学"等。

从重要性来看，理解谢林的"大历史哲学"和否定神学思想传统，对理解海德格尔的"最后之神"思想最为关键。谢林指出，"整个宇宙及其历史的伟大目的不是别的，正是最终的和解以及个体重新消融在绝对性之内。对于那些坚持个体性的人来说，历史显现为残酷的、摧毁众多个体的命运，不可抗拒的必然性；而对于有意识地要和绝对者达到和解的人而言，历史就显现为天命或上帝，遵从它就意味着自由。随着自由而来的必然是道德和幸福，因为二者是上帝的同样无限的属性"[①]。胡恩认为，"在与谢林的哲学对话中，海德格尔获得根本的推动与启示而转向批评形而上学并沉思存在自身的'存在历史思想'。与此相应的'本源之思'成为两位思想家共同的主题"[②]。

许多人还停留在从传统的哲学或神学的视角来看待海德格尔，以自己的哲学思维来否定海德格尔的神学思想，把它定义为无意义、松弛、有害的；或者以自己的神学思想来否定海德格尔的哲学思想，把它定义为反动的、渎神的。海德格尔和谢林一样，其真正用意是要达成理性与信仰的统一、哲学与神学的结盟。所以，我们看到，

---

① 先刚：《永恒与时间：谢林哲学研究》，第364页。
② 劳赫·胡恩：《海德格尔与谢林的哲学对话》，第27—33页。

海德格尔既反对传统的形而上学哲学，也反对世俗的基督教宗教。看不到这一点，我们很难理解海德格尔的思想，当然我们也很难理解谢林的思想。[1]就像波尔特所说的，对于阅读《哲学论稿》而言，"获准进入的，是那些至此为止已长久追随海德格尔道路的人，和那些愿意走得更远的人。……一份深奥的文本则会主动挡开不够格的人，它或者会阻止他们看到任何东西，或者会将他们引向一种隐匿或者保护了真正信息的公开（开放）的信息，《哲学论稿》属于前一种：它给不够格的人呈现的，不是一种误导性的信息，而是根本没有任何信息——它是不可理解的"[2]。

海德格尔曾对他的学生洛维特说过，他是一位"基督教否定神学家，以拆毁人类理性之傲慢为目标"[3]。从现象学和否定神学两个进路，海德格尔端出了自己的"最后之神"，在《哲学论稿》这本20世纪最神秘的著作中，把"最后之神"安插在"存在历史"的最后一个"关节"中。只有意识到人和人类都是有死者，人和人类不是无所不能的，我们才能把人从"世界的主宰"过渡到"无意欲"，从对自然的谋制（加工、破坏）过渡到内立于本有中的"泰然处之"。

赖贤宗认为："Gelassenheit、das Nicht-Wollen无意的课题在《泰然处之》一书（1959）中海德格继续加以阐释。从表象的概念性把握的传统思考方式以及这样的意志脱离出来，从意志以及自发性而产生的思考带来了存有的遗忘，并从中产生了科技的宰制以及文化的虚无化，人类必须从此中得到释放，结束一切的宰制性的意志而到达'无意'。海德格由'无意'的阐释发展了Gelassenheit的课题，

---

[1] 参见先刚：《永恒与时间：谢林哲学研究》，第348页及以下。
[2] 波尔特：《存在的急迫：论海德格尔的〈对哲学的献文〉》，第21页。
[3] 转引自林之淳：《接着海德格尔思神学》，第57—58页。

他的阐释更多地是来自埃克哈特等人的否定神学，海德格另外从事隐蔽于先苏时期哲学家思想之道路中，发挥了Ereignis（本有）的晚期存有思想，也高度赞赏道家的无与禅宗的空的东亚思想，架起了中西哲学对话的可能。"①

但是，不能说海德格尔的"最后之神"思想就是否定神学，二者之间还是有明显的差异的。其一，在埃克哈特看来，"神不是一个存在者"的陈述实际上是强调神的超越性。因为即使是"存在"这个哲学概念也都不足以囊括"神超越人类"的观念，即存在还在神的威严之下。海德格尔在《哲学论稿》中拒绝神的超越性，相反，"诸神需要存有，并非以之为自己的所有物，诸神自己就在其中找到一个位置。诸神需要存有，为的是通过这个不属于诸神的存有而归属于自身"②。同时，人也不会被存有所统摄，"人为存有本身所需要，成为诸神之逃遁与到达的时机之所的保存者"③。在最后之神的时代，存有、诸神和人之间并不具有层级和幂次上的差异，它们相互归属。其二，在神与时间、存在的关系上，最后之神与否定神学有明显的不同。否定神学强调神完全处在时间之上或之外，因此神创造的世界的差异性，正是永恒无限的神与时间有限的世界关联后的差异化。如果神不在时间之外，这种差异化的创造是无法实现和超越的。神必须在时间之外，存在就依据这种差异性委身在神之庇护下，哲学乃是神学的婢女。而在海德格尔看来，最后之神无限但又短暂，他只掠过人。不能说最后之神在时间之外，他和人一样在本有的时机之所中，作为存有之此-在的开裂。而且，最后之神和诸神一样需

---

① 赖贤宗：《海德格存有思想之道》，第102—103页。
② 海德格尔：《哲学论稿》，第462页。
③ 同上书，第278页。

要存有，"本-有及其在时间—空间之离基状态中的接合（Erfügung）乃是一张网，最后之神把自身悬于这张网中"①。天、地、人、神构成一个世界化的世界，最后之神的本己化也需要人，他们相互归属、相互游戏。其三，海德格尔的"最后之神"思想和否定神学最显著的区别在于，它们所描述的现实是完全不同的。对于否定神学来说，尽管人类的思想和语言无法描述神的奥秘，但"神"一词所指定的事实却是真实存在的，他始终"隐身"在场。对海德格尔来说，这种指定还处在形而上学的层面，否定神学的神还是在存在者层次上的存在，哪怕他看起来比基督教的上帝还要抽象。对于"即开显即遮蔽"的存在之本质来说，存在要真实地发生，最后之神就在这种"发生"之中。从某种意义上来讲，海德格尔没有把否定神学中的上帝，而是把最后之神看作基于"信、望、爱"的信仰实践。当然，这是未来的一种宗教形态，它朝向未来，还未到来。

但海德格尔的"最后之神"思想无疑具有与否定神学相同的结构，即使二者具有不同的表达。但对于任何一个存在者而言，其有限性是不言而喻的，甚至对一个民族也是如此，只有从此-在而来，一个民族才能把握自己的本质。只有意识到自身的有限性，"一个民族才能避开那样一种危险，即围绕着自身打转，并且把仅仅构成自身持存之条件的东西当作自己的无条件的东西来加以偶像化的危险"②。

哲学与神学本质上都探讨有限（人）与无限（虚无）的关系，但二者的向度又恰恰相反。西方哲学史上，关于有限与无限的讨论随处可见，并且始终是哲学的困境。

---

① 海德格尔：《哲学论稿》，第277页。
② 同上书，第425页。

结　语

　　德勒兹把理性建立在无理性基础之上；德里达把主题建立在其自身之外的"无"之上；海德格尔把存在建立于"无"上；黑格尔认为有限存在于无限中；费希特认为我存在于无我状态中；叔本华认为现在体现于未来；康德指出现象存在于本体中；斯宾诺莎认为自然存在于上帝之中，上帝又存在于自然中。这种二元论的普遍存在证明了它对解决这一哲学困境的重要性。[①]

　　我认为，海德格尔思想最重要、最直白的表达出现在《尼采》一书中："存在者之虚无与存在者之存在形影相随，犹如黑夜之于白昼。倘若没有黑夜，我们又何曾能看到白昼，何曾能把白昼当作白昼来经验！因此，一个哲学家是否立即从根本上在存在者之存在中经验到虚无之切近，这乃是一块最坚硬、也最可靠的试金石，可以用来检验这位哲学家的思想是否纯真，是否有力。谁若经验不到虚无之切近，他就只能永远无望地站在哲学门外，不得其门而入。"[②]

　　难就难在如何去经验这种"虚无之切近"，并在"之间"允让中去领悟"无之无化"。如果说存在即是"无"，那么这说明恰恰是虚无决定了我们人生存的意义。关于"无"的思考差不多也是人类所能思考的极限状态。有意思的是，宇宙学家也已经证实，我们所能见到的物质和能量只占宇宙构成的5%，另外95%的宇宙构成是由我们还未探测到的暗物质和暗能量决定的。从这一点上看，哲学与宇宙科学确有相似之处。

　　可以这样认为，在海德格尔看来，人通过最后之神的掠过，在

[①] Conor Cunningham, "The Difference of Theology and Some Philosophies of Nothing", *Modern Theology* 17(3), 2001.

[②] 海德格尔:《尼采》（上），第450页。

瞬间（时间—空间）中触摸到了永恒，最后之神是人的内在需要。但是，在尼采看来，上帝死了之后，人只要能变成超人，人自己就能在瞬间中触摸到永恒。简言之，每个人都可以成为自己的上帝，神在尼采的思想中没有位置。尼采领悟到了瞬间，但是把神丢弃了。海德格尔认为，我们人还应该在思想中为神保留空间。从这一点来看，"最后之神"思想仍然根植于西方传统和文化之中。海德格尔非常明白，没有神性的东西是非常危险的，迟早会被历史的风云所湮灭。这是海德格尔思想与尼采思想的结构性差异。

如果真正的哲学指向了虚无，那么当前以功能和目的来区分和命名的哲学，诸如科技哲学、政治哲学、宗教哲学乃至历史哲学立即就变成了可疑的问题。如今所谓的政治哲学往往只关注现实性问题，本质上是一种斗争、迂回的策略和艺术，政治哲学即政治艺术。历史哲学亦是如此。历史只有敢于面对自身的虚无，才会触及哲学的边界，真正的历史哲学才能诞生。如果真正的哲学指向了虚无，黑尔德的世界现象学、朋霍费尔的社群神学也就与海德格尔无关，施特劳斯、列维纳斯、哈贝马斯、刘小枫对海德格尔的批评也就可能不成立，因为虚无对现实并不具有张力，哲学也不承担伦理义务。康德也在其《实践理性批判》中批评了神秘主义思想。康德说，实践批判力的模型（typic），"一方面避免了经验主义的危害（后果论），另一方面避免了神秘主义的危害（浪迹于漫游之地）"①。正如哈贝马斯所说，18世纪以来的哲学家（康德、马克思等）有通过批评现实来克服社会危机的传统，而近代神秘主义偏离了这个传统。

如果真正的哲学指向了虚无，我们大部分人都会被海德格尔排除在真正的哲学之外，因为基本上我们不是把哲学当作文学，就是

---

① 康德：《实践理性批判》，邓晓芒译，杨祖陶校，北京：人民出版社，2003年，第96—97页。

把哲学当作历史。这确实令人沮丧。但是，这对我们中国哲学倒是一个重大利好，因为近代东西方文化交流之门打开以来，不少西方哲学家（譬如黑格尔）就认为中国只有思想没有哲学，认为中国古代思想基本上是关于道德伦理的说辞。实际上，《老子》《庄子》《周易》等玄学，以及关于"空""无"的佛教思想在我国具有悠久的传统。海德格尔在此倒是提醒我们，真正的哲学在东方也扎下了根基。哲学和神学、东方思想与西方思想归根结底是"同源分流"的，而源头就在"虚无"。正是在此意义上，海德格尔才说："（伟大的哲学）乃是兀然高耸的群山，未经攀登也不可攀登。"①哲学和神学师出"无"门。在个体的实际生命中时刻去领悟"虚无"，正是东西方思想能会通、融合之所在。

1945年5月8日，法西斯德国军队代表在柏林正式签署无条件投降书，第二次世界大战中的欧洲反法西斯战争胜利结束。海德格尔在其《乡间路上的谈话》中写道："多瑙河谷的豪森宫，1945年5月8日，这一天，世界在庆祝自己的胜利，而尚未认识到，几个世纪以来，世界就已经是它自己的起义（Aufstand）的战败者。"②站在西方文明的危机面前，我们就不难理解海德格尔在此所发出的感慨，以人的绝对主体性为根基的文明已经危机重重。陈嘉映认为，"海德格尔把西方哲学概括为希腊哲学源头的降格、滑落。质言之，西方历史不但没有进步，反而就是一部思想的退化史"③。海德格尔经过了两次世界大战，深深感受到科技理性与强力意志对世界的危害。

国内最早研究《哲学论稿》的宋祖良认为，包括《哲学论稿》

---

① 海德格尔：《哲学论稿》，第195页。
② 海德格尔：《乡间路上的谈话》，孙周兴译，北京：商务印书馆，2018年，第240页。
③ 陈嘉映：《海德格尔哲学概论》，第309页。

在内的海德格尔后期思想的主题是拯救地球。"他看出了西方哲学史的楼梯建立在西方人长期与自然界的分离、相对立的基础上,这个基础很隐蔽地构成了西方哲学和全部文化的核心。西方人把人类生存、繁衍的基地——自然界——看作技术生产征服和剥削的对象,把万物(包括人类)之母——大自然——看作进攻的对象,并且习惯成自然,认为这样做是理所当然、天经地义的。海德格尔恰恰看出这种做法和想法中潜在地包藏着巨大的危险,西方哲学和全部文化正建立在一个危险的基础上。"①归根结底,海德格尔的"最后之神"思想是面对人类未来的。人类未来文明的形态是否能和谐和可持续发展,这是海德格尔担心的问题,因为"所有的这一切决定着人类之未来。还有几百年之久,人类会以自己的谋制洗劫这个星球,使之荒芜"②。可是,"知道这一点的人是多么少啊"③。

现代社会有三个特征。首先,人们不断地创新出新鲜事物,又受困于所造之物;人们错误地把思想的自由理解为言论的自由,精神异化。其次,商品消费呈现出高度的个人化,资本加速了对现代家庭的瓦解。再次,资本和技术正快速放大人与人之间的"自然差异",从而事实上加剧了人类社会的不平等。

可以认为,《哲学论稿》的宗旨是海德格尔对技术世界的批判④,

---

① 宋祖良:《拯救地球和人类未来——海德格尔的后期思想》,北京:中国社会科学出版社,1993年,第14—15页。
② 海德格尔:《哲学论稿》,第433页。
③ 同上书,第442页。
④ 21世纪以数字化为主要特征的现代技术与强调个体自由的资本主义体制产生了背离,而与强调整体协同的社会主义体制产生了共鸣。这一点正加速中美两种社会发展模式的力量转化。但是从工业革命以来,技术催生现代性,人类繁殖能力的减弱是现代性最直接的特征之一,这一点在当代欧洲的全面"伊斯兰化"中得到了体现。未来人类社会相互之间的竞争将更多地依赖体力而不是脑力,因为知识的获得会更加容易,而体力作为人最根本的自然属性,将决定每个人的未来。

"以达到那种基于大地之拯救而进行对世界的更新"①。在这种拯救中,作为主体的人如果能转变并抑制自己,从世界的主宰,经历时间性与历史性的洗礼,转身内立于本有之中,与天、地、神合奏一曲"四重奏",人类的未来或许还有希望。海德格尔说,现代人要懂得转变和抑制,这一点接近于东方人的思想。牟宗三先生认为,中国古人懂得并喜言"韬光养晦",这就是一种教养,这是儒、释、道三教共同的老教训,就是此教养使得中国民族成为长寿民族,"因为这种文化的培养使用心方向由自然生命反上来且调和自然生命,于是自然生命才能生生不息永远维持下去"②。

现代社会必然于自身(深处、源头)中蕴涵着救渡的生长。只要是技术中的人,一定是等待救渡的人。"在危险之本质中,隐藏着一种转向的可能性,……那种存在之被遗忘状态向存在之本质的守护的转向。"③我们人类也许就站在这种转向之到达预先投下的阴影中。转向何时以及怎样命运性地发生,这是没有人知道的。海德格尔说,人们也没有必要知道这一点,这样一种知识对人来说,甚至可能是最有害的,因为人的本质乃在于成为期待者(面对"无")。

从历史上看,否定神学思想的根源在灵知主义,海德格尔的"深渊""原根据"等用语本身就是灵知主义所特有的神学词汇,"最后之神"这一说法虽然直接引自谢林的神谱学思想,但明显具有灵知主义痕迹。历史上灵知主义最重要的创始人摩尼就宣称,他获得了来自上帝之灵的一种全面启示,即"关于万物开始、经过、结局的知识"④。摩尼把自己描述为最后时代的预言者。

---

① 海德格尔:《哲学论稿》,第437页。
② 牟宗三:《中国哲学十九讲》,第118页。
③ 海德格尔:《同一与差异》,第113页。
④ 杰拉德·汉拉第:《灵知派与神秘主义》,第16页。

海德格尔的学生汉斯·约纳斯认为，灵知主义、存在主义、虚无主义是内在相通并相互印证的，"灵知主义清除的是古代文明一千年的道德遗产，存在主义清除的是西方作为道德法观念之背景的二千年的基督教形而上学"①。约纳斯把海德格尔的存在主义阐释为古代晚期灵知主义的现代形态（modern counterpart）②，他把存在主义称为现代虚无主义，把灵知主义称为古代虚无主义。如果说"最后之神"思想是一种20世纪现象学运动中的否定神学，它也可以被说成是存在主义的灵知主义。柏林洪堡大学的鲍恩（Michael Pauen）曾分析了海德格尔不同时期著作中的灵知主义成分。他甚至明确指出，《哲学论稿》就是海德格尔灵知主义思想的高峰。③所以，从灵知主义的历史来看，海德格尔的"最后之神"思想也并不神秘。从时间和空间上看，它是灵知主义在现代、在欧洲大陆的一次显现，既有思想的根源，也有现实的窘迫，特别是两次世界大战对整个欧洲乃至世界文明的冲击。

张志扬曾表达过一种观点，即西方思想意识形态的本质不过是"把特殊的东西说成是普遍的东西（真理性），再把普遍的东西说成是统治的东西（权力性）的强力意志而已"④。这一点能帮助我们理解，海德格尔的"最后之神"也只是一种特殊的思想，是20世纪的时代产物。人只是一根能思想的苇草，海德格尔也不例外。基斯佩（G. Quispel）认为，"除了希腊和基督教之外，无论如何，灵知论也是'欧洲文化传统的三个组成部分'之一"⑤。关于灵知主义对否定

---

① 约纳斯：《灵知主义、存在主义、虚无主义》，张新樟译，载刘小枫选编：《灵知主义与现代性》，张新樟等译，上海：华东师范大学出版社，2005年，第47页。
② 韩潮：《海德格尔与灵知主义》，载《哲学门》2011年第1期。
③ 同上书。
④ 张志扬：《西学中的夜行——隐匿在开端中的破裂》，绪论第11页。
⑤ 鲁多夫：《知识与拯救：灵知》，吴增定译，载刘小枫选编：《灵知主义与现代性》，第18页。

神学的影响，还可以追溯到新柏拉图主义，但这已超出本书的范围。值得我们思考的是，为什么灵知主义、神秘主义一直与我们人类结伴同行。可以这样认为，神秘主义是人类精神世界的一面镜子。

质言之，海德格尔的"最后之神"思想虽然极富原创性，但也并非空穴来风，而是来源于否定神学的悠久传统，并深深根植于西方思想史中。但是，海德格尔赋予否定神学以现象学特质，把否定神学纳入现象学路径进行考察，即个体的实际（实存）生活不仅是哲学的出发点，同时是神学的出发点，现象学（时间性和历史性）可以揭示这种哲学与神学的共同本质。"最后之神"可被看作否定神学与现象学的融合，这是海德格尔对谢林哲学的超越。同时，海德格尔尝试回应谢林的"大历史哲学"，即寻求哲学与神学的统一。这是海德格尔关于哲学与神学的统一性的思考，是谢林意义上的宗教哲学或哲学宗教，也即关于哲学与神学的同源分流（过去）、同质结构（现在）、同盟归属（未来）问题的思考。

海德格尔认为，近代以来，人类的精神世界中发生了双重遗忘，哲学遗忘了存在，基督教遗忘了上帝。二者只有从"虚无"中才能找到共同的归属，"虚无"也是东西方思想的相互亲缘性之所在。用佛教的名词说，"虚无"是东西方思想的"共法"。在这一点上，海德格尔通过谢林与老子、通过京都学派与禅宗进行了相互印证和相互丰富。①无论在东方还是在西方，"对大彻大悟、彻底解脱者而言，轮回与涅槃、现象与真实、时间和永恒本质上是一回事"②。

海德格尔的"最后之神"思想的问题意识或许在于，人作为一种有限性动物，甚至人类作为一种具有有限性的类，如何面对无限

---

① 海德格尔的"abyss"（深渊）很接近佛教"空"的意蕴。
② 阿尔道斯·赫胥黎：《长青哲学》，第383页。

的"存在"和"上帝",从而能正确看待自己。我想海德格尔的意思是,人类的生存和发展还需要一个"神明",当然这个"神明"不再是基督教意义上的"上帝"。海德格尔的思想向内看是指向人的有限,向外看是指向"存在"和"上帝"的无限。这正是伽达默尔所说的,"真正的经验就是这样一种使人类认识到自身有限性的经验"。伽达默尔不愧为海德格尔的嫡传弟子。

海德格尔经过了两次世界大战,深深感受到科技理性与强力意志对世界的潜在危害。"我们的时辰乃是没落时代。"① 站在西方文明的危机面前,其后期思想的宗旨是拯救地球。海德格尔认为,以人的绝对主体性为根基的现代文明已经危机重重。"我们也许等不到新时代的到来,就会迎来技术和生态的崩溃。"② 作为主体的人只有能抑制并转变自己,经历时间性与历史性的洗礼,从自然的主宰转变为内立于本有之中的人,与天、地、神合奏一曲"四重奏",并经受最后之神的掠过,才能获得伟大的动力,亦即重新开端、重新创世(Schöpfen)的动力,才能克服精神世界的双重遗忘,才能作为将来者去开启新的历史篇章。

"最后之神"的思想特质可以被概括为否定神学来源(过去)、现象学方法(现在)、未来性思想(将来),是一种基于现象学的未来神学思想。

海德格尔说:"我不能使其显然可见。我并不知道这种思想如何'实现'。也可能是,一种思想的途径今天引向:无言,以求防止这种思想在一年之内被贬价卖掉。也可能是,这种思想需要300年,以

---

① 海德格尔:《哲学论稿》,第423页。
② 加来道雄:《超空间》,第266页。

结　语

求'实现'。"① 我想，海德格尔的担心是有道理的，至少在我们可预见的将来，"最后之神"注定还会是人类的"异乡神"。海德格尔含而不露，这也能帮助我们理解，为什么他生前刻意没有出版这部《哲学论稿》。

```
            天
          (无限)
    艺术    空间    数学
         神学
  人 ←――――――――→ 无
(有限)    哲学    (无限)
    科学    回忆    自然
            地
          (有限)
```

未来思想意向图

---

① 海德格尔:《海德格尔选集》(下)，第1310页。

参考文献

海德格尔著作：

1. Heidegger, *Beiträge zur Philosophie (Vom Ereignis)*, Frankfurt am Main: Vittorio Klostermann, 2003.
2. Heidegger, *Contributions to Philosophy (of the Event)*, trans. Richard Rojcewicz and Daniela Vallega-Neu, Bloomington: Indiana University Press, 2012.
3. Heidegger, *Besinnung*, Frankfurt am Main: Vittorio Klostermann, 1997.
4. Heidegger, *Mindfulness*, trans. Parvis Emad and Thomos Kalary, London: Continuum, 2008.
5. Heidegger, *Über den Anfang*, Frankfurt am Main: Vittorio Klostermann, 2005.
6. 海德格尔:《宗教生活现象学》，欧东明、张振华译，北京：商务印书馆，2018年。
7. 海德格尔:《哲学论稿（从本有而来）》，孙周兴译，北京：商务印书馆，2012年。
8. 海德格尔:《同一与差异》，孙周兴、陈小文、余明锋译，北京：商务印书馆，2014年。
9. 海德格尔:《演讲与论文集》，孙周兴译，北京：生活·读书·新知三联书店，2005年。
10. 海德格尔:《面向思的事情》，孙周兴译，北京：商务印书馆，1999年。
11. 海德格尔:《路标》，孙周兴译，北京：商务印书馆，2011年。
12. 海德格尔:《存在与时间》，陈嘉映、王庆节译，北京：生活·读书·新知三联书店，2008年。
13. 海德格尔:《形式显示的现象学：海德格尔早期弗莱堡文选》，孙周兴编译，上海：同济大学出版社，2004年。
14. 海德格尔:《林中路》，孙周兴译，上海：上海译文出版社，2012年。
15. 海德格尔:《在通向语言的途中》，孙周兴译，北京：商务印书馆，2013年。
16. 海德格尔:《尼采》（上、下），孙周兴译，北京：商务印书馆，2002年。

17. 海德格尔:《形而上学导论》,熊伟、王庆节译,北京:商务印书馆,2015年。
18. 海德格尔:《谢林:论人类自由的本质》,王丁、李阳译,北京:商务印书馆,2018年。
19. 海德格尔:《荷尔德林诗的阐释》,孙周兴译,北京:商务印书馆,2000年。
20. 海德格尔:《根据律》,张柯译,北京:商务印书馆,2016年。
21. 海德格尔:《不莱梅和弗莱堡演讲》,孙周兴、张灯译,北京:商务印书馆,2018年。
22. 海德格尔:《海德格尔选集》(上、下),孙周兴选编,上海:上海三联书店,1996年。
23. 海德格尔:《乡间路上的谈话》,孙周兴译,北京:商务印书馆,2018年。
24. 海德格尔:《哲学への寄与論稿(性起について)》,大桥良介、秋富克哉、布赫纳译,东京:创文社,2011年。

其他参考文献:

1. Conor Cunningham, "The Difference of Theology and some Philosophies of Nothing", *Modern Theology* 17(3), 2001.
2. David R. Law, "Negative Theology in Heidegger's Beiträge zur Philosophie", *International Journal for Philosophy of Religion* 48, 2000.
3. Duane Armitage, *St. Paul and The Last God in Martin Heidegger's* Contributions to Philosophy, submitted to the New School for Social Research of the New School in partial fulfillment of the requirements for the degree of Doctor of Philosophy, 2012.
4. John D. Caputo, "Meister Eckhart and the Later Heidegger: The Mystical Element in Heidegger's Thought: Part Two", *Journal of the History of Philosophy* 13(1), 1975.
5. Prudhomme, "The Passing-By of the Ultimate God", *Journal of the American Academy of Religion* 61(3), 1993.
6. 奥特:《从神学与哲学相遇的背景看海德格尔思想的基本特征》,孙周兴译,载刘小枫选编:《海德格尔式的现代神学》,孙周兴等译,北京:华夏出版社,2008年。
7. 巴特,卡尔:《〈罗马书〉释义》,魏育青译,上海:华东师范大学出版社,2005年。
8. 巴雷特,威廉:《非理性的人》,段德智译,上海:上海译文出版社,1992年。
9. 班超:《矛盾的人》,载《现代青年》2011年第4期。

10. 比默尔、萨纳尔编:《海德格尔与雅斯贝尔斯往复书简（1920—1963年）》，李雪涛译，上海：上海人民出版社，2012年。
11. 波尔特:《存在的急迫：论海德格尔的〈对哲学的献文〉》，张志和译，上海：上海书店出版社，2009年。
12. 陈嘉映:《海德格尔哲学概论》，北京：商务印书馆，2014年。
13. 邓安庆:《存在与上帝——谢林启示哲学的神学意义》，载《道风：基督教文化评论》第19期。
14. 董豫赣:《现当代建筑十五讲》，香港：香港中和出版有限公司，2018年。
15. 杜顺:《华严五教止观》，载《大正藏》第45册。
16. 菲加尔，君特:《海德格尔》，鲁路、洪佩郁译，北京：中国人民大学出版社，2010年。
17. 福岛庆道:《禅是无的宗教：更幽轩法语集》，高立译，北京：宗教文化出版社，1997年。
18. 傅伟勋:《从创造的诠释学到大乘佛学》，台北：东大图书公司，1990年。
19. 高宣扬:《德国哲学的发展》，上海：上海交通大学出版社，2020年。
20. 甘阳:《政治哲人施特劳斯：古典保守主义政治哲学的复兴》，载施特劳斯:《自然权利与历史》，彭刚译，北京：生活·读书·新知三联书店，2018年。
21. 汉拉第，杰拉德:《灵知派与神秘主义》，张湛译，上海：华东师范大学出版社，2012年。
22. 荷尔德林:《荷尔德林诗集》，王佐良译，北京：人民文学出版社，2016年。
23. 赫胥黎，阿尔道斯:《长青哲学》，王子宁、张卜天译，北京：商务印书馆，2019年。
24. 贺麟:《文化与人生》，北京：商务印书馆，1996年。
25. 黑格尔:《逻辑学》，杨一之译，北京：商务印书馆，2011年。
26. 黑格尔:《法哲学原理》，范扬、张企泰译，北京：商务印书馆，1997年。
27. 胡塞尔:《欧洲科学危机和超验现象学》，张庆熊译，上海：上海译文出版社，2005年。
28. 会性法师:《大乘起信论讲录》，新北：世桦国际股份有限公司，2014年。
29. 韩潮:《海德格尔与灵知主义》，载《哲学门》2011年第1期。
30. 加来道雄:《超空间》，伍义生译，重庆：重庆出版社，2018年。
31. 加布里尔，马库斯:《数码化革命》，上海：未来哲学论坛，2018年11月24日。

32. 加布里尔，马库斯:《不可预思之在与本有——晚期谢林与后期海德格尔的存在概念》，王丁译，载《哲学分析》2018年第1期。
33. 考夫曼:《列奥·施特劳斯论现代性危机》，邓安庆译，载《世界哲学》2004年第3期。
34. 康德:《实践理性批判》，邓晓芒译，杨祖陶校，北京：人民出版社，2003年。
35. 科克尔曼斯，约瑟夫:《海德格尔的〈存在与时间〉》，陈小文译，北京：商务印书馆，1996年。
36. 柯小刚:《海德格尔与黑格尔时间思想比较研究》，上海：同济大学出版社，2004年。
37. 梅依，莱因哈德:《海德格尔与东亚思想》，张志强译，北京：中国社会科学出版社，2003年。
38. 莱曼:《基督教的历史经验与早期海德格尔的存在论问题》，孙周兴译，载刘小枫选编:《海德格尔与有限性思想》，孙周兴等译，北京：华夏出版社，2007年。
39. 赖贤宗:《海德格存有思想之道》，台北：台北大学人文学院东西哲学与诠释学研究中心，2017年。
40. 赖贤宗:《道家禅宗与海德格的交涉》，台北：新文丰出版公司，2008年。
41. 胡恩，劳赫:《海德格尔与谢林的哲学对话》，庞昕译，载《社会科学家》2017年第12期。
42. 李章印:《解构—指引：海德格尔现象学及其神学意蕴》，济南：山东大学出版社，2009年。
43. 林子淳:《为什么海德格尔要谈最后的上帝》，载《政治大学哲学学报》2010年第24期。
44. 林之淳:《接着海德格尔思神学》，香港：道风书社，2019年。
45. 刘小枫:《圣灵降临的叙事》，北京：生活·读书·新知三联书店，2003年。
46. 刘小枫:《海德格尔与中国》，上海：华东师范大学出版社，2017年。
47. 刘小枫:《这一代人的怕与爱》，北京：华夏出版社，2012年。
48. 龙树菩萨:《大智度论》，姚秦三藏法师鸠摩罗什译，台北：财团法人佛陀教育基金会，2006年。
49. 鲁多夫:《知识与拯救：灵知》，吴增定译，载刘小枫选编:《灵知主义与现代性》，张新樟等译，上海：华东师范大学出版社，2005年。

50. 罗宾逊:《后期海德格尔与奥特神学》,阳仁生译,载刘小枫选编:《海德格尔式的现代神学》,孙周兴等译,北京:华夏出版社,2008年。
51. 帕斯捷尔纳克,鲍里斯:《日瓦戈医生》,力冈、冀刚译,杭州:浙江文艺出版社,2017年。
52. 马琳:《海德格尔论东西方对话》,北京:中国人民大学出版社,2010年。
53. 牟宗三:《中国哲学十九讲》,上海:上海古籍出版社,1997年。
54. 欧谢,多纳尔:《庞加莱猜想》,孙维昆译,长沙:湖南科学技术出版社,2010年。
55. 潘能伯格:《神学与哲学》,李秋零译,北京:商务印书馆,2014年。
56. 珀格勒,奥托:《海德格尔的思想之路》,宋祖良译,台北:仰哲出版社,1994年。
57. 《乾隆大藏经》第47册,第442部大乘单译经部,《大佛顶如来密因修证了义诸菩萨万行首楞严经》。
58. 萨弗兰斯基,吕迪格尔:《海德格尔传》,靳希平译,北京:商务印书馆,1999年。
59. 施特劳斯等:《回归古典政治哲学——施特劳斯通信集》,朱雁冰、何鸿藻译,北京:华夏出版社,2006年。
60. 宋祖良:《拯救地球和人类未来——海德格尔的后期思想》,北京:中国社会科学出版社,1993年。
61. 所罗门,罗伯特:《从非洲到禅:不同样式的哲学》,俞宣孟、马迅等译,上海:上海人民出版社,2003年。
62. 孙周兴:《后哲学的哲学问题》,北京:商务印书馆,2009年。
63. 孙周兴:《后神学的神思——海德格尔〈哲学论稿〉中的上帝问题》,载《世界哲学》2010年第3期。
64. 瓦莱加-诺伊:《海德格尔〈哲学献文〉导论》,李强译,上海:华东师范大学出版社,2010年。
65. 吴汝钧:《中国佛学的现代诠释》,台北:文津出版社有限公司,1995年。
66. 吴汝钧:《京都学派哲学七讲》,台北:文津出版社有限公司,1998年。
67. 吴汝钧:《纯粹力动现象学》,台北:台湾商务印书馆,2005年。
68. 吴汝钧:《龙树中论的哲学解读》,台北:台湾商务印书馆,2007年。
69. 吴汝钧:《绝对无诠释学——京都学派的批判性研究》,台北:学生书局,2012年。
70. 西田几多郎:《善の研究》,东京:岩波书店,1979年。

71. 先刚:《永恒与时间:谢林哲学研究》,北京:商务印书馆,2008年。
72. 谢林:《世界时代》,先刚译,北京:北京大学出版社,2018年。
73. 宣化法师:《大方广佛华严经疏序浅释》,北京:宗教文化出版社,2015年。
74. 余平:《海德格尔的良知之思》,载《四川大学学报(哲学社会科学版)》2002年第2期。
75. 余敦康:《魏晋玄学史(第二版)》,北京:北京大学出版社,2015年。
76. 圜悟克勤:《碧岩录》,尚之煜校注,郑州:中州古籍出版社,2011年。
77. 约纳斯,汉斯:《灵知主义、存在主义、虚无主义》,张新樟译,载刘小枫选编:《灵知主义与现代性》,张新樟等译,上海:华东师范大学出版社,2005年。
78. 云格尔:《与上帝相宜的缄默——海德格尔的邻近思的神学》,林克译,载刘小枫选编:《海德格尔式的现代神学》,孙周兴等译,北京:华夏出版社,2008年。
79. 张一兵:《回到海德格尔——本有与构境》,北京:商务印书馆,2014年。
80. 张承志:《心灵史》,广州:花城出版社,1991年。
81. 张汝伦:《〈存在与时间〉释义》(上、下),上海:上海人民出版社,2014年。
82. 张志扬:《西学中的夜行——隐匿在开端中的破裂》,上海:华东师范大学出版社,2010年。
83. 张志扬:《海德格尔〈哲学论稿〉"最后之神"的校、释、译》,载倪梁康编:《中国现象学与哲学评论(第十三辑):现象学与神学》,上海:上海译文出版社,2014年。
84. 张灯:《海德格尔"转向"时期关于神的思考——基于〈哲学文集〉文本的考察》,北京大学哲学系宗教学专业硕士研究生学位论文,2007年6月。
85. 张振华:《海德格尔与埃克哈特大师:以断离和任让为核心》,载《同济大学学报(社会科学版)》2018年第1期。
86. 张静宜:《京都学派及其哲学实践》,载《文化学刊》2018年第6期。
87. 赵林:《论德国哲学的神秘主义传统》,载《文史哲》2004年第5期。
88. 赵峥、刘文彪:《广义相对论基础》,北京:清华大学出版社,2010年。
89. 赵敦华:《西方哲学史》,北京:北京大学出版社,2001年。
90. 朱清华:《最后的神的面目》,载《现代哲学》2018年第1期。
91. 庄振华:《略论谢林"肯定哲学"的思想史地位》,载《云南大学学报(社会科学版)》2014年第3期。
92. 邹诗鹏:《虚无主义研究》,北京:人民出版社,2016年。

附录 最后之神[1]

此完全不同的神对立于
曾在的诸神
尤其对立于基督教的上帝[2]。

253. 最后者

最后者，它不仅需要最长久的先-行[3]，而且本身就是（ist）（这种先-行）：不是终止，而是最深的开端，此开端伸展最广，也最难被超越。

所以，最后者逃避一切计算，并且必定能够承受最喧嚣、最常见的误解。否则，这个最后者如何保持为超越者？

如果我们仍然肤浅地领悟死亡的终极要义，我们又如何能揣度

---

[1] 本书附录为《哲学论稿》"最后之神"章节的中文版，节选自孙周兴翻译的《哲学论稿（从本有而来）》（第481—497页）。参照英文版，我对译文做了少许修改。修改也有参考张灯的《海德格尔"转向"时期关于神的思考——基于〈哲学文集〉文本的考察》以及张志扬的《海德格尔〈哲学论稿〉"最后之神"的校、释、译》。考虑到汉语语境中"上帝"与基督教的历史关联性，我倾向于把"Gott"翻译成"神"。有兴趣的读者也可以对照"最后之神"的不同版本进行比较研究。德文版：*Beiträge zur Philosophie (Vom Ereignis)*, ed. Friedrich-Wilhelm von Herrmann, Frankfurt am Main: Vittorio Klostermann, 2003, S. 403-417；英文版：*Contributions to Philosophy (of the Event)*, trans. Richard Rojcewicz and Daniela Vallega-Neu, 2012, Bloomington: Indiana University Press, pp. 319-330；日文版：《哲学への寄与論稿（性起について）》，大桥良介、秋富克哉、布赫纳译，东京：创文社，2011年，第438—451页。
[2] 此处"上帝"或译为"神"。同理，"最后之神"也可作"最后之上帝"。——译注
[3] 此处"先-行"原文为Vor-läuferschaft，英译本作fore-runnership。这里所谓"最后者"（das Letzte）需要"先-行"，"最后者"是"赶超者"（das Überholende），与下文讲的"回行即先行"同趣。——译注

最后之神的稀有暗示?

254. 拒予

我们进入诸神之逃遁和到达的决断的时间—空间之中，何以如此？难道逃遁与到达会是一个未来要发生的事件？且必须由一方或另一方①来决定这一建设性的期待？或者，这一决断是为了一种（真正第一次）存有之真理的奠基（也即本有）而开启的一个全然不同的时间—空间？

要是那个决断领域（即诸神的逃遁与到达）正是这个终结本身，又会如何？要是除此之外，存有在其真理中首先被把握为本有过程，即我们归结并称之为拒予的东西，那又如何？

这既不是逃遁也不是到达，也不是既逃遁又到达；而倒是一个原初的事件，是在拒予中保持存有的丰富性。未来形态的本源即建基于此，也即对存有之真理的持守。

拒予乃是一种最高贵的馈赠，也是自行遮蔽的基本特征，这种自行遮蔽的敞开状态构成存有之真理的原初本质。唯有如此，存有才能疏离（Befremdung）自身，即最后之神掠过时的寂静。

而此-在则在存有中被居有，并成为寂静之守护的根基。

现在，诸神之逃遁与到达一道进入曾在者之中，并且抽离于过去之物。

但将来之物，作为拒予的存有之真理，在自身中蕴涵着伟大性之保证②，并非空洞和巨大的永恒性，而是最短路径之保证。

不过，存有之真理，作为拒予，是对非存在者的掩饰，也包含

---

① 此处"一方"应指"诸神之逃遁"，"另一方"应指"诸神之到达"。——译注
② 此处"伟大性之保证"（Gewähr der Größe）在英译本中作 the ensuring of greatness。——译注

着存有的松弛和挥霍。唯有现在,存在之遗忘状态必定保持下来。但被释放却不是空洞的任意和无序的状态,相反:现在一切事物都被严格纳入规划和控制,并且在一个确定进程的行动之精确和"彻底"的操控之中。非存在者在存在者的假象下,就被谋制纳入存在者之保护当中。因此,人类不可避免的被迫荒芜化就通过"生活体验"获得补偿。

作为扭曲的本质,所有这一切变得比之前更为迫切,因为最新奇的事物也需要最寻常的东西。而且,存有之开裂不能通过臆想出来的计算式均衡、"成功"和虚伪的圆满之假象而被掩盖起来;因为,所有这些都是最后之神所憎恨的。

然而,最后之神这一命名,难道不是对神的一种蔑视?甚至是纯粹和简明的亵渎?如果最后之神必须这样被命名,难道是因为关于诸神的决断最终渗入诸神之中,最终把诸神提升至神性①之唯一性的最高本质之中?

如果我们在此进行计算性思维,并且把"最后的"认定为纯粹的终止和结束,而不是关于至高者(das Höchste)最极端、最简明的决断,那么,一切关于最后之神的认知当然都是不可能的。而关于神性的思考为什么是一个计算事件,而不是将其思考为某种"奇怪的和无法估量的危险"的尝试呢?

255. 本有中的转向②

本有在转向中有最内在的显现和最广阔的蔓延。在本有中本质性现身的转向,乃是所有其他依附性的转向、循环和回转的隐蔽基

---

① 此处"神性"(Gottwesen)在英译本中作 the divine being。——译注
② 在这里,本有乃是着眼于人类而被看待的,而此人类乃根据本有而被规定为此在。——原注

础(例如,主导问题结构中的转向或理解中的循环),它们总是来历不明和未经追问的,尽管它们总是自诩为"终结者"。

本有中的原始转向是什么?唯有存有之突发作为"此"之本有过程①,才能把此-在带向它自身,并且把此-在带向那种坚定的被建基的真理之实行(庇护)。这种真理被建基于存在者之中,而存在者也在"此"之被澄明的遮蔽中找到了自己的住所。

而且,在转向中,唯有此-在之建基,亦即为准备那种向存有之真理神迷转变的筹备,才能为正在突发的本有过程带来倾听者和归属者的暗示。

如果通过本有,此-在作为为真理建基的自我敞开的中心,首先被抛向自身并成为自身,那么,作为存有之建基着的本质现身的隐蔽可能性,此在又必归属于本有。

而且,在转向中,本有必定需要此在。在需要之际,本有必把此在置入呼唤之中,并让此在直面最后之神的掠过。

转向必然在呼唤(归属者)与归属(被呼唤者)之间本质性现身:转向也是反-转②。对向本有过程的跳-跃的召唤③,乃是最隐蔽的自我认知之伟大寂静。

此-在的每一种语言都起源于此,并且(每一种语言)本质上都是沉默(参见抑制、本有、真理和语言)。

作为反-转,本有因而"是"曾在诸神之朝转④和逃遁的至高主

---

① 此处"'此'之本有过程"原文为 Ereignung des Da,英译本作 enownment of the t/here。——译注
② 此句原文为 Kehre ist Wider-kehre。英译本把这里的"反-转"译为 counter-turning。——译注
③ 此处"对向本有过程的跳-跃的召唤"原文为 Der *Anruf* auf den Zu-sprung in die Ereignung,英译本作 the call unto leaping-into enownment。——译注
④ 此处"朝转"原文为 Zukehr,词根与"反-转"(Wider-kehre)同,都包含一个"转"(Kehre)。——译注

宰。这个终极的神需要存有。

呼唤乃是本有过程之神秘中的突发与缺失[①]。

在转向中出现的是最后之神的暗示，作为诸神之到达与逃遁及对其统治领域的突发与缺失而发挥作用。

在这些暗示中，最后之神的法则得以宣告，那此－在中伟大的个性化法则、牺牲的孤独法则、最短最陡道路之选择的唯一性法则。

在暗示之本质中，包含最极端遥远中最亲密切近的统一性奥秘，以及对存有之最广大的时间—游戏—空间的穿越。存有之本质现身的这种极端情形要求存在之离弃状态的最内在急难。

这种急难必定归属和倾听于那种暗示的居高临下的呼唤。在这种倾听中回响起来并且广为传播的东西，首先能够为大地和世界的争执做好准备，即为"此"之真理（做好准备），并且通过"此"，为了决断的瞬间点、为了（大地和世界）争执的展开、为了存在者的隐匿（做好准备）。

终极暗示的这种呼唤，最隐蔽的本有过程，是否依然敞开地发生，还是在窘迫中沉默无语，一切裁决还悬而未定；倘若呼唤已经发生，它是否能被听闻，能否跳入此－在之中抑或从后来者的真理中跳出，转向依然成为历史，所有这一切决定着人类的未来。还有几百年，人类将以自己的谋制强暴和毁灭这个星球，使之荒芜。这种活动的异化会"发展"到某种不可想象的程度，而且会取得一种表面上的严格性，变成荒芜的法则；而存有之伟大性依然隐而不显，关于真理与非真理以及它们本质的争议依然悬而未决。所有事情只剩下对谋制之成功与失败的计算。这种计算扩展为一种虚妄的"永

---

① 此处"突发与缺失"（Anfall *und* Ausleib）在英译本中作 befalling *and* staying-away。——译注

恒性"，其实并不是一种永恒性，而只是极其荒芜且极易流逝的无尽延续。

当存在之真理没有被意愿，没有被置入知识与经验的意志，没有被置入追问之中，在那里，所有的时间—空间就从时机中，也即从存有（乃出自单纯和不可计算的本有之持久性）之闪现①中抽离。

抑或，这个时机只还属于最孤独的孤独，尽管它们拒绝一种关于历史之创建的肤浅的理解。

然而这些时机，而且唯有这些时机，能够为转向做好准备，使转向在本有中得以展开并契合为真理。

事实上，唯有在这种简单的、本质性的且无强迫性的情况下的纯粹坚持，才足以去准备这样一种预备状态，而不是疯狂的超出自身的谋制之短暂飞逝。

256. 最后之神②

最后之神在暗示中、在诸神的到达和逃遁及其隐蔽转变的突发与缺失中本质现身。最后之神并不是本有本身，但它需要本有——作为"此"之建基者③所归属的那个本有。

这种暗示，作为本有，把存在者置入极端的存在之离弃状态中，并且同时照亮了存在的真理，作为最内在的真理之澄明。

在暗示的主宰领域，大地与世界重新会面并燃起最质朴的争执：最纯粹的锁闭和最高的美化④，最明媚的迷移与最恐怖的蜕离。而这

---

① 此处"存有之闪光"（Erblitzen des Seyns）在英译本中作the en-lightning of be-ing。——译注
② 参见本书"跳跃"部分，第142节"存有之本质"；第146节"存有与非存有"；以及本书"前瞻"部分，第45节"决断"。——原注
③ "'此'之建基者"（Dagründer）英译本作the founder of t/here。——译注
④ 此处"锁闭"和"美化"原文为Verschlossenheit和Verklärung，英译本作closure和transfiguration。——译注

一点历史性地仅体现在存在者受真理遮蔽的等级、领域和程度中。唯由此,这些存在者才能充分地在所有漫无边际的被扭曲和毁灭中变成非存在者。

在这样一种暗示之本现中,存有本身达乎其成熟。成熟意味着准备好变成果实和赠品。在此本质性现身的乃是最后者(das Letzte),那种本质性的、被开端所要求的但又没有传送给开端的终结(das Ende)。存有最内在的有限性在这里得到揭示:在最后之神的暗示中。

在成熟中,在果实之强力和馈赠之伟大中,同时包含着"不"(das Nicht,作为"尚未"和"不再")的最隐蔽本质。

由此,我们才能猜度存有中"不"之进入本现过程①的亲密和弥漫。然而,通过存有的本质现身,在突发和缺失的游戏当中,"不"的真理自身(也就是"无")拥有不同的形态。倘若仅仅是对被视为客观现实之物的存在者之否定做一番"逻辑"计算(参见《形而上学是什么?》一文作者样本上的评注②),并且肤浅地在字面上做出说明,换言之,如果这种追问还完全没有进入存有之问题领域,那么,对虚无问题的一切反驳就都是纯粹的无稽之谈,因而也就被剥夺了任何想渗入存有最本质的有限性问题之决断领域的可能性。

然而,唯有借助于对最后之神漫长预感的准备,才有可能踏进这一领域。而且最后之神的将来者首先且只有通过这些人来准备,这些人寻求、穿越和建造那条从被经验到的存在之离弃状态的返回之路(Rückweg)。没有这些回行者的牺牲,就没有最后之神之暗示

---

① 此处"进入本现过程"原文为Einwesung,英译本作the swaying-into。——译注
② 参见海德格尔:《路标》,孙周兴译,北京:商务印书馆,2001年,第119页以下。——译注

的可能性曙光，他们乃是将来者真正的先－驱。①

（但这些回行者也全然不同于那些一味"反－对"[Re-aktiven]的人，反对者的行为只表现为盲目地对他们眼中浅显掠过的过去之物抓住不放。他们从不理解向未来之物蔓延的曾在者，以及呼唤着曾在者的未来之物。）

最后之神有其最独特的唯一性，并且置身于计算性的规定之外，即"一－神论""泛－神论""无－神论"的计算性规定。②"一－神论"和所有其他形式的"有神论"都出自犹太教—基督教的"护教学"，而"护教学"又以"形而上学"为其思想前提。随着这个上帝的死去，所有有神论也就崩溃了。诸神之多并不是数字统计意义上的，相反，它意味着在最后之神暗示的闪现和隐匿的时机之所中，（诸神自身）朝向基础与深渊的内在丰富性。

最后之神并不是终结，而是我们历史不可估量的可能性的另一开端。为此之故，迄今为止的历史并不是简单地终止，而是一定会带到终结。我们必须将其本质性基本形态的转变置于过渡和期备之中。

对最后之神显现的准备，乃是存有之真理的极端冒险（Wagnis），而唯有借助于这一真理的价值，人才有可能挽救存在者。

当本有把踌躇着的自行拒绝提升为拒予时，最后之神的最伟大切近才得以发生。拒予本质上与纯粹不在场根本不同。作为归属于本有的拒予，我们只能根据存有更为原始的本质现身来加以经验，就好像在另一开端的思想中所闪现的那样。

---

① 此处"回行者"原文为Rückwegigen，"先－驱"原文为Vor-läufer。在作者看来，唯有"回行"方能"先行"，或者说"回行即先行"。——译注
② 此处"一－神论"（Mono-theismus）、"泛－神论"（Pan-theismus）和"无－神论"（A-theismus），作者都用连字符号做了分写。——译注

作为不可避免的切近，拒予使此-在成为被克服者，不是抑制此-在，相反而是把它提升起来，使其进入对其自由（Freiheit）的建基之中。

一个人是否强大到足够承担二者，即作为拒予的本有之回响和存在者之自由建基的过渡之传送，也就是通过拯救地球从而进行世界的更新，谁能决定又知道这一点？如此一来，那些为这样一种历史及其建基殚精竭虑的人们始终还是相互分离的，犹如遥遥相隔的群山之巅。

拒予中最后之神的极端遥远乃是一种独特的切近，这是一种绝无可能通过"辩证法"来扭曲和清除的关系。

基于对存在之离弃状态的急难的经验，切近在存有之回响中响起。不过，这经验就是进入此-在之暴风雨（Sturm）中的首次突破。因为，唯有当人摆脱出这种急难，才能使那些必然性闪现出来，而只有借这些必然性，那种归属于存有之欢呼①的自由方能闪现。

唯有过于短视也未有真正思考的人，仍然固执于压制和否定，囿于其中并萌生绝望的动因。这一点恰恰证明我们还没有揣度存有的完全转向，也不能从中找出此-在的尺度。

通过拒予，此-在被迫达乎自身，作为对自行拒绝的神第一次掠过的场所之建基。唯有以此时机为基础，我们才可以揣度，作为那种强制的本有领域②，存有必定复原存在者。对存在者的这种控制必须树立对神的尊重。

在围绕最后之神的斗争中，也就是围绕存有之真理的建基的斗

---

① 此处"存有之欢呼"原文为 Jubel des Seyns，英译本作 exultation of be-ing。——译注
② 此处"作为那种强制的本有领域"原文为 Ereignisbereich jener Nötigung，英译本作 the domain of enowning of that distressing。——译注

争中——作为最后之神掠过时的寂静之时空（Zeitraum）的存有之真理（我们没有能力同神性做斗争），我们必然置身于作为本有过程的存有之权力领域，因而也置身于最激烈旋涡的极端宽广之中。

我们必须为真理之建基做好准备，这看起来好像是说，对最后之神的尊重和保存预先已得到决定。同时，我们必须知道而且坚持，真理在存在者中的隐蔽和基于神保存的历史，首先是神自身所要求，而且是通过神需要我们（为此–在建基的人）的方式来要求的。此处所要求的不仅仅是一条条戒律，而且是更为源始、更为本质的要求，神的掠过需要存在者以及置身于存在者之中的人类的持贞。在这种持贞中，存在者重新夺回其各自本质（作为作品、器具、事物、行为、眼光和词语）的纯洁性，首先经受那种掠过①，不是把它挽留，而是让它继续前行。

这里发生的不是一种救–赎（Er-lösung），所谓救赎根本上是对人的战胜，相反，这里发生的只是更为原始的本质（即此–在之建基）在存有自身中的创立：是通过神对人归属于存有的认可，是神并不屈身及其伟大性，承认自身需要存有。

前者对存有的归属和后者对存有的需要，首先把自行遮蔽的存有揭示为转向的中心（kehrige Mitte），在其中，归属超越需要，而需要亦超出归属：作为本–有的存有，它在超越自身的转向性过度（Übermaß）中发生，并就此成为神与人争执的本源，以及神之掠过与人之历史的争执本源。

一切存在者，不管它们如何尽其所能地以持久、唯一、自发、至上的方式在既失去神性又非人性的计算和喧闹活动中显现出来，

---

① 此句中的"掠过"（Vorbeigang）本身就以"行进"（Gang）为词根。——译注

它们只不过是向本有的进入和站立①。在这种站立和进入中，最后之神的掠过之地和人之操劳谋求一种持贞，以便为本有的发生做好准备，并且不阻止存有，而这实际上是既往存在者在既往真理中不得不从事的全部活动。

唯有在神之掠过中，授权人类的必然性才得以凸显，在人的归属与神性的不可或缺之间的转向之超越中，本-有也得以彰显，为了证明本-有过程的自我隐匿乃是中心，也为了证明本-有自身亦是自我隐匿的中心，并且迫使那深深的颤动出现，因而使朝向自由的纵身一跃成为存有的基础（作为"此"之建基）。唯有此时，关于存有之真理的独特性思想才能蓬发出来。

最后之神乃是在最长久历史及其最短轨道上的开端。为了最后之神掠过之时的伟大时刻，需要长久的准备。为了这一时刻，民族和国家都太过渺小了，也就是说，它们在成长过程中被剥夺了一切生长，自身只被交付给谋制。

只有那些伟大的、神秘的个体将为神之掠过创造寂静，并且在他们自身中为那些已做好准备的人缄默齐鸣。

作为最独特、最稀有的东西，存有与虚无相对而立，并将自身从存在者之大量状态②中抽离，在历史沉淀其自身本质的地方，（存有）就只为进入其丰富真理之中的存在之隐匿服务。而一切公共之物的成功和失败将蜂拥而至或相互追逐，只合乎其自身的种类特性，对真正发生了什么却无从猜测。只有在这种大众本质

---

① 此处"向本有的进入和站立"原文为 der Hereinstand in das Ereignis，英译本作 entry into and staying-in enowning。——译注
② 此处"存在者之大量状态"原文为 Massenhaftigkeit des Seienden，英译本作 the massivity of beings。——译注

（Massenwesen）和真正被牺牲者之间，少数者及其联盟才能够找到彼此，从而能够猜度：那些隐匿之物（即那种掠过）朝它们发生出来，尽管所有"发生事件"（Geschehen）被拉扯出来，并卷入快速同时完全可把握和绝对可消耗的状况之中。颠倒和混淆各种要求及其领域将不再可能，因为存有之真理自身在其开裂的最为陡峭的剥落与下坠（Ausfälligkeit）中，已将本质的可能性带入决断。

这一历史性时机不是一个"理想状况"，因为后者永远与历史的本质格格不入。相反，这一时机乃是转向的本有过程，即存有的真理转向真理的存有，而这是因为神需要存有，并且作为此-在的人必定建基于对存有的归属。所以，就此时机而言，存有作为最内在的"之间"就等同于"虚无"；神"压倒"人，可以说人亦同时"超出"神，它们仅仅只能发生在本有之中，亦即在存有之真理自身所是的本有之中。

然而，一直到这个无法"计算"的，且不是"肤浅"目标的时机到来之前，都还有一段漫长的、易复发而又非常隐蔽的历史不断诞生出来。创造者必须时刻保持一种对"烦忧"（Sorge）的抑制，为自身在（神）掠过之"时间—空间"做好准备。对此（即存有之真理）的沉思始终是独一无二的，并且沉思只能是一条小路，在这条小路上，不能筹划性思考的东西反而得到了思考，也就是说，人与存有之真理的关系得以开始转变。

借助存有对存在者以及所有"形而上学"问题的克服，火炬已经点燃，长远竞赛的第一步已经奋勇跨出。接过火炬并把它传递给先行者的火炬手在哪呢？这些（手持火炬的）跑者一定都是先-驱，越是后来者越是严谨。先-驱不是任何跟跑者，跟跑者最多只是"改善"和反驳最初的尝试。比起"领跑者"（现在落后于先-驱者)、先-驱者必定煽动性地成为更原始的开端，并且必须更质朴、更丰富和完全独一无二地思考依然值得追问的独一的和相同的问题。他们通过火炬所承担的东西绝不是"教条""体系"所能言说的或者诸如此类。相反，它是必需之物(das Gemußte)，仅仅向那些具有深渊般起源的，同时归属于被强制者的人们敞开自身。

然而，具有强迫性的只不过是本有的不可计算性和不可制作性，换句话说，即存有之真理。谁若得以归属存有之开裂的不幸，从而允诺为一个聆听者(Höriger)，去聆听那些孤独者始终开端性的对话，他就是幸运的人。在这个对话中，最后之神的暗示达乎他自身，因为通过这一对话，最后之神暗示了它的掠过。

最后之神不是终结，而是开端于自身中的回荡①，从而也是最高形式的拒予，因为开端性的东西逃避对其一切形式的束缚，并且只本质性地耸立在对所有事物的超越之中，这些东西作为未来之物亦被纳入开端，并已被交付给那决定性的力量了。

只有当存在者从存有之真理中挣脱开来，否定所有值得追问性，也即否定每一种区分，存在者在挣脱的无穷可能性中无休止地生产自身，只有此时终结才存在(ist)。终结只是在对最后者的追问中无穷尽地延续，最后者作为最开端性的东西，最早脱离了"延续"。终结者永远都看不到自身，而是把自身看作一种完成，并且因此只做极少的准备，因而也就无法等待也无法经验谁是这最后者。

出于"形而上学"所规定的对存在者的看法，我们将只可能艰难而缓慢地知道另一点，无论是在"个体的"还是"集体的""生活体验"中，神都不会出现。神唯有在存有自身离基深渊般的"空间"

---

① 此处"开端于自身中的回荡"原文为 das Insicheinschwingen des Anfangs，英译本作 the beginning as it resonates unto and in-itself。——译注

中才会显身。所有迄今为止的"信义"和"教堂"以及诸如此类的东西，都丝毫不能为神与人在存有之中心的相遇做好根本性准备。因为存有之真理本身必须首先得到建基，而为了这样一项任务，一切创造都必须重启另一开端。

神期待着存有之真理的奠基，期待着人朝向此－在纵身一跃，知道这一点的人是多么少啊！相反，情形看起来好像是人要等待并且不得不等待神。也许这就是最深刻无神状态的最棘手状况，也是一种无法忍受存有的那种"此"之穿插于①本有过程的恍惚无能。正是存有才首先为存在者进入真理之中的持存提供了一个场所，并且允诺它们那种优先权，即置身于神之掠过的最遥远的遥远之境的优先权。这种优先权的允诺只有作为历史才发生出来：在那种对存在者的改造中，即把存在者改造为其规定性的本质状态，并且使其从谋制（那种为了自身的利益在颠倒一切之际耗尽了存在者的谋制）的滥用中解脱出来。

---

① 此处"'此'之穿插于"原文为Da-zwischenkunft，中译文未充分显明其中的"之间"（zwischen）。英译本作coming-between of the t/here。——译注

未来哲学丛书·首批书目

《未来哲学序曲——尼采与后形而上学》（修订本）　　孙周兴　著

《时间、存在与精神：在海德格尔与黑格尔之间敞开未来》　　柯小刚　著

《人类世的哲学》　　孙周兴　著

《尼采与启蒙——在中国与在德国》　　孙周兴、赵千帆　主编

《技术替补与广义器官——斯蒂格勒哲学研究》　　陈明宽　著

《陷入奇点——人类世政治哲学研究》　　吴冠军　著

《为什么世界不存在》　　〔德〕马库斯·加布里尔　著
王熙、张振华　译

《海德格尔导论》（修订版）　　〔德〕彼得·特拉夫尼　著
张振华、杨小刚　译

《善恶的彼岸：一种未来哲学的序曲》　　〔德〕尼采　著　赵千帆　译

《瞧，这个人》　　〔德〕尼采　著　孙周兴　译

《生成与超越——尼采思想中的神性问题》　　余明锋　著

《存在与超越——海德格尔与汉语哲学》　　孙周兴　著

《语言存在论——海德格尔后期思想研究》　　孙周兴　著

《海德格尔的最后之神——基于现象学的未来神学思想》　　张静宜　著

图书在版编目（CIP）数据

海德格尔的最后之神：基于现象学的未来神学思想 / 张静宜著. —北京：商务印书馆，2023
（未来哲学丛书）
ISBN 978 - 7 - 100 - 21301 - 1

Ⅰ.①海⋯　Ⅱ.①张⋯　Ⅲ.①海德格尔(Heidegger, Martin 1889-1976)—现象学—研究　Ⅳ.①B089

中国版本图书馆 CIP 数据核字（2022）第105111号

权利保留，侵权必究。

海德格尔的最后之神
基于现象学的未来神学思想

张静宜　著

商　务　印　书　馆　出　版
（北京王府井大街36号　邮政编码 100710）
商　务　印　书　馆　发　行
山东临沂新华印刷物流
集团有限责任公司印刷
ISBN 978 - 7 - 100 - 21301 - 1

2023年1月第1版　　开本 640×960　1/16
2023年1月第1次印刷　　印张 20¼

定价：98.00元